Le Langage Secret des Symboles

Le Langage Secret des Symboles

Leur histoire
et leur signification

David Fontana

Illustrations de Hannah Firmin

France Loisirs, 123, boulevard de Grenelle, Paris.

Titre original de cet ouvrage

THE SECRET LANGUAGE OF SYMBOLS

Traduction-adaptation
Philippe Sabathé

ISBN : 2-7242-7958-1
N° d'éditeur : 23986
Dépôt légal : septembre 1994
Édition du Club France Loisirs, Paris,
avec l'autorisation des Éditions Solar

Photocomposition : Nord Compo, Villeneuve-d'Ascq

Achevé d'imprimer le 15-8-1994
par Mohndruck Gütersloh
Imprimé en Allemagne

« La vérité n’est pas venue en ce monde nue, mais elle est venue
en des figures et des images. On ne recevra la vérité d’aucune autre façon...
Le fiancé doit entrer dans la vérité à travers l’image. »

L’Évangile selon Philippe

Sommaire

8
INTRODUCTION

11
Le point de vue junguien

13
Les archétypes

18
Perspectives culturelles

20
LE POUVOIR DES SYMBOLES

22
Les symboles dans la préhistoire

26
Dieux et mythes

30
Rites, magie et prières

32
Mâle et femelle

34
Opposition et unité

36
Échanges et influences

38
L'UTILISATION DES SYMBOLES

40
Les symboles dans l'art

44
La recherche de la sagesse

46
Les symboles oniriques

50
LE MONDE DES SYMBOLES

52
Formes et couleurs

54
La géométrie sacrée

60
Mandalas et yantras

62
Dédales et labyrinthes

64
Nombres et sons

66
Les couleurs

68
Les objets

70
Royauté, sacerdoce et consécration

72
Guerre et paix

74
Instruments de musique

75
Nœuds, cordes et anneaux

76
Édifices et monuments

78
Les animaux

80
Dragons et serpents

83
Animaux héraldiques

84
Chiens et loups

85
Chats

86
Oiseaux et vol

88
Poissons et coquillages

90 Singes et éléphants

91 Moutons et boucs

92 Taureaux, cerfs et ours

93 Porcs

94 Petits animaux

95 Créatures hybrides

98 Le monde naturel

100 Arbres

104 Fleurs et plantes

106 Aliments et boissons

108 Les éléments

109 L'air

110 Le feu

112 L'eau

114 La terre

115 Les arcs-en-ciel

116 Le tonnerre et la foudre

117 Le jour et la nuit

118 Gemmes et métaux précieux

120 Le Soleil, la Lune et les étoiles

122 Symboles humains et spirituels

124 Sexe et fécondité

126 Corps, jeunesse et vieillesse

129 Bien et Mal

130 Auréoles, masques et ombres

132 Dieux et déesses

136 Sorcières, prêtres et magiciens

137 Ciel et Enfer

140 LES SYSTÈMES SYMBOLIQUES

144 L'occultisme

146 L'alchimie

152 La kabbale

156 L'astrologie

168 Le tarot

180 Le tantrisme

182 Les chakras

184 Le Yi King

186-187 Glossaire/bibliographie

188 Références des illustrations

190 Index

Introduction

Les symboles sont des expressions fondamentales de la nature humaine. Présents dans toutes les cultures, à toutes les époques, ils ont accompagné, depuis leur première apparition dans les peintures rupestres du paléolithique, le développement de notre civilisation. Ils sont cependant beaucoup plus que de simples produits de cultures spécifiques : dans leur contexte propre, ils nous parlent puissamment en toutes circonstances, s'adressant simultanément à notre intelligence, à nos émotions et à notre esprit. L'étude des symboles n'est autre que celle de l'humanité elle-même.

La communication s'appuie sur des mots – sous la forme de l'écriture et du langage –, des images et des gestes, autant de signes qui sont simplement des représentations de la réalité, des descriptions consciemment élaborées et aisément identifiables du monde qui nous entoure. Leur signification doit être claire : les cartes, les panneaux routiers, les mots d'un texte, les sons que nous émettons sont tous censés transmettre une information, de façon succincte et sans ambiguïté. Il existe un autre aspect du symbolisme, moins apparent mais tout aussi important, qui se réfère à notre monde psychique et spirituel. Dans ce monde intérieur, un symbole peut représenter une forme de sagesse intuitive profonde, échappant à toute formulation précise.

Les civilisations anciennes, conscientes du pouvoir des symboles, faisaient largement appel à ces derniers dans leurs expressions collectives. Si, en Occident, le rationalisme les a ignorés, voire méprisés, pendant longtemps, les symboles n'ont rien perdu de leur force, et, aujourd'hui, ils connaissent une faveur nouvelle. C'est ainsi qu'ils apparaissent fréquemment, entre autres, dans l'art, la littérature, notamment dans les contes et légendes pour enfants, et le cinéma. Quant à la publicité, elle ne rechigne pas à utiliser de puissants symboles de façon subliminale, comme cela se pratique également dans le domaine politique ou dès lors qu'il s'agit de faire de la propagande. La plupart d'entre nous, cependant, découvrent les symboles les plus profonds dans leurs rêves ; on les voit aussi surgir dans les dessins et les peintures d'enfants ou de personnes faisant l'objet d'une psychothérapie.

Le psychiatre suisse Carl Gustav Jung, auquel nous devons la plus grande partie de nos connaissances actuelles sur les symboles, les distinguait des signes consciemment utilisés dans nos rapports sociaux et les définissait comme « un terme, un nom ou une image qui, même lorsqu'ils nous

sont familiers dans la vie quotidienne, possèdent néanmoins des implications qui s'ajoutent à leur signification conventionnelle et évidente. Le symbole implique quelque chose de vague, d'inconnu, ou de caché pour nous ». Un symbole surgit de l'inconscient comme la manifestation spontanée d'un pouvoir intérieur dont nous prenons conscience, mais que nous ne pouvons pas définir par des mots. En tant que tel, le symbole est, selon l'expression de Jung, « un perpétuel défi à nos pensées et à nos sentiments ». Certaines formes symboliques constituent un langage universel, parce que les images qu'elles véhiculent, leur signification – et leur pouvoir – se retrouvent dans toutes les cultures. Ces symboles sont des expressions naturelles de nos forces psychiques.

Peut-être parce que nous avons intuitivement conscience du rôle que les symboles jouent dans notre vie intérieure sommes-nous enclins à leur prêter quelque attention. Le but de cet ouvrage est de répondre à cet intérêt, voire de le stimuler afin que chacun puisse pénétrer dans le monde symbolique.

Les hiéroglyphes
La première forme d'écriture égyptienne était composée de signes et de symboles. Ses caractères, les hiéroglyphes, étaient des dessins, stylisés mais reconnaissables, d'êtres animés ou d'objets naturels ou fabriqués. Certains – les pictogrammes – représentaient la chose qu'ils faisaient voir, tandis que d'autres étaient des homophones ou des compléments phonétiques (unilitères). Bien qu'elle nous paraisse aujourd'hui primitive, l'écriture hiéroglyphique pouvait atteindre le même niveau d'abstraction que la nôtre. Considérée comme sacrée, dotée d'une puissance magique, elle n'était utilisée que dans des contextes religieux ou rituels.

Les emblèmes
Les symboles peuvent être employés pour composer des emblèmes, signes conventionnels dont le but est de représenter une idée, un être physique ou moral. Dans cette peinture du XVe siècle, le symbole des trois poissons (voir page 88) désigne le chevalier comme un des combattants de la chrétienté.

Le point de vue junguien

Les théories modernes sur la signification et l'utilisation des symboles résultent, pour la plupart, des travaux de Carl Gustav Jung. En analysant les rêves de divers types de patients – « normaux », névrosés ou psychotiques –, Jung nota la récurrence de certaines images symboliques, comme « le symbole apparemment universel... [du] mandala » (voir page 60). Il fut également frappé par la similitude existant entre les images qui émergent lors d'une analyse et les symboles contenus dans les religions, les mythes et les rituels de l'Occident et de l'Orient, en particulier ceux des traditions ésotériques telles que l'alchimie (voir page 146). Il en conclut, d'une part, que certains symboles avaient une signification universelle, et, d'autre part, que le symbolisme jouait un rôle décisif dans les processus psychiques qui président à la pensée et au comportement humains.

Jung professait que la psyché humaine est une réalité objective structurée. Le conscient comprend les pensées et les actions contrôlées par la volonté. Il s'appuie sur le préconscient, ensemble de dispositions et de tendances pouvant aisément être amenées à la conscience, et sur l'inconscient personnel, vaste réservoir de souvenirs auxquels nous avons accès de temps à autre au travers de rêves ou de fugitifs éclairs de mémoire. Plus profondément enfoui dans la psyché se trouve l'inconscient collectif, siège de ces dynamismes instinctifs qui, depuis des millénaires, ne cessent de modeler nos émotions et nos valeurs. Ces énergies primordiales ne peuvent accéder à la conscience à l'état brut : elles sont appréhendées sous une forme symbolique et sont alors personnalisées, prenant l'aspect d'un être humain, à moins que notre esprit ne projette leurs images sur le monde extérieur. Jung qualifiait ces symboles d'archétypes, et pensait qu'ils étaient l'héritage commun des hommes.

Selon Jung, un individu est psychologiquement « sain » lorsque son conscient et son inconscient sont en équilibre dynamique. Selon lui, l'énergie psychique (la libido) doit circuler de l'un à l'autre pour répondre aux besoins et aux demandes de chacun. Toute interruption de cette progression/régression est un échec de la conciliation des forces antagoniques de la psyché, qui conduit à un conflit intérieur. Outre le conscient et l'inconscient, d'autres entités telles que l'intuition et la rationalité, l'émotion et la pensée, les instincts et la spiritualité s'opposent au sein de ces forces, qui reflètent également d'autres polarités de la personnalité, par exemple l'introversion et l'extraversion, la révolte et le conformisme. Jung découvrit que les symboles archétypaux pouvaient être utilisés pour explorer la

Carl Gustav Jung

Né à Kesswil, en Suisse, le 26 juillet 1875, Jung grandit dans une atmosphère familiale imprégnée des traditions protestantes de son pays. Son père et huit de ses oncles étaient pasteurs, et il semblerait qu'il fût destiné à le devenir. Pendant son enfance, Jung essaya de comprendre Dieu et l'existence humaine dans le cadre de la foi chrétienne, mais il ne fut pas satisfait des réponses qu'elle lui apportait (en particulier parce que celle de son père était vacillante). Son esprit curieux, jamais en repos, le poussa alors à lire les ouvrages philosophiques de Platon, de Pythagore et d'Héraclite, ce qui contribua à l'orienter définitivement vers la médecine et la psychiatrie. Après avoir fait ses études à l'université de Bâle, il fut nommé assistant à l'hôpital psychiatrique du Burgholzli, à Zurich, où ses travaux et ses publications sur les associations verbales lui valurent bientôt une réputation internationale.

Son amitié avec Sigmund Freud, le pionnier de la psychanalyse, commença en 1907. Pendant cinq ans, les deux hommes collaborèrent étroitement, et Jung fut investi de responsabilités importantes au sein du mouvement psychanalytique naissant. Mais Jung finit par rompre avec son maître, dont la définition des problèmes de l'inconscient lui paraissait trop rigide, trop axée sur la sexualité, et il se consacra à l'étude des types psychologiques (ce fut lui qui utilisa le premier les termes « extraverti » et « introverti ») et à l'exploration de l'inconscient collectif au travers du symbolisme et de la mythologie. Son approche historique lui permit de développer une technique psychothérapique particulièrement adaptée aux patients d'âge moyen traversant une période de leur existence où toutes les valeurs sur lesquelles ils s'appuyaient jusqu'alors perdaient leur sens.

Jung occupa le reste de sa vie à étudier le matériel fourni par son inconscient et par celui de ses patients, à analyser les symboles et les mythes des grandes cultures, et à élaborer ses propres théories sur la psyché humaine. Il mourut à Küsnacht, en Suisse, en 1961.

Jung et l'alchimie
L'apparition fréquente de symboles alchimiques, comme cette figure du *Rosarium Philosophorum*, dans les rêves et les fantasmes de ses patients conduisit Jung à penser qu'ils représentaient de puissantes énergies archétypales. Il considérait que le développement de la croyance religieuse était un processus nécessaire à la croissance de la conscience humaine et que les travaux des alchimistes étaient particulièrement significatifs en ce sens, parce qu'ils faisaient directement appel à l'inconscient collectif.

frontière entre le conscient et l'inconscient, et cela eut d'importantes répercussions sur son travail clinique. Il analysait les symboles qui apparaissaient dans les rêves de ses patients, car il considérait qu'ils le renseignaient de façon capitale sur leurs problèmes psychiques tout autant que sur les progrès de leur guérison. Les techniques de Jung sont aujourd'hui couramment utilisées en psychothérapie : un patient peut être, par exemple, convié à méditer sur un symbole, ou à pratiquer des associations verbales à son sujet, afin d'essayer de faire surgir sa signification. Lorsque celle-ci lui apparaît, non seulement il apprend à mieux se connaître, mais, le plus souvent, il prend également conscience du fait que des symboles significatifs lui apparaissent alors de plus en plus fréquemment, comme si chacun d'eux ouvrait une porte dans son inconscient, permettant ainsi à d'autres images d'émerger.

Les théories de Jung sur les symboles furent la cause principale de sa rupture avec son ami et maître Sigmund Freud. En effet, si ce dernier attachait aussi une grande importance à l'étude des symboles pour comprendre l'esprit humain, il n'y voyait, en revanche, que l'expression de nos refoulements sexuels. Selon sa théorie, par exemple, tout ce qui est vertical, qui peut se dresser ou bien pénétrer dans quelque chose est considéré comme un symbole de l'organe sexuel mâle, tandis que tout ce qui peut accueillir ou être pénétré symbolise l'organe sexuel femelle. Freud rattachait ainsi d'innombrables symboles au pénis – du clocher d'église à la queue de billard – ou au vagin – de la caverne au sac à main. Selon la terminologie junguienne, Freud appréhendait les symboles seulement comme des signes – des représentations concrètes d'une réalité connue. Pour Jung, la sexualité, masculine ou féminine, n'est que l'expression de nos forces créatrices les plus profondes.

Donc, même si notre intelligence nous dit qu'un symbole est indéniablement sexuel, on peut dépasser cette interprétation et découvrir d'autres significations, qui offrent un tableau plus vaste et plus diversifié des forces à l'œuvre dans notre psyché.

Les archétypes

De tout temps, l'humanité a utilisé les symboles pour exprimer sa conscience des forces créatrices qui sont à l'origine de la vie – identifiées, selon le cas, aux éléments, aux dieux ou au cosmos. A un niveau plus conscient, les histoires symboliques, comme les mythes et les légendes, lui ont servi à représenter des idées abstraites, telles que la vérité, la justice, l'héroïsme, la clémence, la sagesse, le courage ou l'amour. Selon Jung, nous naissons tous avec des prédispositions innées qui nous permettent de développer ces idées en nous, avec un jeu d'empreintes intérieures qui nous indique ce que signifie être pleinement humain. Ces empreintes, les archétypes, sont essentiellement dynamiques : on peut les concevoir comme des faisceaux d'énergie psychique nous dictant quelle attitude adopter face à la vie et déterminant nos idéaux et les aspects majeurs de notre personnalité. Bien qu'ils résident au plus profond de notre inconscient, les archétypes peuvent être stimulés pour émerger à la conscience, à laquelle ils se manifestent sous forme de symboles et de systèmes symboliques.

Toujours selon Jung, la santé mentale consiste à reconnaître et à réconcilier nos énergies archétypales conflictuelles. On peut atteindre ce but par la psychothérapie et l'étude du symbolisme de nos rêves, ou bien directement à partir des symboles. Dans ce cas, on n'attend pas que les images archétypales jaillissent de l'inconscient, mais on établit une communication avec celui-ci en méditant sur les grands symboles de l'humanité. La recherche de la connaissance de soi au moyen des symboles n'est pas propre à la psychologie junguienne : depuis toujours, les grandes traditions philosophiques et religieuses ont placé le précepte « Connais-toi toi-même » au centre du processus de transformation de l'homme. Dans l'Évangile selon Philippe, texte chrétien apocryphe découvert à Nag-Hammadi, en Égypte, le Christ affirme : « La vérité n'est pas venue en ce monde nue, mais elle est venue en des figures et des images. On ne recevra la vérité d'aucune autre façon... Le fiancé doit entrer dans la vérité à travers l'image. »

Les archétypes majeurs

A la lumière de ses études cliniques et de sa connaissance des mythes et des traditions, Jung a pu identifier les principales influences archétypales s'exerçant sur la pensée et le comportement humains. L'*anima* est l'archétype féminin, l'image universelle de la femme présente dans l'inconscient de tout homme. Elle se manifeste par la sentimentalité, les humeurs changeantes ou chagrines, la propension à la compassion et à la tendresse. Dans les

L'animus
La personnification de l'*animus* d'une femme – l'aspect masculin de sa psyché – est profondément influencée par les contacts qu'elle a avec les hommes, et particulièrement avec son père, au cours de son existence. Elle se modifie souvent avec le temps, selon son évolution psychologique. Dans un premier stade, l'*animus* est une simple incarnation de la force physique, dont le personnage de Tarzan pourrait être un bon exemple. Il apparaît ensuite comme un homme d'action et d'initiative (aventurier), ou une figure romantique (poète, « chevalier à l'armure étincelante ») sur laquelle sont projetées les aspirations de la jeunesse. Plus tard, il devient un point de référence de la réalité, représentant d'abord « le verbe » (professeur, prêtre, orateur), puis « la pensée » (sage, guide spirituel).

légendes et les rêves, elle revêt souvent l'apparence d'une princesse enfermée dans une tour, ou d'une mystérieuse magicienne « enchantant » le monde. Sous son aspect négatif, l'*anima* peut apparaître sous la forme de la séductrice, qui attire les hommes uniquement pour pouvoir les rejeter après qu'ils sont sous son emprise totale. L'*animus*, l'image universelle de l'homme enfouie dans l'inconscient féminin, se présente symboliquement comme l'idéal de la virilité – le chevalier à l'armure étincelante, l'aventurier au grand cœur, le sauveur qui triomphe des forces du Mal. Son aspect négatif est l'homme cruel, sans scrupules, qui traite la femme comme un objet sexuel et l'oublie dès qu'il est parvenu à lui dérober sa virginité.

Bien qu'ils représentent des aspects universels de la psyché humaine, l'*animus* et l'*anima* sont modelés par l'expérience individuelle, et vice versa. Un enfant qui a eu de mauvaises relations avec sa mère, par exemple, développera une *anima* négative qui influencera en général ses rapports avec le sexe opposé et pourra même affecter son équilibre psychique. De la même façon, une femme, lorsqu'elle tombe amoureuse, peut, contre toute raison et malgré l'avis opposé de ses proches, investir l'élu de son cœur des qualités positives de son *animus*.

D'autres archétypes mettent en œuvre de puissants processus. Alors que celui de la mère, représentant l'aspect dispensateur de vie et d'amour de la nature humaine, apparaît dès la naissance, avec l'allaitement et les soins, celui du père n'émerge – et ne peut émerger – que plus tard. Le père est le maître du monde matériel, temporel, tandis que la mère règne sur le monde invisible des émotions et des sentiments. Sous son aspect positif, l'archétype du père est le protecteur, le roi sage et bon de la légende, celui qui enseigne et applique la loi en toute équité. Sous son aspect négatif, c'est un tyran, un être diabolique, le dieu Cronos dévorant ses propres enfants.

Deux autres archétypes importants sont le trickster et l'ombre. Le trickster (le joueur de tours) est l'énergie rebelle de notre vie psychique, qui se complaît à bousculer l'ordre établi, à mettre des grains de sable dans les machineries les mieux huilées, voire, au plus fort de nos triomphes, à rire de nos succès et à nous prédire des catastrophes. Dénué de tout sens moral, le trickster ne connaît que son besoin de dénigrer et de tourner en ridicule. Dans le pire des cas, il peut détruire toute confiance en soi et ruiner les croyances parfaitement établies, mais il peut également se révéler un élément positif dans la mesure où il nous contraint à réévaluer sans cesse nos motivations. Dans la mythologie, l'exemple le plus frappant du trickster est le

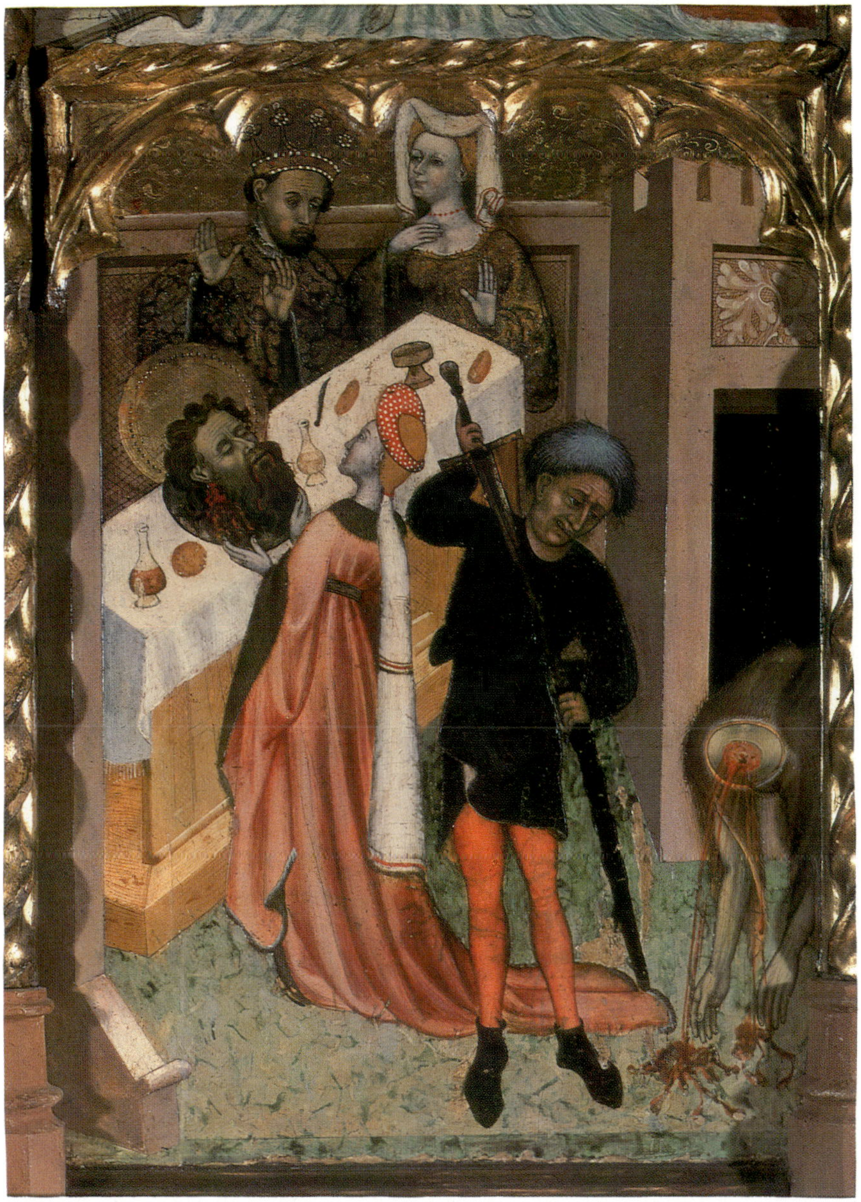

L'anima

L'*anima*, la personnification des éléments féminins de la psyché masculine, peut apparaître dans les mythes sous forme de déesse ou de prostituée, de fée ou de sorcière. Sous son aspect négatif, l'*anima* est souvent représentée comme une femme fatale, une séductrice qui use de ses charmes pour humilier l'homme et le soumettre à sa volonté. Dans ce tableau, elle est figurée par Salomé, l'héroïne biblique qui persuada le roi Hérode de faire décapiter Jean-Baptiste en l'envoûtant avec ses danses.

Sous son aspect positif, l'*anima* est perçue comme un guide spirituel, possédant la science secrète des mondes visible et invisible. Ces caractéristiques étaient autrefois projetées sur les navires (la langue anglaise a d'ailleurs conservé leur genre féminin) et représentées dans leur figure de proue, dont le capitaine était le mari symbolique – cela pourrait expliquer pourquoi il devait couler avec son bâtiment.

La mère
Dans les mythes et les légendes, l'archétype de la mère peut être représenté par la Mère Nature, la Terre Mère nourricière, les diverses déesses de la Fertilité, voire par des animaux donnant leur lait, comme la vache égyptienne Hathor ou la louve de la mythologie romaine. L'aspect négatif de la mère (la main qui nourrit peut aussi affamer, la donneuse de vie être castratrice) est également présent dans les mythes, par exemple sous la forme de la terrifiante Lilith des Hébreux, la première Ève, dévoreuse de nouveau-nés, ou de l'ourse de certains peuples chasseurs qui abandonne ses petits loin de sa tanière et les laisse mourir de faim.

dieu malfaisant nordique Loki, qui, selon son humeur, aidait ou trompait les autres dieux.

L'ombre est une autre énergie néfaste, mais d'un genre différent. Elle est la partie obstinée et égoïste de la nature humaine, celle que la morale de l'Occident considère comme totalement mauvaise. Projetée vers l'extérieur, l'ombre incarne le besoin de trouver des boucs émissaires, de s'en prendre à ceux qui semblent incapables de se défendre. A l'instar du trickster, elle est aussi investie d'un rôle positif : en créant une tension créatrice avec les archétypes structurants qui sont en nous, elle nous permet de nous dépasser, de surmonter les obstacles intérieurs. Bien que l'ombre soit une partie essentielle de notre psyché (dans la tradition occidentale, l'homme sans ombre est le diable), nous la refoulons généralement pendant les premières années de notre existence, lors du processus de socialisation, pour mériter l'amour de nos parents. Intégrer l'ombre à une époque ultérieure de notre vie requiert une grande force morale et l'abandon de certains de nos idéaux les plus chers.

L'ombre

L'ombre est une expression des désirs égoïstes, antisociaux, dont nous avons honte et que nous essayons d'enfouir dans notre inconscient. Nous éprouvons une véritable terreur à l'idée des vilénies qu'elle pourrait nous amener à commettre si nous perdions un jour le contrôle que nous exerçons constamment sur elle. Dans ses pires manifestations, l'ombre est responsable de toutes les atrocités que les hommes ne cessent de s'infliger les uns aux autres depuis l'aube des temps. Dans cette miniature moghole du XVIe siècle, elle est représentée par le géant Zammurrad. L'ombre est également personnifiée par Satan dans le christianisme, et par Ahriman dans le zoroastrisme. Sous des formes modernes, on la reconnaît dans Faust, qui vendit son âme au Diable en échange des biens terrestres, ou dans le Dr Jekyll, que sa potion magique transformait en un monstrueux Mr Hyde.

Perspectives culturelles

Le scarabée
La signification symbolique des animaux et des plantes dépend de leur répartition géographique et reflète souvent certains aspects frappants de leur comportement. Le scarabée, ou bousier, était un symbole important dans les civilisations de la Méditerranée orientale, en particulier dans l'ancienne Égypte, où l'on croyait, à tort, qu'il pondait ses œufs dans les boulettes de bouse qu'il roulait dans son nid (en réalité, elles servaient à nourrir ses larves). Il représentait le renouveau, le cycle du soleil qui renaît lui-même et par extension la possibilité de régénération et de résurrection de l'âme humaine. On a retrouvé de nombreux scarabées morts dans les tombes égyptiennes, et les défunts momifiés portaient souvent sur le cœur une amulette en pierre représentant un scarabée, symbole de leur âme immortelle.

Les idées de Jung sur le symbolisme ne rendent que partiellement compte de la richesse et de la variété des langages symboliques des différentes cultures. En effet, si les symboles les plus puissants sont liés aux archétypes, qui constituent le fondement de notre inconscient collectif, pourquoi leur usage et leur signification diffèrent-ils tant d'une culture à l'autre ? Ainsi, les organes génitaux, bannis de la symbolique chrétienne, sont des symboles spirituels vénérés en Orient. En Occident, un gros ventre symbolise la gloutonnerie, alors qu'en Chine c'est un des attributs du dieu de la Prospérité, qu'en Inde il est associé à Ganesa, le dieu à tête d'éléphant patron des Lettres et des Arts, et qu'au Japon il représente l'énergie et le savoir. Les couleurs ne sont pas épargnées par ces divergences : le jaune, par exemple, est synonyme de tromperie et de couardise en Europe du Nord, tandis qu'en Chine c'est la couleur de l'empereur et qu'elle incarne l'humilité et le renoncement pour les bouddhistes. Ces différences peuvent s'expliquer par le fait que les symboles utilisés pour représenter les énergies archétypales sont liés aux capacités de création, limitées, de l'esprit humain. Si deux individus, par exemple, regardent un nuage, ils n'y verront pas la même forme, ou ils auront des opinions divergentes sur un troisième. Dans chaque cas, l'objet observé est le même, mais la réaction de l'observateur diffère. Au niveau culturel, ce processus de différenciation est accentué par l'environnement naturel. Ainsi, dans les régions désertiques du Moyen-Orient, le sable symbolisait la pureté, parce qu'il remplaçait l'eau pour se laver, tandis que dans les pays européens, plus humides, il était associé à l'idée d'instabilité. On imaginait aussi les dieux des différentes cultures en fonction de la géographie et du climat : les dieux nordiques étaient pourvus des attributs nécessaires – férocité, détermination, grande force physique – pour survivre dans un univers hostile, alors que ceux de l'hindouisme, bien que représentant les mêmes archétypes, étaient beaucoup moins agressifs et nettement plus spirituels, en conformité avec le mode de vie plus paisible du sous-continent indien.

La nature humaine se nourrit des contraires et des oppositions. Il est souvent arrivé que des groupes ethniques voisins transforment en divergences majeures de petites différences dans les attributs de leurs divinités, chacun proclamant par la suite qu'il était le seul à détenir la vérité. Lorsqu'une nation ou une religion en soumettait une autre, soit elle frappait les dieux étrangers d'anathème, soit elle les intégrait à son propre panthéon, en les adaptant pour qu'ils correspondent à ses croyances. Quand le christianisme submerga l'Europe, il élimina les cultes antérieurs en persécutant leurs adeptes. A l'inverse, quand le bouddhisme fut introduit au Tibet au VIIe siècle de notre ère, à l'initiative du roi Srong-bcan sgam-po, il incorpora un grand nombre de symboles et de rites de la première religion tibétaine, le Bon, et transforma certains de ses dieux en bodhisattvas ou en divinités mineures. La conséquence positive de cette assimilation est évidente quand on compare le riche symbolisme du bouddhisme tibétain actuel à celui des formes plus austères pratiquées au Sri Lanka et en Asie du Sud-Est.

Les symboles sont également souvent altérés par le temps, car, lorsqu'une culture évolue, les croyances des générations précédentes sont en général jugées comme primitives ou superstitieuses. Leurs symboles sont banalisés, dépouillés de leur mystère, transformés en métaphores ou en allégories, voire tout simplement ignorés par l'élite culturelle, comme cela est arrivé à de nombreux symboles religieux et mystiques dans l'Occident rationaliste. Coupés de leur contexte, ces symboles perdent alors une grande partie de leur force ; seuls des yeux neufs peuvent les redécouvrir, exactement de la même façon que Jung prit conscience de la puissance des archétypes lorsque ses patients les firent spontanément apparaître dans leurs rêves, leurs dessins et leurs peintures.

Le dragon
Le dragon est l'une des images symboliques dont la signification varie le plus d'une civilisation à l'autre. En Occident, il représente la nature primitive, sauvage, de l'homme, qui doit être dominée par la force et l'autodiscipline ; dans le christianisme, il personnifie la puissance de Satan et du monde souterrain, vaincue par l'archange saint Michel. En Inde, il est Agni, le Principe, producteur du soma, le breuvage d'immortalité. En Chine, il est le principe k'ien, origine du Ciel et producteur de la pluie, ainsi que le symbole de l'empereur, et l'on croyait autrefois que les images de dragons portant des perles (le tonnerre) pouvaient amener la pluie.

手力雄ノ命
天ノ鈿女命

Le pouvoir des symboles

Les symboles accumulent leurs significations tout au long d'un processus qui s'étend sur des millénaires. A l'instar des langues, leurs connotations prolifèrent dans de nombreuses directions, suivant de multiples routes liées au contexte culturel et revenant parfois à leur sens premier grâce à certaines lignes de force. Il est toutefois des symboles proches de l'essence même de la vie dont la signification tend à demeurer constante, ou à ne varier que dans d'étroites limites, tant leur puissance est universelle.

Il existe souvent un rapport direct entre le pouvoir des symboles et leur ancienneté. Les premières sociétés humaines vivaient dans un monde où la satisfaction des besoins vitaux élémentaires était une préoccupation permanente. Outre leur instinct de survie, les hommes étaient mus par le désir de trouver une signification aux dures nécessités de l'existence. Le Soleil, par exemple, fit certainement l'objet de vives spéculations, et devint de ce fait le thème central de certains de nos mythes les plus féconds. Dans la même perspective, il est facile d'imaginer comment, à partir d'une réflexion sur les étoiles, l'astrologie a pu naître et se développer. Quand les civilisations prirent leur essor, au fil des siècles, ces préoccupations originelles gardèrent toute leur force, et de nos jours encore, dans les sociétés les plus nanties, les symboles qui leur sont liés sont présents dans tous les esprits, porteurs des mêmes potentialités.

Aujourd'hui, bien que le rationnel soit le fondement de notre vie sociale, à un niveau personnel nous continuons de croire en des réalités essentielles, inaccessibles à notre raison. Nous pressentons que ces vérités sont éternelles et que le langage des symboles peut nous permettre de les approcher. Cela explique probablement pourquoi même de très anciens symboles semblent vibrer d'une énergie actuelle, comme s'ils s'adressaient à quelque éternel centre secret au plus profond de nous-même.

Dans le chapitre suivant sont étudiés ces résonances et leur histoire, ainsi que quelques-uns des grands thèmes universels du symbolisme.

L'art paléolithique de la grotte de Lascaux
Parfois qualifiée de « chapelle Sixtine de l'art paléolithique », la grotte de Lascaux offre sans doute le plus bel exemple connu de peintures rupestres de la préhistoire. Plusieurs centaines de figures animales et de signes abstraits – et une seule figure humaine, que l'on voit ci-dessus, dans la scène du Puits – ornent les parois de la rotonde, de la nef, et des diverticules qui s'en détachent. Dans le diverticule axial, les images couvrent également le plafond, et leur réalisation exigea l'édification d'un échafaudage en bois de chêne, dont quelques vestiges ont été retrouvés. Les artistes de Lascaux semblent avoir été des « professionnels », car leurs sujets sont représentés avec un réalisme parfois saisissant, un sens étonnant de la perspective, qui, associés à la parfaite connaissance du support rocheux, dénotent une exceptionnelle maîtrise de leur art.

On pense que la grotte était un lieu consacré aux rituels d'initiation pubertaires. Cette hypothèse s'appuie sur les observations des premiers archéologues qui l'examinèrent, et qui découvrirent dans ses couloirs des empreintes de pas d'enfants et de jeunes adultes.

Les symboles dans la préhistoire

L'aptitude à manipuler des symboles à un niveau abstrait est l'une des principales caractéristiques qui distinguent l'homme des autres primates. La logique, la créativité et l'esthétique découlent de cette aptitude, qui est au centre de la notion anthropologique de « culture ». Les plus anciennes manifestations connues de cette faculté typiquement humaine sont les peintures rupestres du paléolithique, dont certaines datent de plus de trente mille ans.

Les hommes du paléolithique étaient des chasseurs-cueilleurs nomades, qui tiraient la plus grande partie de leur nourriture et de leurs vêtements des animaux – cervidés, mammouths, aurochs, félins et chevaux. Ils dressaient volontiers leurs tentes à l'entrée des cavernes, mais les recherches archéologiques ont montré qu'ils ne vivaient pas à l'intérieur de celles-ci. Les peintures paléolithiques les plus connues ont été découvertes dans les labyrinthes souterrains de Lascaux (France) et d'Altamira (Espagne), loin de la surface du sol, ce qui semblerait indiquer que cet art primitif n'était ni décoratif ni essentiellement destiné à être vu. De nombreux anthropologues pensent aujourd'hui que les peintures rupestres avaient une profonde signification symbolique pour nos ancêtres et que les grottes étaient des lieux d'initiation sacrés représentant les entrailles de la Terre ou la demeure des esprits gouvernant le monde.

Les symboles des peintures rupestres se divisent en deux grandes catégories : d'une part, des représentations « naturelles » d'animaux et d'hommes, d'autre part des formes abstraites, parfois géométriques, telles que des quadrilatères, des spirales ou des groupes de points et de lignes. L'interprétation de ces symboles n'est pas aisée. Les dessins figuratifs montrent parfois un chaman bondissant par-dessus un groupe d'animaux. Les anthropologues croyaient autrefois que ces compositions étaient une forme de magie sympathique, fondée sur la croyance selon laquelle peindre une chasse fructueuse pouvait assurer le succès des chasseurs. Depuis, des études plus approfondies ont montré que la répartition spatiale des images et des signes dans les grottes avait une signification cosmologique, qui reflète la conception de l'organisation du monde de nos lointains ancêtres.

Les symboles abstraits de la préhistoire sont particulièrement fascinants, parce que leur forme n'a pratiquement pas évolué durant vingt millénaires. Cette extraordinaire continuité, unique dans l'histoire de l'art, suggère qu'ils avaient un sens très profond, dont la découverte pose problème. On peut supposer qu'ils avaient une fonction magique, ou

Le pouvoir des masques
Dans de nombreuses sociétés primitives, arborer un masque était une façon d'invoquer un être surnaturel. En Afrique, les masques étaient utilisés pour se protéger en cas de difficulté (ennemi, maladie) ou pour communiquer avec les ancêtres, ainsi que dans les rituels et les cérémonies marquant les alliances entre les tribus. Les masques, en particulier ceux qui représentaient des animaux, étaient également employés comme un moyen de dissoudre l'identité personnelle, rapprochant ainsi leurs porteurs de l'union mystique avec le monde divin.

Les animaux sacrés de l'Égypte
Beaucoup de dieux, de traditions et de cultes de l'ancienne Égypte provenaient des anciennes religions animistes de l'Afrique préhistorique. Certains animaux étaient considérés comme des incarnations sacrées des dieux sur la Terre. L'ibis, entre autres, était supposé personnifier les qualités de Thot, le dieu du Savoir et de la Sagesse, assimilé au dieu grec Hermès et, par la suite, au dieu romain Mercure. Des ibis étaient souvent embaumés et ensevelis dans les tombes des pharaons défunts, afin qu'ils leur communiquent leur sagesse dans l'au-delà.

Le symbolisme des éléments
Dans le monde antique, on croyait que les éléments – l'air, la terre, l'eau et le feu, procédant des combinaisons du froid et du chaud, du sec et de l'humide – étaient sous le contrôle des dieux. Selon la mythologie aztèque, les dieux détruisaient périodiquement le monde en déchaînant contre lui une des forces élémentaires, puis le recréaient sous une nouvelle forme. La puissance destructrice des éléments pouvait également représenter la colère divine, qui punissait les hommes pour leurs erreurs. Le symbolisme des inondations est présent dans les mythes de nombreuses cultures, mais son illustration la plus connue est sans doute l'histoire biblique du Déluge, dans laquelle l'arche de Noé (à droite) figure le salut offert à tous les vrais croyants.

d'orientation spatio-temporelle, ou qu'ils représentaient des aspects fondamentaux de la psyché humaine. Cette seconde hypothèse n'est pas sans fondement : en effet, un motif récurrent de l'art paléolithique est le groupe de sept points ou lignes parallèles, or, ce chiffre est aujourd'hui encore universellement considéré comme sacré (voir page 64).

N'ayant aucune connaissance scientifique du monde, les peuples primitifs l'appréhendaient d'une manière intuitive. Ils croyaient sans doute, à l'instar des cultures ultérieures, que toutes les choses, animées ou inanimées, étaient dotées d'une conscience, et qu'il était possible de leur « parler » au travers des symboles. De cette croyance découlaient des rituels comme la danse de la pluie, dans laquelle le bruit des gouttes d'eau sur le sol était évoqué par le piétinement des danseurs, ou celles de la fertilité, qui devaient amener le retour de la vie au printemps. La place prépondérante de l'idée de fertilité dans les anciens systèmes symboliques est également montrée par ce que les archéologues appellent les Vénus callipyges, petites statuettes représentant des femmes aux seins et aux fesses rebondis, qui ont été retrouvées de l'Atlantique à la Sibérie et qui furent probablement à l'origine des cultes de la Terre Mère des premières civilisations européennes.

Pendant le néolithique, qui commença il y a environ dix mille ans, les hommes adoptèrent un mode de vie plus sédentaire, passant des campements aux villages, cultivant la terre et domestiquant les animaux. Ces changements entraînèrent l'apparition de rituels sociaux organisés dans pratiquement tous les domaines de leur existence. Un important symbolisme de la mort, dont on a retrouvé d'innombrables vestiges dans l'art mobilier et les tertres funéraires de l'époque, se développa alors. La mort était considérée comme un voyage, que les défunts devaient accomplir avec des provisions, des armes et des objets précieux. On croyait également que, en mourant symboliquement – en entrant en transe ou en étant symboliquement démembré –, un chaman pouvait atteindre le royaume des morts, converser avec les esprits et revenir dans le monde des vivants avec des connaissances ésotériques. Le même objectif présida à l'utilisation des états de transe par certaines cultures ultérieures : ils apparaissaient dans les cultes dionysiaques de l'ancienne Grèce, et aujourd'hui encore les Indiens d'Amérique du Nord les recherchent dans leurs pratiques de guérison.

Le mât totémique
Chez les Amérindiens de la côte nord-ouest des États-Unis et du Canada, le mât totémique avait une fonction équivalant à celle de l'emblème héraldique dans l'Europe médiévale. Les animaux, plantes ou autres formes symboliques sculptés dans son bois représentaient le lien qui unissait entre eux les membres d'une famille ou d'une collectivité et les rattachait à une puissance tutélaire surnaturelle. On érigeait également des mâts de ce genre sur les tombes, à moins qu'on ne les intégrât aux charpentes des habitations.

Dieux et mythes

Il n'existe pas de symboles plus puissants que les dieux. Ils peuvent éveiller en nous d'intenses émotions et libérer une énergie qui a produit, au cours des siècles, l'art le plus sublime comme les tueries les plus sanglantes. En termes junguiens, les dieux, ainsi que les mythes qui expriment leurs relations avec l'homme, sont des expressions conscientes de forces archétypales inconscientes (voir page 13). Les divinités et leurs symboles émergent et prennent forme dans notre vie psychique, mais leur origine se situe à un niveau si profond de notre inconscient qu'ils semblent émaner d'une source spirituelle extérieure à nous. Ils sont, selon l'expression de Jung, des manifestations de la « fonction religieuse naturelle » de l'âme, un aspect de la psyché humaine qui doit être reconnu pour assurer notre santé mentale.

Si cette approche paraît, à première vue, réduire les dieux – ou Dieu – à de simples inventions de notre imagination, rien n'est plus faux, car elle ne nie pas que l'inconscient collectif puisse être en communication avec une réalité encore plus profonde, représentant l'authentique source créatrice de la vie. Les junguiens affirment simplement que cette source, quand nous l'atteignons, ne peut se révéler à nous que sous une forme symbolique. Comme l'enseigne la Bible, nul ne peut voir le visage de Dieu et vivre. Nous ne l'appréhendons qu'au travers de symboles, inévitablement limités et limitatifs.

Bien que nés dans la psyché humaine, les dieux de la plupart des civilisations ont été extériorisés, leurs énergies projetées dans le monde physique, afin que leur présence y soit plus immédiatement sensible. Dans le panthéon hindou, par exemple, Brahma incarne le pouvoir créateur suprême, Vishnu la continuité de la création et Siva, associé à la mort, le changement et l'énergie destructrice. Dans l'ancienne Égypte, les dieux étaient représentés par des animaux, ou avec des têtes d'animaux : le faucon, volant très haut dans le ciel et pourvu d'un regard perçant auquel rien n'échappait, symbolisait le dieu céleste Horus ; la vache, féconde et nourricière, la déesse Hathor, mère et épouse du Soleil, symbole de la fertilité, de la richesse et du renouveau ; le crocodile, redoutable carnivore, était, quant à lui, le dieu Sobek, qui dévorait les âmes des pécheurs après leur mort.

Les dieux du calendrier aztèque
Originaires du nord du Mexique, les Aztèques s'établirent, au XIIe siècle, sur les rives du lac Texcoco, près de l'actuelle ville de Mexico. Pendant les quatre cents ans qui suivirent, ils bâtirent un puissant empire militaire, qui tirait ses richesses d'une agriculture intensive. Leur religion et leurs mythes intégrèrent des éléments pris aux cultures qu'ils soumettaient ou absorbaient, aussi leur panthéon était-il exceptionnellement riche. Leurs dieux étaient étroitement liés à leur calendrier, qui comportait trois cycles : un cycle vénusien de 560 jours, un cycle solaire de 360 jours (plus 5 jours néfastes) et un cycle divinatoire de 260 jours, divisé en treize périodes de 20 jours, durant lesquelles chaque journée était gouvernée par une divinité particulière. Les représentations des dieux, comme celle que l'on voit ci-dessus, étaient utilisées par les prêtres aztèques dans leurs pratiques de divination.

La fonction des mythes

Les mythes sont des récits symboliques mettant en scène des dieux et des humains dotés de pouvoirs surhumains, qui jouèrent autrefois un rôle capital dans toutes les civilisations. C'était à travers ces histoires légendaires que les sociétés pouvaient établir et développer leur identité, et dans de nombreuses

Les avatars de Vishnu
Dans la tradition hindoue, Vishnu – l'incarnation de l'énergie cohésive, le protecteur du monde, de l'humanité et du dharma (ordre universel) – est vénéré comme une divinité majeure. Il est connu par ses dix avatars (descentes dans le monde), qui sont les différentes formes qu'il a prises pour combattre des manifestations spécifiques du Mal. Dans son premier avatar, Vishnu s'incarna dans un poisson qui prévint Manu, le premier homme, de l'imminence d'un déluge. Après lui avoir envoyé un grand navire, il lui ordonna d'y faire monter deux représentants de toutes les espèces vivantes et d'y charger des graines de toutes les plantes. Manu venait tout juste d'achever ces préparatifs quand l'océan submergea les terres. Ainsi Vishnu remplit-il son rôle de protecteur de la Création, en faisant en sorte qu'aucune forme de vie ne soit anéantie.

Aurore-Éos, la déesse de l'Aube
Les changements de temps, les phénomènes atmosphériques et le mouvement des corps célestes étaient souvent attribués aux actions des divinités. Les mythes de nombreuses cultures relataient les exploits, les unions et les rivalités des dieux et des déesses, qui donnaient un sens à des événements naturels qui, sinon, n'auraient pu être expliqués. Pour les Grecs, le lever du jour était personnifié par la sœur du Soleil, la déesse Aurore, ou Éos « aux doigts de rose et vêtue de safran ». Chaque matin, elle s'enfuyait du lit de son époux cacochyme Tithonos, émergeait de l'océan et s'élevait dans le ciel sur un char tiré par deux chevaux. La rosée matinale était faite des larmes qu'elle versait en pleurant son fils Memnon, tué par Achille lors du siège de Troie.

cultures les mythes fournissaient des exemples de comportement humain. S'appuyant sur ses études des Indiens d'Amérique du Nord et du Sud, l'anthropologue français Claude Lévi-Strauss a émis l'hypothèse que le but du mythe était d'offrir un modèle d'explication logique des contradictions de l'existence : en confrontant sous une forme narrative les aspects opposés de la vie – le jour et la nuit, la faim et la satiété, l'unité et la multiplicité –, les créateurs de mythes pouvaient donner un sens au monde qui les entourait. Bien que cette interprétation rende justement compte de certaines composantes de la mythologie, elle ne suffit cependant pas à expliquer toutes les fonctions remplies par les mythes dans les sociétés humaines.

Certains mythes expliquent seulement la réalité, comme les nombreux mythes amérindiens décrivant l'origine du maïs, ou donnent un sens aux rites observés par un groupe particulier. En Syrie, le combat légendaire de Baal, le dieu de la Fécondité, contre Mot, le dieu de la Stérilité, était rejoué dans des rites destinés à assurer la victoire de la fertilité sur la sécheresse dans la région. D'autres mythes racontent la création du monde ou de l'humanité. Pour les Shilluks du Soudan, par exemple, Juok (Dieu) façonne l'homme avec de l'argile ; dans le Nord, il trouve de l'argile blanche, avec laquelle il fait les Européens, tandis que dans le Sud il utilise de la terre noire pour créer les Africains. A Timor, le mythe de la création des Carabaulos inclut une justification de l'ordre social : il relate que les ancêtres de la population de l'île sortirent du sol par un trou en forme de vulve et précise que les premiers à émerger furent les membres de l'aristocratie terrienne, suivis par les roturiers et les fermiers. Dans de nombreuses civilisations anciennes, de l'Égypte à la Chine, les familles dominantes évoquaient d'une manière semblable leur origine divine pour justifier leurs privilèges.

Les mythes offrent également une explication de la mort (que certains interprètent comme une erreur divine) et dépeignent la destinée ultime du moi individuel : dans le *Livre des morts* égyptien, recueil de textes datant du XVIe siècle avant J.-C., le voyage de l'âme dans l'au-delà est décrit avec un grand luxe de détails et comporte des instructions précises sur la manière dont les défunts doivent affronter les multiples épreuves qui les attendent après leur décès.

Freud voyait dans les mythes un moyen pour la société d'exprimer des pensées et des sentiments ordinairement refoulés. Pour lui, le désir d'un fils de posséder sa mère et sa jalousie subséquente à l'égard de son père étaient parfaitement représentés par le mythe d'Œdipe. Dans la mythologie grecque,

Ma-Ku
Dans la mythologie chinoise, Ma-Ku était une sorcière bienfaisante, personnifiant la bonté qui existe en tout homme. Dans son premier avatar (à gauche), elle gagna un vaste territoire sur la mer et y planta des mûriers. Dans une autre incarnation, elle trompa son méchant père en lui faisant accorder plus de repos à ses esclaves. Son père s'emporta contre elle, et Ma-Ku s'enfuit dans la montagne pour se faire ermite. Pris d'un terrible remords, son père devint aveugle à force de pleurer la perte de sa fille. Ma-Ku revint alors pour le consoler et lava ses yeux avec une potion qui lui rendit la vue.

Œdipe était un jeune Thébain qui, sans le savoir, tua son père, Laïos, et épousa sa mère, Jocaste, puis se creva les yeux lorsqu'il apprit la vérité. Selon Freud, ce mythe illustre le fait que tous les hommes se sentent collectivement coupables d'éprouver des sentiments de ce genre envers leurs parents.

Dans la psychologie junguienne, les mythes décrivent des voyages initiatiques, et leurs protagonistes sont des personnifications d'archétypes inconscients. Ainsi, dans les mythes héroïques, le héros symbolise l'ego, et l'histoire raconte comment il découvre, d'épreuve en épreuve, ses forces et ses faiblesses – comment il développe la conscience de soi. Une fois qu'il a maîtrisé son ego, le héros meurt, généralement en se sacrifiant, par un geste qui symbolise son passage à la maturité. Dans de nombreux mythes, le héros est aidé par un conseiller, un guide, qui, dans la perspective junguienne, représente la psyché tout entière, la totalité de l'homme, offrant à l'ego les ressources qui lui manquent.

Rites, magie et prières

Les rites funéraires de l'ancienne Égypte
Les anciens Égyptiens avaient développé des rites funéraires très élaborés, car ils croyaient que les âmes immortelles des morts continuaient d'entretenir des rapports avec ce monde par le truchement du corps enterré. Celui-ci était donc momifié, afin d'échapper à la putréfaction, et la tombe était remplie de provisions et de mobilier funéraire pour permettre au défunt d'accomplir son voyage dans l'au-delà dans les meilleures conditions.

Après son décès, chaque mort était jugé, lors de la psychostasie, par un tribunal divin composé d'Anubis, le dieu embaumeur à tête de chacal, et de Thot, le dieu de la Sagesse à tête d'ibis, et présidé par Osiris, le dieu du Monde souterrain. Son cœur, représentant sa conscience, était placé sur le plateau d'une balance (ci-dessus), la plume d'autruche de la déesse Maât, symbole de la justice, étant posée dans l'autre. Si la plume était plus lourde, il était sauvé. Dans le cas contraire, il était livré à la « Dévorante », autre nom du dieu Sobek.

Les rites et les rituels sont un aspect important de toutes les sociétés, anciennes ou modernes, dont ils aident à maintenir l'équilibre et la cohésion. Ils occupent naturellement une très grande place dans les petits groupes tribaux aux liens très étroits, mais on les rencontre également dans les métropoles occidentales, où le baptême, le mariage et les rites funéraires continuent, en règle générale, d'être pratiqués.

Les rites sont des représentations physiques de voyages spirituels – d'immersions dans l'inconscient collectif – au cours desquels le corps est considéré comme le symbole de l'esprit. Ils peuvent symboliser la progression vers la lumière ou vers les dieux, ou bien l'épreuve de la mort psychique et de la renaissance, par lesquelles nous abandonnons notre identité pour entrer, avec une nouvelle vitalité, dans un autre âge de la vie. Souvent, les rites reflètent l'ordonnancement supposé du monde céleste, établissant de ce fait des liens plus étroits entre les hommes et les dieux. Les sept sacrements de l'Église catholique romaine – le baptême, la confirmation, l'eucharistie, la pénitence, l'ordination, le mariage et l'extrême-onction – sont ainsi censés avoir été institués par le Christ. De nombreuses religions observent des rites de purification, grâce auxquels le corps est lavé de ses souillures, considérées comme des offenses aux dieux. Un corps souillé, qui a été en contact avec la maladie, la mort ou le péché, peut être symboliquement purifié par des bains d'eau ou de sang (associé conjointement à la vie et à la mort, signifiant donc le renouveau), ou par des rituels utilisant des armes ou des feux d'artifice pour chasser symboliquement les mauvais esprits.

Dans les sociétés tribales, les rites d'initiation servaient autrefois à marquer le passage de l'adolescence à l'âge adulte. Ils comportaient fréquemment, pour les garçons, des souffrances délibérément infligées (circoncision, tatouage), des épreuves de force et d'endurance, ainsi que des jeûnes prolongés, afin de donner une réalité physique aux idées de mort et de renaissance. Pour les jeunes filles, le passage à la maturité s'accompagnait de rites de fertilité, ou de volées de coups symboliques, représentant leur soumission nécessaire aux contraintes physiques de la féminité (menstrues, grossesse, allaitement). Tous ces rites de passage impliquaient une rupture définitive avec le monde de l'enfance, au cours de laquelle les archétypes parentaux étaient destitués par la mort symbolique, et l'ego renforcé par son intégration à un groupe plus large que la famille. Le mariage était une autre sorte d'initiation rituelle. Comme dans les rites pubertaires, des tatouages, des anneaux et des vêtements spéciaux étaient utilisés pour signifier l'accession à un nouveau statut social. Le rituel impliquait souvent une représentation figurée des nouvelles responsabilités des époux. Pour l'homme, en particulier, le mariage était la perte de l'indépendance – en termes junguiens, le sacrifice de l'archétype du héros –, et, dans certaines cultures, celle-ci était compensée par le viol ou l'enlèvement symboliques de la future épousée.

L'idée d'offrir des sacrifices pour obtenir un renouveau était présente dans les rites de fertilité pratiqués chaque hiver pour assurer le retour de la vie au printemps. De même que la terre devait mourir pendant la saison froide pour produire de nouveau des fruits, le roi – ou, plus vraisemblablement, un homme désigné pour la circonstance – devait périr afin que le groupe survive. Les Aztèques croyaient que sans offrandes continuelles de sang et de cœurs humains, le soleil cesserait de briller et que l'univers retournerait au chaos. Ils accordaient une telle importance aux sacrifices rituels que leurs guerres étaient officiellement conduites dans le but de se procurer des prisonniers destinés aux autels sacrificiels.

La croyance selon laquelle les rituels et les symboles pouvaient agir sur la volonté des dieux était le principe de base de la magie. L'objectif du magicien était de gravir peu à peu les différentes étapes de l'existence, pour se fondre finalement dans l'ineffable réalité divine, à laquelle les mortels ordinaires n'ont habituellement pas accès. En s'élevant ainsi vers les dieux, le magicien (ou la magicienne) prenait la responsabilité d'essayer de les influencer dans un sens favorable à l'humanité. Dans tous les systèmes occultes, des mystères égyptiens et grecs aux traditions amérindiennes, en passant par l'œuvre des alchimistes et des kabbalistes européens, les vrais magiciens étaient engagés dans une quête altruiste, qui n'avait rien à voir avec la poursuite de buts personnels ou le désir de dominer leurs semblables.

La prière, qu'elle soit individuelle ou collective, est une forme de communication avec le sacré souvent associée à des symboles et à des rites. Des objets sont parfois aussi utilisés, généralement pour que la prière soit poursuivie pendant que le fidèle dort ou se livre à d'autres occupations : dans le bouddhisme, le mantra inscrit sur un moulin à prières est supposé être activé par le vent. La prière dévotionnelle de l'islam, la salat, est encadrée par un rituel précis. Cinq fois par jour, après avoir procédé à des ablutions, le croyant se tourne vers La Mecque et récite des formules obligatoires, les rak'a, en accomplissant des gestes de soumission et d'adoration définis par la loi coranique.

L'eucharistie
L'eucharistie est le sacrement central de l'Église catholique romaine. Elle comprend la consécration par le prêtre du pain et du vin – devenant, selon les interprétations, des symboles, des figures ou la substance même du corps et du sang du Christ –, et leur distribution aux fidèles pour la communion fraternelle. Le rituel eucharistique fait appel à un grand nombre de symboles ésotériques, par exemple le calice contenant le vin (le sang) qui est, pour la psychologie junguienne, une matrice spirituelle. Dans cette peinture française du XVIe siècle, intitulée *Emblème de la Passion*, le calice empli de sang et porté par deux anges est entouré de trois clous – selon la tradition, le nombre de clous qui furent utilisés lors de la crucifixion.

Mâle et femelle

Les noces chimiques
Les alchimistes se considéraient comme des savants-philosophes dont les opérations chimiques et psychologiques devaient aboutir à conduire la nature jusqu'à la perfection ultime (un processus symbolisé par la transformation des métaux corruptibles en or). L'athanor, creuset où s'opérait la transmutation, était pour eux un microcosme, matrice et symbole de l'œuf du monde.
Les manipulations alchimiques étaient décrites d'une manière très hermétique, essentiellement pour que les secrets de l'Art royal ne tombent pas en de mauvaises mains. Une des étapes les plus importantes du processus était l'union des principes mâle et femelle de la matière (le mercure et le soufre), parfois symbolisée par un hermaphrodite (ci-dessus), ou par les noces du roi et de la reine.

Les images de l'homme et de la femme sont, à juste titre, porteuses de profondes significations symboliques. Selon la théorie junguienne, elles sont des représentations conscientes des archétypes de l'*animus* et de l'*anima* (voir pages 13-15), et, dans de nombreuses cultures, elles apparaissent ensemble comme des symboles de la fertilité et du perpétuel renouvellement de la vie. Sur un plan plus ésotérique, le thème du masculin et du féminin peut prendre de multiples significations. Séparés, l'homme et la femme symbolisent l'incomplétude : chacun n'est que la moitié, stérile, de l'androgyne primordial, bisexué, qui fut coupé en deux à l'aube des temps et condamné à traverser l'Histoire dans l'angoisse de la séparation, en aspirant sans cesse à retrouver la partie de lui-même qui lui a été enlevée.

Cette idée apparaît dans d'innombrables mythes, comme ceux d'Isis et Osiris en Égypte, ou d'Orphée et Eurydice en Grèce, dans lesquels l'homme et la femme poursuivent au-delà du trépas la quête de leur partenaire. Dans la légende de Tristan et Yseut, les deux amants ne sont véritablement unis qu'après leur mort, quand les arbres qui poussent sur leurs tombes entrelacent leurs branches et ne peuvent plus être séparés. Dans les anciennes cosmogonies, le Ciel et la Terre, nés eux aussi d'une partition originelle, étaient souvent représentés par un homme et une femme : dans l'Égypte pharaonique, le Ciel était la déesse Nout et la Terre le dieu Geb.

Même quand l'homme et la femme s'unissent dans l'acte d'amour, leur union demeure incomplète. Limitée par les contraintes corporelles, elle ne va pas jusqu'à la fusion totale des amants. Aussi la plupart des traditions spirituelles et occultes ont-elles enseigné que la complétude ne peut être atteinte qu'en nous-même, par le mariage des principes mâle et femelle que chaque être humain porte en lui. En Chine, l'idée de cette unification intérieure est illustrée par le symbole bien connu du taiji (voir page 129), et dans l'hindouisme et le tantrisme par les représentations des divinités mâles et femelles si étroitement enlacées qu'elles semblent ne plus avoir qu'un seul corps. Dans la tradition alchimique occidentale, le retour à l'unité intérieure (et à la sagesse suprême) est symbolisé par l'androgyne, ou Rebis, qui est à la fois mâle et femelle. Selon la théologie juive, Adam lui-même était androgyne avant qu'Ève ait été détachée de lui, et certains récits mythologiques grecs présentent Zeus comme une divinité bisexuée. Dans les religions chamaniques, les chamans portent souvent des vêtements féminins, afin de recréer symboliquement l'état de perfection originelle qui était celui de l'homme avant que les sexes aient été différenciés.

Krishna et Radha
Krishna, huitième avatar de Vishnu, est l'une des divinités les plus populaires de l'hindouisme. Un grand nombre de mythes et de légendes, comme le célèbre poème lyrique Gita-Govinda, relatent ses fredaines et ses exploits amoureux. Alors qu'il était encore jeune, il enchanta les *gopis* (vachères) de la région de Brindaban en jouant de la flûte durant les soirs d'automne, et celles-ci abandonnèrent leurs maris endormis pour venir danser avec lui dans la forêt. Bien que chacune fût persuadée qu'elle était sa seule maîtresse, il finit par les délaisser toutes lorsqu'il tomba profondément amoureux de l'une d'elles, Radha (ci-dessus), dont la beauté lumineuse contrastait parfaitement avec sa peau sombre (Krishna signifie « noir », ou « noir comme un nuage »).

Opposition et unité

Toutes les forces de la nature et toutes les émotions humaines ont leur opposé, par lequel elles sont partiellement définies. Sans la lumière, on ne pourrait concevoir les ténèbres ; sans le chagrin, la joie ne saurait être ressentie ; sans la femme, il n'y aurait pas d'homme. De même que les principes mâle et femelle peuvent être unifiés à un niveau ésotérique (voir page 32), les contraires peuvent être réconciliés pour recréer l'état paradisiaque. De nombreuses traditions orientales affirment que les opposés sont apparus lorsque la réalité primitive unique s'est fragmentée, dans une apparente multiplicité, pour créer le monde des formes (selon les textes hindous, « le un devient deux, le deux devient trois, et du trois jaillissent les dix mille choses ») : chaque fragment est incomplet en lui-même et aspire à retrouver la totalité dont il est issu.

L'expression bouddhique « Quand les contraires apparaissent, l'esprit de Bouddha est perdu » fait référence aux limites de la perception duelle. En établissant des distinctions, nous cessons de voir que tous les opposés proviennent, en dernière analyse, de la même source et que, en vérité, la Création est une. Les contraires et le monde matériel qu'ils constituent sont une illusion, et l'esprit éveillé peut percevoir à travers elle l'unité fondamentale du Tout.

Les deux royaumes
Pour un grand nombre de traditions anciennes, le cosmos (l'univers ordonné) était divisé en deux royaumes : le royaume céleste et le royaume terrestre. Le Ciel, associé à l'esprit et à l'intellect, était la demeure des dieux et des entités spirituelles, tandis que la Terre était le siège de la matière et des corps physiques. L'ordonnancement du royaume terrestre était supposé refléter celui du royaume céleste, selon la célèbre formule « Ce qui est en haut est comme ce qui est en bas », illustrée par ce tableau d'un recueil alchimique du XVIIe siècle (ci-dessus). Dans cette conception du monde, l'homme occupait une position privilégiée parce qu'il était la seule créature ayant accès aux deux royaumes.

L'unité sous-tendant la diversité, tout comme l'interdépendance des contraires, est symbolisée de nombreuses manières. La coupe, par exemple, rappelle que l'espace ne peut exister sans la forme, et réciproquement. La paroi de la coupe appartient au monde de la forme, l'espace qu'elle délimite à celui du vide, et ces deux mondes composent l'unité indissociable de la coupe. Le symbole universel du cercle illustre, lui aussi, cette unité essentielle : alors que nous considérons communément les idées de « début » et de « fin » comme des opposés, chaque point d'une circonférence peut être simultanément un début et une fin. Dans le bouddhisme zen, le cercle représente l'illumination et la perfection de l'homme uni au principe premier, et le symbole chinois du taiji (voir page 129) s'inscrit dans un cercle. A un niveau plus complexe, les mandalas et les yantras (voir page 60) symbolisent la nature illusoire des différences, et leur apparition spontanée dans les méditations, de même que leur utilisation dans de nombreuses cultures, indique que notre inconscient collectif est « conscient » de la vérité qu'ils expriment. Dans l'hindouisme et dans le bouddhisme, il est dit que « la mort et la vie sont identiques » : cela signifie que même les contraires les plus irréductibles que nous pouvons concevoir dépendent l'un de l'autre et ne sont que des visages de la même unité.

Le Bien et le Mal
Dans cette gravure du XVIIIe siècle du peintre et visionnaire anglais William Blake, deux anges, un « bon » et un « mauvais », luttent pour la possession d'un enfant, symbole de l'innocence perdue de l'homme non divisé, antérieur à la Chute. Théoricien audacieux, Blake créa sa propre cosmogonie, à travers ses livres et ses tableaux, pour exposer et argumenter sa conviction que le malheur de l'homme résulte de son incapacité à réconcilier les éléments antigoniques de son moi. Si l'on se réfère à sa mythologie, le « bon » ange serait Los, symbole de l'imagination créatrice, et le « mauvais » Orc, symbole de la révolte et de l'énergie. Blake croyait que les conflits internes de l'homme pouvaient être résolus par son imagination, et non par les contraintes de sa raison.

Échanges et influences

Lorsque des peuples différents entrent en contact, que ce soit par le commerce, par la guerre ou par le fait des migrations, leurs signifiants culturels – leurs symboles – demeurent rarement inchangés. Les symboles d'un groupe enrichissent, altèrent ou supplantent ceux d'un autre groupe, et les modifications qui en résultent dans l'art, la mythologie et la tradition portent ensuite témoignage devant l'Histoire de cette rencontre de deux cultures. L'illustration la plus frappante de ce phénomène est l'étroite ressemblance existant entre les panthéons grec et romain. Quands ils conquirent la Grèce, au IIIe siècle après J.-C., les Romains furent fascinés par la riche mythologie grecque, et ils conférèrent les caractéristiques des dieux de l'Olympe à leurs propres divinités. Le dieu grec Dionysos fut célébré à Rome sous le nom de Bacchus, et les mythes d'Artémis, de Zeus, d'Hermès et d'Aphrodite furent respectivement attribués à Diane, à Jupiter, à Mercure et à Vénus. Certains des dieux et des héros grecs, comme Apollon et Hercule (Héraclès), furent même adoptés par Rome sans que leur nom fût modifié.

De l'Égypte à Rome
La circulation des symboles et leur assimilation par des cultures parfois radicalement différentes sont illustrées par cette fresque, du Ier siècle de notre ère, de la Villa des Mystères, à Pompéi, où l'on voit les déesses sœurs égyptiennes Isis et Nephthys entourant un crocodile sacré.

Un processus d'absorption semblable se produisit en Chine, lorsque le bouddhisme y pénétra, au Ier siècle de notre ère, en suivant la route de la soie. Sa fusion avec la religion naturaliste dominante du taoïsme donna naissance au chan, qui se développa ensuite au Japon sous le nom de zen. Le chan rejetait les rites, les textes et les actes pieux, considérant que la nature était la réalité ultime et que seules la conscience et l'expérience du monde naturel pouvaient conduire à l'illumination.

L'« exportation » organisée d'un dogme religieux (et de ses symboles) commença au IVe siècle, lorsque le christianisme devint la religion officielle de l'Empire romain. Les chrétiens tentèrent alors d'éliminer les autres cultes, mais certaines croyances se révélèrent difficiles à supprimer, et ils durent faire des compromis ; c'est ainsi qu'ils tolérèrent les symboles païens qui pouvaient être aisément christianisés et qu'ils en acceptèrent d'autres comme des vestiges d'une spiritualité authentiquement préchrétienne. C'est pourquoi certaines légendes concernant la vie mystérieuse des premiers saints semblent inspirées par des mythes antérieurs à la venue du Christ. Saint Christophe, habituellement décrit comme un géant portant l'Enfant Jésus sur ses épaules pour lui faire traverser une rivière, rappelle Charon, qui, dans la mythologie grecque, faisait franchir le Styx aux âmes des défunts. Sainte Catherine d'Alexandrie, dont la légende rapporte que du lait coula de ses veines après sa décapitation, fait penser à la déesse égyptienne Isis, adorée comme la divinité suprême dans tout le bassin méditerranéen, dont le lait était également un des attributs.

Symboles chrétiens et préchrétiens

La vénération vouée à la Vierge Marie a des origines préchrétiennes dans les cultes des divinités féminines comme Artémis (Grèce) et Diane (Rome), qui furent très populaires parmi les peuples méditerranéens jusqu'au triomphe du christianisme. Dans cette peinture flamande du XIIIe siècle, la mère du Christ a le pied posé sur un croissant de lune, symbole emprunté à l'ancienne Égypte, où il était un des attributs de la déesse Isis, la « première des habitants du Ciel ».

Les grandes fêtes du calendrier chrétien, comme Noël et Pâques, coïncident avec d'anciennes fêtes païennes, et certains des objets associés à la célébration de la naissance de Jésus, tels la bûche de Noël, le gui et l'arbre décoré, sont issus de traditions préchrétiennes.

L'utilisation des symboles

Au cours des siècles, les symboles, dans leur infinie diversité, n'ont cessé d'enrichir la vie de l'esprit humain. Les civilisations du monde entier ont développé des systèmes symboliques destinés à améliorer le bien-être physique, mental et spirituel des hommes. Ce chapitre présente trois approches différentes de ce que l'on pourrait appeler l'« utilisation » des symboles par l'esprit ou l'imagination : l'art, la méditation et les rêves.

Le symbolisme nourrit, consciemment ou inconsciemment, toute expression artistique. Dans la plupart des cultures traditionnelles, l'art a une fonction délibérément symbolique, exprimant visuellement les croyances et les aspirations de la collectivité. Dans la civilisation occidentale, il commença à s'écarter de cette conception avec l'apparition de la notion de création individuelle, peu conciliable avec le caractère nécessairement collectif de toute œuvre symbolique. Toutefois, le symbolisme resta présent dans l'art de diverses manières, et, aujourd'hui, l'intérêt porté au fonctionnement de l'esprit favorise la résurgence d'une tradition artistique ouvertement symbolique échappant aux tentations de l'art abstrait.

La méditation a pour origine la conviction, profondément enracinée dans de très nombreuses cultures, qu'une discipline de l'esprit correctement appliquée peut conduire à un mieux-être physique, psychique ou spirituel, voire permettre d'atteindre ainsi le réel ultime, inaccessible à la conscience ordinaire. Entrer en contact avec notre moi profond et faire taire les pensées qui perturbent notre paix intérieure sont les deux aspects majeurs de ce processus. Dans les méditations mystiques, des symboles tels que la roue ou le lotus sont souvent employés pour accéder à une réalité supérieure.

Le symbolisme des rêves est un sujet très vaste, que nous aborderons ici d'une manière globale, l'interprétation des symboles oniriques exigeant de prendre en compte la personnalité, l'histoire et la situation de chaque rêveur. La connaissance des archétypes junguiens peut cependant se révéler très utile dans ce domaine, et en notant et en étudiant régulièrement nos rêves, il est possible de décrypter, pour notre plus grand bien, certains des messages que nous envoie notre inconscient.

Les symboles dans l'art

L'histoire de l'art est un immense répertoire des symboles les plus puissants et les plus significatifs de l'humanité. Depuis le paléolithique (voir page 22), les artistes n'ont cessé d'utiliser des symboles, ésotériques ou exotériques, pour exprimer les espoirs et les craintes de leur époque. Les productions artistiques et artisanales des civilisations passées témoignent des liens étroits ayant toujours existé entre la religion et le symbolisme. Dans l'ancienne Égypte, où l'on croyait que les noms étaient vivants, les tailleurs de pierre gravaient ceux de leurs modèles sur les statues des pharaons ou des nobles, afin que leurs âmes y trouvent un refuge et puissent être évoquées après leur mort. De plus, les stèles dressées sur les tombes des riches Égyptiens étaient ornées de peintures représentant le défunt assis devant une table regorgeant de provisions, que des formules magiques pouvaient transformer en nourriture réelle, indispensable à l'âme pour son voyage dans l'au-delà.

Bien que des vestiges de l'art mobilier et funéraire de l'âge du bronze (3000 à 1000 avant J.-C.) aient été découverts en Europe du Nord, les productions artistiques les plus importantes de cette époque provinrent des civilisations florissantes de la Méditerranée. En Crète, les Minoens, fortement influencés par l'art mésopotamien, dessinaient des spirales, des lignes ondulées et d'autres motifs géométriques sur leurs vases et objets

L'Annonciation
Dans ce tableau de l'Annonciation (l'annonce faite à la Vierge Marie, par l'archange Gabriel, qu'elle va concevoir un fils du Saint-Esprit), le peintre de la Renaissance italien Domenico Veneziano a utilisé le symbolisme des couleurs et des formes géométriques pour exprimer la gravité et l'importance exceptionnelles de cet instant. Le lis que le messager de Dieu tient à la main est un symbole universel d'amour virginal et d'innocence. Sa blancheur est un signe de pureté, sa tige droite signifie la piété, et les pétales de ses fleurs inclinés vers le pédoncule représentent l'humilité.

métalliques. On pense que ces symboles, évoquant la mer et les éléments, exprimaient l'idée d'une communion avec la nature et qu'ils figuraient sur les talismans destinés à protéger les marins et les voyageurs. Les fresques minoennes, décrivant des rites religieux et des batailles, montraient fréquemment des taureaux, des griffons et d'autres animaux qui pourraient avoir symbolisé des puissances tutélaires.

Après la chute des Minoens et des Mycéniens, entre le XVe et le XIIIe siècle avant J.-C., l'art grec prit la relève en enrichissant le style géométrique des cultures antérieures, et, pendant les quatre siècles suivants, ses productions furent limitées à des symboles abstraits – chevrons, triangles, méandres ou svastikas. Au VIIIe siècle avant J.-C., des figures humaines et animales stylisées, des scènes guerrières ou religieuses commencèrent à apparaître sur les poteries, et, à la même époque, l'art narratif, immortalisé par Homère, prit son essor. Les récits relataient les exploits des dieux et des héros, et leurs protagonistes étaient des personnifications, souvent hautes en couleur, d'archétypes inconscients. Dans tous les arts grecs, ces personnages symbolisaient la quête de la connaissance de soi et offraient des modèles de comportement public et privé. Les Grecs s'inspiraient alors beaucoup des cultures orientales voisines, et de nombreuses créatures mythiques venues de l'Est – gorgones, chimères, harpies – furent introduites dans leur art, où elles prirent un aspect plus esthétique et moins effrayant. Par ailleurs, l'influence égyptienne conduisit peu à peu les sculpteurs à produire des statues en pied de taille humaine, qui acquirent avec le temps la perfection bien connue de la statuaire grecque classique.

Une attention égale accordée à l'importance des symboles visuels caractérise les arts de l'Inde et de l'Extrême-Orient. Les accouplements érotiques des dieux hindous symbolisent la diversité de la Création, tout en figurant les postures tantriques qui permettent d'atteindre l'illumination par le moyen de l'union sexuelle. Parmi les sculptures, le lingam de Siva (voir page 125) symbolise l'énergie, créatrice et procréatrice, et l'unité primordiale. Dans le domaine pictural, les aventures amoureuses de Krishna, qui évoquent la descente de l'amour divin dans le monde, et les cinq plaisirs universels, représentés par la viande, l'alcool, les céréales, le poisson et les rapports sexuels, sont les deux thèmes les plus répandus.

La peinture chinoise s'est toujours voulue au service d'une vision spirituelle, propre à inspirer des sentiments élevés au spectateur. Des thèmes « nobles », en particulier les paysages, étaient utilisés pour transmettre des

Les quatre évangélistes
Les représentations des quatre évangélistes (Matthieu, Marc, Luc et Jean) sous les formes respectives d'un homme-ange, d'un lion, d'un bœuf (ou d'un cheval) et d'un aigle dans le Tétramorphe médiéval étaient inspirées des créatures de la vision d'Ézéchiel, elles-mêmes issues d'un très ancien symbolisme du Moyen-Orient, pour lequel ces figures représentaient les quatre gardiens de la Terre, ou les quatre piliers du Ciel.

connaissances métaphysiques sous une forme symbolique hautement stylisée. Chaque élément d'un paysage, par exemple, était supposé représenter une partie de l'être humain : l'eau était le sang des montagnes, les végétaux leur chevelure, les nuages et la brume leurs vêtements, tandis que le lettré solitaire, vu de très loin, qui apparaissait souvent dans ces compositions était leur âme. Le bambou symbolisait l'esprit de l'érudit, qui plie mais ne rompt pas, et le jade représentait la pureté.

Persée et Andromède
Ce tableau, du XVIIe siècle, du peintre hollandais Joachim Utewael est exécuté dans le style surchargé, aux couleurs éclatantes, caractéristique de l'École maniériste. Il montre le héros grec Persée sauvant Andromède, la fille du roi d'Éthiopie, des assauts furieux du monstre marin envoyé par Poséidon (le dieu de la Mer) pour terroriser les habitants du royaume. Persée, monté sur un cheval ailé et brandissant une épée, symbolise l'*animus* (voir page 13). Les coquillages que l'on voit au premier plan représentent l'organe sexuel féminin, et de façon plus globale la femme et l'amour charnel.

Dans l'Europe médiévale, les fidèles de l'Église orientale priaient devant des icônes – des images du Christ, de la Vierge ou des saints. Dans les pays soumis à l'influence de Rome, des tableaux descriptifs souvent très détaillés, chargés de symbolisme, servaient à faire connaître aux masses illettrées l'enseignement des Écritures et à les initier aux mystères de la foi. Ces peintures montraient que Dieu n'est pas dans ce monde, que la distance séparant la Terre du Ciel est très grande, et que le seul moyen de la franchir est de s'élever en esprit jusqu'au Créateur. Cette vision mystique de l'Univers était exprimée dans les arts plastiques et dans la littérature, mais c'est sans doute dans l'architecture des cathédrales gothiques, qu'une habile utilisation de la perspective faisait souvent paraître plus hautes qu'elles ne l'étaient réellement, qu'elle apparaissait de la manière la plus frappante.

L'art chrétien et son symbolisme subirent de profondes modifications pendant la Renaissance. Les victoires du rationalisme, une meilleure connaissance du monde naturel ainsi qu'une lecture nouvelle des textes classiques et sacrés eurent pour conséquence la réhabilitation de la nature, du corps humain et de la mythologie gréco-romaine dans la peinture et la sculpture religieuses. Ainsi, au XVIe siècle, dans la célèbre fresque du *Jugement dernier*, qui couvre le mur du fond de la chapelle Sixtine, Michel-Ange représenta-t-il le Christ non comme un sauveur crucifié, mais dans l'attitude d'un dieu païen lançant la foudre. Et dans les loges de Raphaël, également au Vatican, des thèmes de l'Antiquité classique – satyres, nymphes, harpies – voisinent avec le symbolisme plus orthodoxe d'un Dieu à barbe grise séparant les eaux de la terre au moment de la Création.

Même quand la Bible eut cessé d'inspirer l'art européen, le symbolisme continua d'y jouer un grand rôle en raison de ses liens étroits avec la créativité elle-même. Le symbole et l'œuvre artistique jaillissent en effet tous deux de l'inconscient, et de nombreux artistes ne découvrent la richesse symbolique de leurs productions qu'une fois celles-ci achevées, lorsqu'ils prennent le temps de les analyser.

Les dieux dans l'art hindou

Les dieux du panthéon hindou, dont trois des plus importants sont représentés sur cette miniature, peuvent être aisément identifiés au moyen de leurs attributs particuliers. Au centre, Kali la Noire, un des aspects terrifiants de Durga, la mère de l'Univers, dont la tâche est de détruire les démons menaçant l'ordre cosmique, est peinte sous la forme d'une sorcière à la peau sombre, portant un collier de crânes autour du cou. Des avant-bras coupés ceignent sa taille, et elle tient dans deux de ses mains (elle peut en avoir jusqu'à dix) une épée et la tête qu'elle vient de trancher. Elle est assise sur le ventre de son époux, Siva, incarnant l'énergie désintégrante, doté de quatre bras (ou hermaphrodite) et blanc comme le camphre, dont les attributs les plus fréquents sont un chignon, des boucles d'oreilles, un croissant de lune sur le front et un troisième œil symbolisant la vision pénétrante de la sagesse. A droite, Brahma, le Créateur suprême, est représenté avec quatre faces de couleur rose : selon la légende, ayant fait sortir une femme de son corps, il fut captivé par sa beauté tandis qu'elle tournait respectueusement autour de lui, et son désir de ne pas la quitter des yeux se manifesta sous la forme d'une succession de visages.

La recherche de la sagesse

Dans l'analyse junguienne, les patients sont encouragés à identifier les symboles qui ont une importance particulière à leurs yeux et à se concentrer sur eux. Au début, ces symboles peuvent apparaître spontanément dans leurs rêves ou leurs rêveries, mais avec le temps ils leur deviennent plus proches, prennent de nouvelles significations et finissent par manifester des aspects de leur psyché qu'ils n'avaient pu jusqu'alors ni percevoir ni exprimer clairement. Les symboles peuvent ainsi aider les patients à concilier les besoins de leur conscient et de leur inconscient, et par là à trouver ou retrouver leur santé mentale. Cet emploi thérapeutique des symboles n'est pas une invention de la psychiatrie moderne. De tout temps, les traditions religieuses, par le moyen de la méditation, ont proposé d'utiliser le pouvoir des symboles dans la quête de la paix intérieure.

L'essence de la méditation consiste à empêcher l'esprit de s'égarer dans des divagations mentales en concentrant son attention sur un symbole unique (qui peut être auditif, visuel ou tactile), sans essayer de le comprendre rationnellement. Le symbole fait naître des pensées, qui doivent être simplement observées pendant qu'elles traversent la conscience. Le but de la méditation est de transporter le pratiquant au-delà des formulations verbales, afin d'atteindre un niveau de compréhension intuitive dépassant le langage, qui modifie profondément son appréhension du monde et de lui-même.

En théorie, il est possible de méditer sur n'importe quoi, mais, dans la pratique, la plupart des écoles traditionnelles de méditation suggèrent d'utiliser des symboles archétypaux, parce qu'ils sont le moyen le plus sûr d'atteindre l'inconscient collectif dont ils sont issus. En Amérique du Nord et dans les cultures chamaniques, ces symboles sont fournis par la nature, et il est d'usage de méditer en fixant l'horizon, en écoutant le vent, ou en sentant la chaleur qui monte de la terre. Les cathares, adeptes d'une secte religieuse manichéenne du XIIIe siècle, méditaient devant le reflet de la flamme d'une bougie dans l'eau, et les flammes sont utilisées aujourd'hui encore de la même manière dans certaines formes de yoga. Quant à l'adepte du tumo tibétain, il s'efforce d'accroître la sensation de chaleur qu'il ressent dans son abdomen, puis de la faire circuler dans ses chakras (voir page 182) et dans tout son corps. Dans certains types de méditation bouddhiste et hindouiste, une divinité ou le Bouddha lui-même sont visualisés dans tous leurs détails, avec leurs couleurs et leurs ornements symboliques, puis le pratiquant les fait pénétrer en lui par le sommet de son crâne et descendre jusque dans son cœur.

Méditer sur un symbole
Pour méditer sur un symbole archétypal, comme cette image de rose-croix montrant une rose stylisée au centre de la croix du Christ, fixez-la intensément, en essayant de ne battre des paupières que lorsque vos yeux deviennent douloureux. Laissez naître et mourir dans votre esprit, sans les juger, toutes les idées que vous suggère le symbole, et faites-le pénétrer dans votre conscience comme s'il entrait en résonance avec son reflet à l'intérieur de vous. Quand votre image intérieure est bien établie, fermez les yeux et concentrez-vous sur sa visualisation, comme si vous entrepreniez un voyage au centre de vous-même. Au bout d'un certain temps, un flot d'intuitions et de pensées devrait déferler en vous.

En maintenant son image dans votre esprit au moment où vous vous endormez, vous pouvez faire apparaître le symbole dans vos rêves, où sa signification vous sera révélée par ses relations avec d'autres expressions de votre inconscient (voir pages 46 à 49).

Un mandala tibétain

Dans certaines techniques avancées de méditation bouddhiste sur les mandalas (voir page 60), chaque surface géométrique du rectangle représentant les réalités divines et humaines contient un ou plusieurs dessins que le pratiquant doit s'efforcer de percevoir comme une « divinité ». Ces figures ne sont pas disposées au hasard, mais résultent des visions des maîtres spirituels. Elles peuvent être considérées comme des personnifications des énergies mentales et physiques qui sont à l'origine de la vie, mais elles sont « réelles », car elles donnent forme à une vérité située au-delà de l'imagination subjective.

Les symboles oniriques

L'interprétation du symbolisme des rêves
Un rêve est généralement un récit, présentant souvent une quantité incroyable de matériel sous une forme extrêmement condensée et selon les modalités symboliques de son écriture propre. Bien qu'un grand nombre de symboles oniriques aient un rapport direct avec les archétypes universels, leur signification précise peut être variable, liée à la psychologie et à la situation du rêveur, ainsi qu'à la place qu'ils occupent dans chaque rêve. C'est pour cette raison que les « dictionnaires des rêves », qui affirment offrir une interprétation objective, universelle, des enchaînements oniriques, n'ont qu'une valeur très limitée.

Afin de comprendre le langage des rêves, il faut d'abord avoir une idée du sens que les différentes cultures accordent ou ont accordé aux symboles les plus couramment utilisés, et le chapitre suivant, consacré au monde des symboles (pages 50 à 139), constitue une bonne initiation. Ensuite, nous devons noter les symboles apparaissant dans nos rêves, ainsi que ceux de leurs éléments (objets, couleurs, animaux) qui nous frappent le plus. Nous devons également relever les émotions que ces éléments éveillent en nous et les événements qui en constituent l'arrière-fond. De nombreux symboles sont ambivalents et peuvent se manifester positivement ou négativement dans nos songes. L'émotion que chacun d'eux suscite en nous est une indication sur la nature rassurante ou alarmante du message qu'il cherche à nous transmettre. Étudier un rêve isolé suffit rarement à en dévoiler pleinement le sens, mais en tenant un journal régulier de nos rêves, de manière à en identifier les symboles récurrents et les schémas directeurs, nous pouvons analyser consciemment les intuitions qu'ils nous offrent à la lumière de nos problèmes sociaux et psychologiques, et ainsi parvenir à une compréhension globale, enrichissante, de la signification de notre vie onirique.

Les rêves sont des productions involontaires de la psyché. Ils se composent d'enchaînements souvent énigmatiques d'images et de sensations, familières ou étranges, qui ont toutes quelque chose à nous apprendre. Cette vertu éducatrice des rêves est connue depuis des millénaires : les Anciens leur prêtaient une valeur prémonitoire et croyaient que les dieux parlaient aux hommes dans leurs songes. Néanmoins, leur interprétation a toujours été très incertaine, car, la plupart du temps, leurs messages sont perçus sous une forme symbolique floue et ambiguë.

Certains rêves fonctionnent à un niveau non symbolique (niveau 1) et peuvent être pris au pied de la lettre. Ils exposent sans les travestir nos préoccupations du jour ou du moment, leur matériel provenant essentiellement de notre préconscient (voir page 11). Les rêves qui se situent à un niveau symbolique superficiel (niveau 2) viennent de couches plus profondes, utilisant des symboles pour mettre au jour un matériel issu de notre inconscient personnel (voir page 11). Ces rêves sont liés à nos besoins physiques et émotionnels fondamentaux – nourriture, confort, santé, sécurité affective (conservation du moi) –, ainsi qu'aux aspects positifs ou négatifs de notre sexualité (conservation de l'espèce). Ces thèmes pourraient être verbalisés dans un rêve, mais ils sont en général si perturbants que, s'ils étaient livrés tels quels à notre esprit, nous nous réveillerions instantanément. En masquant sous des symboles le matériel qu'il nous présente, le rêve pourrait ainsi être, selon le mot de Freud, le « gardien de notre sommeil ». Les rêves du niveau 2 sont souvent déroutants, à la fois dans leur forme et leur contenu, parce qu'ils reflètent la confusion qui domine notre vie psychique.

Les rêves opérant au niveau symbolique profond (niveau 3) concernent notre désir de trouver un sens à la vie au-delà de ses contingences immédiates et sont des manifestations de l'inconscient collectif (voir page 11). Jung les qualifiait de « grands rêves », parce qu'ils portent une charge émotive puissante et exaltante et que le rêveur en garde un souvenir très vif pendant de nombreuses années. Le plus souvent, ils contiennent des images archétypales appartenant au langage symbolique universel dont les psychologues et les anthropologues ont relevé la présence dans toutes les cultures. Leur caractéristique est d'être clairs et soigneusement « mis en scène », comme si le directeur du théâtre où ils se jouent tenait absolument à ce qu'il ne subsiste pas la moindre ambiguïté dans notre esprit à la fin de la représentation. Les rêves du niveau 3 nous parlent par symboles car ils proviennent d'une partie de l'inconscient humain qui s'est développée antérieurement à l'acquisition

La logique des rêves
Dans certains rêves, les symboles pullulent et se superposent les uns aux autres dans une telle confusion qu'il paraît impossible d'en tirer la moindre signification cohérente. De tels rêves contiennent parfois plusieurs récits entremêlés, et, en les étudiant attentivement, le sens de chacun d'eux peut être dévoilé. La juxtaposition apparemment absurde de symboles et d'objets quotidiens sortis de leur contexte habituel ou encore détournés de leur usage logique fut l'une des caractéristiques de l'art surréaliste du début de ce siècle, représenté, entre autres, par le peintre belge René Magritte, dont le tableau intitulé *Le Jouer Secret* est représenté ci-dessus.

Contenu et contexte
Les symboles des rêves devraient toujours être étudiés par rapport au contexte dans lequel ils apparaissent. Par exemple, un parasol, symbole universellement positif, peut signifier négativement la perte d'une protection ou d'un statut, si le rêve le montre emporté au loin par le vent. Inversement, un squelette, symbole en général très alarmant, peut représenter, dans certains rêves, selon les éléments dont il est entouré, la dissipation d'une angoisse ou la fin d'une relation problématique.

du langage et qui fonctionne donc à un niveau préverbal. Le matériel qu'ils présentent ne peut pas être traduit en mots, et même lorsque les images archétypales qu'ils contiennent s'adressent à nous dans le rêve, leurs paroles émergent plus vraisemblablement des zones de notre conscience qui demeurent actives pendant le sommeil que des symboles eux-mêmes. Tout se passe comme si la signification de ceux-ci était reconnue et partiellement verbalisée par notre esprit avant même notre réveil.

Les rêves ont une manière propre de dévoiler leurs intentions et font fréquemment subir aux symboles des transformations totalement imprévisibles : par exemple, un cheval nous emporte, et, l'instant d'après, il est devenu un hamac accroché sous un arbre ; nous entrons dans une caverne, qui se transforme aussitôt en nef d'une immense cathédrale ; nous ouvrons un livre, et il se change en un échiquier, avec ses pièces disposées dans le bon ordre. Pourtant, toutes ces métamorphoses choquantes, contraires à la raison, sont acceptées par notre esprit. Cela signifie que soit nous abandonnons nos facultés critiques lorsque nous entrons dans le sommeil, soit nous reconnaissons, au moment où elles se produisent, que ces mutations brutales ont un sens qui leur est propre.

Dans ce cas, quel est-il ? Pour pouvoir répondre à cette question, il faut bien comprendre que les composantes d'un rêve sont liées par leur signification symbolique, et non par leur apparence. Ainsi, le cheval se transformant en hamac pourrait signifier que, en domestiquant nos instincts (le cheval), nous rendrions notre vie à la fois plus agréable (le hamac) et plus créatrice (l'arbre). De la même manière, le passage d'une caverne à un édifice religieux pourrait nous informer que nous devons nous ouvrir plus profondément à notre inconscient (la caverne) pour trouver non seulement notre espace vital (l'immensité de la nef), mais aussi notre orientation spirituelle (la cathédrale). Enfin, le livre qui devient un échiquier nous apprend probablement que notre sagesse théorique (le livre) a besoin d'être mise en pratique (l'échiquier).

Nous pouvons également rêver qu'un train immobilisé devant un passage à niveau se transforme en un éléphant furieux, que nous sortons un revolver pour l'abattre, mais que celui-ci n'est plus qu'une bouteille vide lorsque nous le brandissons. Ce rêve semble nous dire qu'un nouveau départ dans la vie (le train) peut s'offrir à nous si nous sommes prêt à changer de cap (le croisement de la voie ferrée et de la route). Mais la peur du changement nous envahit alors. La charge de l'éléphant (une autorité supérieure) menace

Terreurs nocturnes
Aussi déprimant, irritant, voire effrayant que puisse nous paraître le matériel de nos rêves, il est bon de ne pas oublier que ceux-ci cherchent toujours à nous aider. Ils attirent notre attention sur des aspects de notre vie psychique que, d'une manière ou d'une autre, nous ignorons et n'employons pas à bon escient lorsque nous sommes éveillé. Ils nous stimulent, nous mettent en garde, nous provoquent ou nous retiennent, en un mot nous guident en employant des images dont la charge émotive est suffisamment forte pour que nous prenions conscience de leur importance. Dans ce tableau intitulé *The Nightmare* (Le Cauchemar), le peintre suisse du XVIIIe siècle Henry Fuseli a représenté deux symboles oniriques effrayants, mais dont la signification profonde, au-delà de la peur qu'ils semblent inspirer à la rêveuse, est certainement rassurante.

notre vie, et nos moyens de défense habituels (le revolver) se révèlent inutiles (la bouteille vide). Tous ces exemples montrent que nous pouvons découvrir aisément la signification de nos rêves, pour peu que nous soyons prêt à consacrer du temps à l'analyse consciente de leurs symboles. Et de même que la pratique de la conversation confère la maîtrise des mots, l'interprétation systématique de nos rêves peut nous familiariser avec leur langage, nous permettant ainsi de faire émerger de plus en plus facilement à notre conscience les espoirs, les mises en garde et les craintes de notre inconscient.

Le monde des symboles

Les symboles ont été analysés par les historiens, les archéologues, les ethnographes et les psychologues, mais jusqu'à ce jour aucune théorie globale n'a été avancée pour rendre compte du langage symbolique de la même manière que la linguistique explique le fonctionnement de la langue parlée et écrite. Les symboles, à la différence des mots, n'obéissent pas à des nécessités pratiques : leur abondance et leur diversité n'ont d'autres limites que l'imagination humaine. Ils apparaissent sous toutes les formes – des tableaux aux mythes, en passant par les sons et les odeurs – et tirent leur inspiration de toutes les sources, matérielles ou immatérielles.

Jung affirmait que les symboles constituent une langue universelle. Les symboles abstraits, qui n'ont aucun lien avec le monde naturel, se rencontrent effectivement dans toutes les cultures. La croix « chrétienne » était utilisée par les Assyriens pour représenter Anu, le père des dieux, et figurait en Chine l'Homme primordial. Lorsque les Espagnols débarquèrent au Mexique, en 1519, ils découvrirent dans les temples aztèques des croix flanquées des dieux Tlaloc et Quetzalcóatl. N'imaginant pas que la croix puisse être autre chose qu'un symbole chrétien, ils en conclurent qu'elle avait été apportée aux indigènes d'Amérique centrale par saint Thomas, qui, selon la légende, partit évangéliser les Indes après la mort du Christ. En effet, bien que les symboles soient communs à tous les hommes, ils connaissent des sorts différents en raison de l'existence des barrières culturelles. Chaque culture se définit en grande partie par les symboles qu'elle utilise, et le système symbolique particulier dans lequel il est élevé contribue à façonner l'identité d'un individu. En niant que la croix ait pu être un symbole amérindien, les Espagnols ne faisaient que défendre la cohérence de leur propre religion.

Les symboles sont toutefois bien plus que des repères historiques et culturels. Ils peuvent nous aider à mieux comprendre notre esprit. Dans les pages suivantes, la signification ésotérique et exotérique d'un grand nombre de symboles, tirés de l'inépuisable réservoir des formes symboliques, vous fera découvrir le monde fascinant de notre inconscient collectif.

Formes et couleurs

Les formes et les couleurs sont le support de tous les symboles visuels, mais, très souvent, elles ont également leur signification propre. Des religions comme le judaïsme et l'islam, qui interdisent toute représentation directe de Dieu, ont produit un grand nombre de formes abstraites pour figurer les divers aspects de l'énergie divine, toutefois les formes symboliques se retrouvent aussi dans les cultures de l'ancienne Égypte et de la Grèce, où ce tabou n'existait pas, ainsi qu'en Europe continentale, où des symboles géométriques comme les quadrilatères, les cercles ou les rangées de points et de traits ont été utilisés à partir du paléolithique (voir pages 22 à 25).

Les formes symboliques sont universelles parce qu'elles sont aisément identifiables et reproductibles, mais surtout parce qu'elles ont des niveaux de signification qui pourraient difficilement être exprimés dans des images figuratives. Au fil des siècles, les formes les plus simples ont été embellies et développées, ce qui a enrichi leur sens. Ainsi, l'Église anglicane reconnaît aujourd'hui plus de cinquante variantes de la représentation de la croix.

L'emploi des couleurs par la psychiatrie moderne pour traiter les désordres mentaux s'appuie sur la constatation qu'elles peuvent influencer directement et profondément la psyché. Le langage symbolique des couleurs trouve sa principale grille de décodage dans les couleurs de la nature. En Chine, les empereurs Han (206 avant J.-C. à 200 après J.-C.) choisissaient leurs robes cérémonielles en fonction de l'aspect particulier du cosmos auquel ils souhaitaient s'adresser. Ils se vêtaient de blanc pour prier la Lune et de rouge pour solliciter le Soleil. Quant au rose, assimilé à l'aurore, il était considéré par les Chinois comme le symbole d'une réussite imminente.

Les formes peuvent être combinées pour offrir de nouvelles significations. Ainsi, un triangle droit (feu et masculin) et un triangle renversé (eau et féminin), lorsqu'ils sont opposés par leurs sommets, constituent un diabolo, symbole de l'union sexuelle. Les combinaisons de couleurs ont également leur sens propre : par exemple, le rouge associé au blanc évoque la mort, car le sang qui coule conduit à la pâleur cadavérique.

Les couleurs de l'arc-en-ciel
Dans la tradition chrétienne, l'arc-en-ciel symbolise l'alliance entre Dieu et les hommes, et ses sept couleurs représentent les sept dons du Saint-Esprit à l'Église – les sacrements, la doctrine, l'office, le gouvernement, la prière, la capacité de lier et celle de délier.

Les cercles concentriques
Dans de nombreuses cultures, le cosmos est symbolisé par une série de cercles concentriques. Cette carte symbolique de l'Univers, tirée d'un traité islamique du XVIe siècle intitulé *La Fine Fleur des Histoires*, montre le Soleil au centre de la Création, entouré des neuf sphères de l'astronomie arabe. Faisant également intervenir l'astrologie (on reconnaît les douze signes du zodiaque ainsi que les différentes phases de la Lune) et la science des lettres dans son symbolisme, elle était utilisée pour la divination.

La géométrie sacrée

Certaines formes géométriques ont le pouvoir de toucher l'inconscient et de produire des changements d'humeur chez ceux qui les observent. Cette propriété peut être sciemment utilisée par d'habiles architectes. Ainsi, lorsqu'on visite les monuments de la Grèce classique, comme le Parthénon, on éprouve souvent une sensation d'apaisement, qui peut se prolonger pendant des jours, voire des semaines. De la même manière, les flèches des cathédrales gothiques inspirent fréquemment à ceux qui les contemplent un élan spirituel semblant les élever au-dessus de leur condition terrestre.

L'explication la plus simple de ce pouvoir des formes géométriques est qu'elles symbolisent des émotions humaines. Des contours irréguliers ou déchirés évoquent pour la plupart d'entre nous la colère ou l'anxiété, tandis que la rondeur ou la symétrie apportent généralement un sentiment de plénitude. Peut-être la signification universellement donnée à quelques formes simples correspond-elle à des structures fondamentales de l'esprit humain. De toute évidence, nous accueillons certaines formes avec plus de plaisir que d'autres : les enfants, par exemple, sont plus attirés par la régularité que par le désordre et la dysharmonie.

Cette préférence peut trouver son origine dans la symétrie du visage humain et les sentiments de bien-être associés aux images parentales pendant les premières années de la vie. De plus, quand un enfant commence à découvrir et à explorer son environnement, il a une intuition profonde de l'équilibre, qui peut prendre une forme visuelle par la suite. Nos rapports avec la géométrie sont sans doute liés également à l'harmonie de la nature, dont chaque élément est contrebalancé et en partie défini par son contraire. Ce thème de la tension des opposés est particulièrement évident dans la figure de la croix, peut-être le plus universel et le plus ancien de tous les symboles. Dans de nombreuses cultures, elle représente le cosmos : sa branche verticale est la spiritualité, le principe masculin, sa branche horizontale la matérialité, le principe féminin ; leur intersection est le point de rencontre de la Terre et du Ciel, dont l'union engendre l'humanité.

Le cercle
Depuis des temps très reculés, le cercle est associé au Ciel et au sacré. N'ayant ni commencement ni fin, il symbolise l'unité, l'infini, la perfection, l'éternité. Souvent employé comme symbole de Dieu, on le retrouve aussi dans les auréoles du Christ, des anges et des saints.

Le carré
Le carré est le symbole du monde créé – de la Terre et du cosmos. Basé sur le chiffre 4, il représente la perfection de la Création. Très fréquent dans le symbolisme hindou, il y est utilisé pour figurer l'ordre de l'Univers (les quatre directions) et la nécessaire opposition des contraires.

Le triangle
Dans le christianisme, le chiffre sacré 3 est celui de la Trinité. Dans de nombreuses cultures, le triangle droit symbolise l'ascension spirituelle, le feu, le principe masculin actif, tandis que le triangle renversé représente la grâce descendant du ciel, l'eau, le principe féminin passif.

Les trois royaumes
Dans ce dessin symbolique du XVIIe siècle, le cercle, le triangle et le carré (ou le rectangle) sont utilisés pour symboliser les royaumes respectifs de Dieu, de l'homme et du Diable. Le cercle supérieur (1 et 2) est Jéhovah, la Cause première, dont le pouvoir créateur représenté par des flammes et une couronne de rayons triangulaires domine un second cercle d'anges et de puissances célestes. Le premier triangle (3), montrant un ange, des étoiles et le symbole de la planète Mercure, figure le Ciel. Les trois triangles placés en dessous symbolisent les éléments : la terre (4), avec le soufre, les roches et les

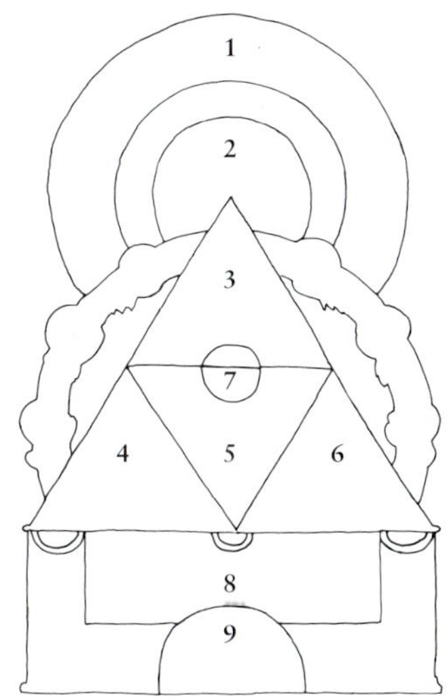

animaux, l'air (5), avec les oiseaux, les planètes et les météores, et l'eau (6), avec les métaux, les poissons et le sel. L'humanité est le cercle (7) qui se trouve au centre, entre la Terre et le Ciel. Le rectangle du bas (8) est l'Enfer, domaine du feu destructeur et du chaos, et Satan (9) est représenté par un demi-cercle symbolisant la division, ennemie de l'unité.

Le croissant
Figurant la Lune qui croît et décroît alternativement dans le ciel de mois lunaire en mois lunaire, le croissant symbolise le changement, la fin et le recommencement dans le monde des formes. Il représente la virginité, la naissance et le pouvoir magique de la transformation. La Lune traversant chaque nuit la voûte céleste, le croissant symbolise également la barque de lumière qui fait voyager l'âme dans l'obscurité jusqu'à la réapparition du Soleil. Le croissant est l'emblème de l'islam, pour lequel il signifie la résurrection, ou le paradis lorsqu'il est associé à une étoile, comme sur le drapeau de certains pays musulmans.

La Roue de l'Existence tibétaine
Une des significations les plus importantes de la roue est le changement cyclique, dont nul ne peut arrêter ni inverser le cours. C'est ce que symbolise la Roue tibétaine. A partir du sommet, et dans le sens des aiguilles d'une montre, on voit l'état inconditionné de Bouddha, les divinités, les esprits prisonniers de la Terre, les animaux et les hommes. La roue est maintenue entre les griffes de Yama, le dieu de la Mort. Au centre du dessin figurent les trois erreurs qui empêchent les hommes d'atteindre le nirvana : la convoitise (un coq rouge), la haine (un serpent vert) et l'ignorance (un porc noir).

L'ovale
Symbole de l'organe sexuel de la femme, l'ovale représente, par extension, le principe féminin lui-même. Lorsqu'il est horizontal, il figure l'œil qui peut voir toute la réalité, comme l'œil de faucon du dieu égyptien Horus. Dans de nombreux cultes païens, il est l'image du dieu-soleil, et dans l'iconographie chrétienne, il est souvent employé pour symboliser l'omniscience du Créateur.

Le svastika
Ce symbole est très largement répandu dans le monde. Dans les images médiévales du Christ, il représentait le tourbillon de la Création ; pour les bouddhistes, il figure la Roue de la Loi (du dharma), pour les jaïns les quatre niveaux de l'existence. Son graphisme est celui d'une croix à branches coudées ; quand elle tourne dans le sens des aiguilles d'une montre, c'est l'énergie masculine, dans le sens inverse, l'énergie féminine. Cette seconde forme est associée à la magie noire et aux influences négatives.

La croix celtique
La croix celtique, qui allie les symbolismes du cercle et de la croix, est un symbole de l'Europe du Nord antérieur au christianisme. Elle représentait à l'origine la fertilité, la croix figurant la puissance créatrice masculine, et le cercle la réceptivité féminine. Dans le christianisme, elle servit par la suite à illustrer l'union du Ciel et de la Terre.

La croix de Saint-Pierre
Selon la légende chrétienne, saint Pierre, se jugeant indigne d'être traité de la même manière que le Christ, demanda à être crucifié la tête en bas, sur une croix renversée. La croix de Saint-Pierre symbolise donc essentiellement l'humilité. Toutefois, sa signification est également proche de celle de l'Arbre de Vie dessiné à l'envers, qui rappelle que la spiritualité plonge ses racines dans le Ciel et pousse ses branches en direction de la Terre.

La croix ansée (Ankh)
Symbole très répandu dans l'Égypte ancienne, l'Ankh – le Vivant – avait une signification proche de celle de la croix celtique et représentait aussi la clé ouvrant les portes de la vie éternelle. Unissant les symboles d'Osiris (le tau, ou croix d'Antoine) et d'Isis (l'ovale), la croix ansée, symbolisant l'immortalité, était très souvent représentée dans la main des dieux, ainsi que dans celle des défunts implorant l'indulgence divine.

La rose-croix
Ce symbole allie à la croix un autre symbole chrétien important, la rose, figurant l'amour, la Rédemption, l'âme, le Graal, le Sacré-Cœur. Pour les rose-croix, qui la placent souvent au centre de la croix, la rose symbolise le sang du Christ répandu lors de la crucifixion, et ses sept cercles de sept pétales représentent les sept stades de l'initiation spirituelle.

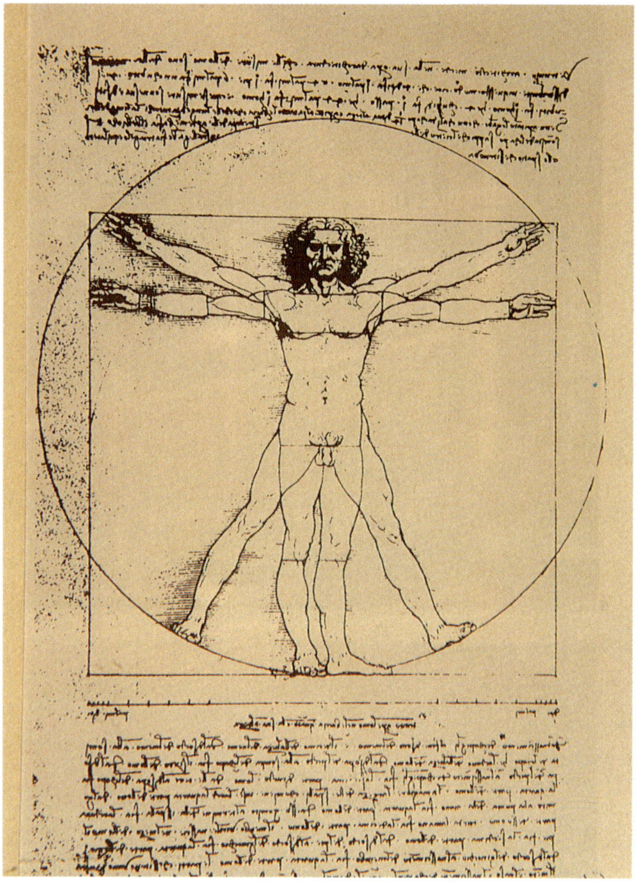

La forme humaine
Dans toutes les traditions, la forme du corps humain a une profonde signification symbolique. D'innombrables divinités sont représentées sous un aspect humain, et la Bible affirme que « Dieu fit l'homme à Son image et à Sa ressemblance ». Le corps humain (microcosme) serait un reflet du cosmos (macrocosme), dont il contiendrait tous les éléments organisés selon des structures similaires.

Le sceau de Salomon
Symbole de totalité très ancien, le sceau de Salomon apparaît dans les écrits et les rituels des mages de l'Orient, et la mystique juive l'a repris sous la forme de l'étoile de David. Ses deux triangles, l'un la pointe en haut, l'autre la pointe en bas, symbolisent respectivement le feu et l'eau, leurs intersections latérales représentant l'air (à gauche) et la terre (à droite). Les quatre pointes latérales figurent les quatre propriétés fondamentales de la matière (chaud et froid, sec et humide), qui correspondent aux quatre éléments et s'opposent deux à deux. Selon les hermétistes, il représente aussi les sept métaux et les sept planètes, dont six sont signifiés par ses pointes, tandis que l'or et le Soleil occupent son centre, symbole de la transformation de l'imparfait en parfait, de l'ignorance en sagesse, sur lequel se concentre l'attention de ceux qui méditent sur le sceau.

La géométrie de l'œil
Outre le symbolisme lié à sa forme ovale (voir page 57), l'œil a d'autres significations géométriques. Dans cette illustration d'un manuscrit arabe du XVIIIe siècle, il est représenté sous la forme d'un ovale parfait contenant deux cercles concentriques, dont le plus petit figure la sagesse divine. L'œil fait pénétrer le monde extérieur dans le monde intérieur, mais il peut également projeter l'intérieur à l'extérieur. Certaines créatures mythologiques, comme Méduse (voir page 82), avaient le pouvoir de faire passer leur volonté de nuire dans leur regard – d'où l'expression le « mauvais œil ».

Le pentagramme
Étant sans commencement ni fin, comme le cercle, le pentagramme, qui peut être un pentagone ou, comme ci-dessus, une étoile à cinq branches, symbolise la totalité et la perfection. Le chiffre 5 y représente à la fois l'union du masculin (3) et du féminin (2), et la transfiguration des quatre éléments par la spiritualité.

Le stupa
Construit à l'origine pour abriter des reliques du Bouddha, le stupa est très vite devenu un symbole du cosmos. Ses « étages », de bas en haut, sont le carré (terre), le cercle (eau), le triangle (feu), la coupe ou demi-cercle (air) et la flamme (éther), représentant l'énergie qui monte et se transforme en esprit en passant de la matière la plus dense à la plus subtile.

La triple enceinte celtique
Ce symbole représentait les trois mondes, les trois degrés de la prêtrise et les trois composantes de l'esprit humain. Le carré extérieur figurait la conscience reliée à la réalité physique par les sens, le carré intérieur l'inconscient recevant les messages des dieux, et le carré intermédiaire la partie de l'esprit percevant le monde matériel et le monde spirituel.

La pyramide
Le plus puissant de tous les symboles tridimensionnels, la pyramide représente l'accession de l'homme à la spiritualité. Sa pointe figure la fin du parcours, l'union au Verbe divin, tandis que sa structure illustre les degrés et les hiérarchies de l'ascension. Il est probable que, en Égypte, les pyramides étaient également le théâtre de rites initiatiques, au cours desquels les initiés franchissaient les portes de la mort pour revenir, transformés, sur terre.

Mandalas et yantras

Dans les mandalas et les yantras, dont les exemples les plus achevés figurent dans l'iconographie de l'Inde et du Tibet, le symbolisme des formes géométriques atteint sa plus grande intensité. Ces dessins complexes ne sont pas seulement des œuvres d'art sacré, mais également d'efficaces supports de méditation. Chacun d'eux représente le cosmos, ainsi que les puissances divines qui l'actualisent et le gouvernent. En méditant sur leurs symboles, il est possible de découvrir les ultimes secrets de l'existence.

Les formes les plus couramment employées dans les mandalas et les yantras sont le cercle, le carré et le triangle. Leurs combinaisons peuvent produire d'extraordinaires effets visuels, manifestant l'idée qu'aucune chose n'existe en soi, qu'elle n'est que la confluence de divers champs d'énergie – comme l'arc-en-ciel, dont l'existence nécessite la rencontre du soleil, de la pluie et d'un œil humain pour l'observer. A travers la méditation sur un yantra, l'esprit devient progressivement apte à « défaire » les nœuds de relations qui confèrent sa permanence illusoire au monde extérieur.

Il n'existe pas de différence fondamentale entre les mandalas et les yantras, si ce n'est que les premiers comportent souvent des lettres ou des figures humaines (bouddhas, bodhisattvas, divinités), tandis que les seconds sont plus strictement (mais pas toujours) géométriques. En ce sens, les yantras permettraient d'atteindre des significations plus profondes, au-delà des formes du monde physique. Les psychologues ont remarqué qu'en psychothérapie des mandalas sont parfois spontanément produits ou rêvés par des patients n'ayant aucune connaissance du mysticisme oriental. Jung pensait que ces dessins étaient des représentations de la psyché humaine et des tentatives du moi conscient de reconnaître et d'intégrer un savoir inconscient.

Om Mani Padme Hum (Salut au Joyau dans le Lotus)
Dans ce mandala tantrique, les symboles tibétains du mantra (voir page 65) *Om Mani Padme Hum* sont inscrits sur un lotus à six pétales, symbole du second degré de l'éveil, dont le centre représente le stade final de l'illumination. Les formes et les lettres sont combinées, pour aider celui qui médite à ouvrir son « lotus intérieur ».

Le Sri Yantra
Très répandu, le Sri Yantra est un puissant support de méditation. Par sa combinaison calculée de carrés, de cercles et de triangles, il aide le pratiquant à remonter symboliquement jusqu'à l'instant de la Création, non seulement de l'Univers, mais aussi des pensées par lesquelles l'esprit donne son existence au monde extérieur.

Avalokitesvara
Dans ce mandala népalais, le bodhisattva Avalokitesvara, « Celui qui fait face à tout », est représenté sous sa forme à huit bras et tenant dans chacune de ses mains un symbole de sa compassion et de l'aide qu'il apporte aux humains. Un bodhisattva est un être qui a atteint l'état d'éveil, mais qui refuse d'entrer dans le nirvana tant que tous les êtres vivants n'ont pas été sauvés. Avalokitesvara symbolise l'aspect compatissant de notre nature, qui peut être stimulé en méditant sur son mandala et en récitant le tantra *Om Mani Padme Hum* (voir page ci-contre). Le dalaï-lama tibétain est considéré comme une incarnation de l'esprit d'Avalokitesvara.

Dédales et labyrinthes

Le dédale, ou labyrinthe, a de tout temps fasciné l'humanité. Il était déjà présent dans le symbolisme de l'Égypte antique, ainsi que dans celui des premières civilisations méditerranéennes. Il était également utilisé par les Celtes, les Chinois, les hindous et les Tibétains bien avant de devenir un des symboles importants du christianisme médiéval. Dans de nombreuses cultures, le labyrinthe représente un voyage intérieur, qui emprunte les routes confuses et contradictoires des sensations, des émotions et des idées pour aboutir au centre de l'âme, où le voyageur peut enfin découvrir sa vraie nature.

Les labyrinthes peuvent être constitués de barrières réelles, murs, haies, remblais, ou être simplement tracés sur le sol ou peints sur un plafond. Tous ne sont pas problématiques : les labyrinthes dits unicursaux ne présentent qu'un seul chemin, qui tourne en spirale jusqu'à leur centre, sans aucun risque de s'y perdre. Dans les cultures de la Méditerranée, de tels méandres étaient souvent le théâtre de danses rituelles collectives, où tous les membres de la communauté avançaient en se tenant par la main, qui servaient à renforcer la cohésion du groupe. En revanche, parcourir un labyrinthe multicursal, dont les voies ne cessent de se diviser et d'imposer des choix difficiles, est une aventure strictement individuelle, où le danger de s'égarer est très grand. Le labyrinthe symbolise alors les multiples et difficiles épreuves initiatiques que l'homme doit affronter, trompé par ses passions et par le monde, pour retrouver sa véritable origine.

Pour les anciens Égyptiens, le labyrinthe représentait probablement le chemin parcouru par l'âme des défunts dans le monde souterrain, où elle était guidée par Isis jusqu'à son centre, où trônait Osiris. Par extension, il en vint à signifier également le mystère du pouvoir de la femme, donneuse de vie sous son aspect de mère universelle, mais aussi porteuse du sommeil de la mort sous son aspect de reine des Ténèbres et de la Nuit.

Le chemin de la vérité
Le christianisme considéra d'abord le labyrinthe comme un symbole du chemin de l'erreur, éloignant l'homme de Dieu, mais, au XIVe siècle, il lui rendit son caractère positif, y voyant désormais une représentation du pèlerinage du vrai croyant. Les labyrinthes furent alors fréquemment utilisés dans l'architecture religieuse : le labyrinthe de Salomon de la cathédrale de Chartres (ci-dessus) et le plafond rectangulaire du palais ducal de Mantoue (à droite), en Italie, en sont deux exemples.

Le labyrinthe du temps
N'offrant aucune possibilité de s'en évader ni d'y trouver le repos avant d'avoir atteint son centre (la vie éternelle), le labyrinthe peut également symboliser le temps. La vie humaine est impitoyablement soumise au temps, et, de quelque côté que l'on se tourne, on ne découvre pas d'autre destination que le centre immuable, qui invite à un voyage de retour jusqu'à l'unité perdue.

Thésée et le Minotaure
Un des labyrinthes les plus célèbres de la mythologie fut celui de Cnossos, en Crète, où Thésée traqua et tua le Minotaure, un monstre mi-homme, mi-taureau. Thésée symbolisait le voyageur à la recherche de lui-même, guidé par l'intuition divine (le fil d'Ariane) dans le labyrinthe de l'existence, et capable, grâce à elle, d'identifier et de vaincre l'aspect animal de sa propre nature.

Carrefours
Des labyrinthes apparaissent fréquemment dans les rêves, souvent sous la forme de sentiers ou de rues se multipliant à l'infini dans une forêt ou une ville inconnue, et devant lesquels la perplexité et la crainte paralysent le rêveur. Ils symbolisent la confusion ou l'indécision de celui-ci, confronté dans son existence quotidienne à un carrefour de routes dont il ne sait laquelle il doit prendre.

Nombres et sons

Les nombres sont beaucoup plus qu'un simple moyen de mesurer le monde physique. Dans de nombreuses traditions, ils sont considérés comme les principes organisateurs donnant sa structure à l'Univers tout entier. La vie des animaux et des plantes, les saisons, le mouvement des planètes, la forme des cristaux, la musique sont régis par des relations et des lois numériques. Mesure universelle de la Création, les nombres sont des qualités, non des quantités, et manifestent la perfection des lois divines. Dans l'alphabet hébreu, un nombre était assigné à chaque lettre, et la valeur numérique d'un nom ou d'une phrase avait parfois plus d'importance que son sens littéral ; l'idée que toutes les choses sont des nombres a inspiré une philosophie, l'arithmosophie, et un art divinatoire, la numérologie. Les sons ont le pouvoir d'évoquer, donc de créer. Dans un grand nombre de traditions, les dieux utilisent les sons pour se manifester soit au travers d'agents naturels, comme le vent, l'eau ou les animaux, soit par l'intermédiaire des instruments de musique. Les mythologies parlent de sons ensorcelants, tel le chant des sirènes, ou destructeurs, comme la sonnerie des trompettes de Jéricho. De nombreux mythes attribuent la Création à un son primordial, qui aurait produit l'Univers en rompant le silence originel.

Trois
Le chiffre 3 qualifie tous les aspects de la manifestation – Créateur, acte de créer, créature ; esprit, âme, corps ; passé, présent, futur, etc. De nombreuses religions utilisent un symbolisme ternaire. Les Rois mages (ci-dessus) figurent les fonctions du Christ, roi, prêtre et prophète.

Quatre
Chiffre de la Terre et de l'homme (quadrupède), le 4 symbolise la totalité du créé – il y a quatre éléments, quatre points cardinaux, quatre saisons, quatre phases de la Lune, quatre âges de la vie. Pour les Indiens d'Amérique, c'est le principe organisateur de l'Univers.

Sept
Somme du chiffre du Ciel (3) et du chiffre de la Terre (4), le 7 représente l'union du macrocosme et du microcosme, ainsi que la relation entre Dieu et l'homme. Dans la tradition chrétienne, le monde fut créé en sept jours, sept péchés capitaux nous éloignent de Dieu et sept degrés de la perfection nous permettent de l'atteindre. Le 7 était le chiffre d'Apollon, dieu grec du Soleil, et d'Ishtar, déesse babylonienne de la Fertilité. Dans la tradition hébraïque, le chandelier à sept branches symbolise la divinité et la lumière.

Neuf
Multiplié par lui-même, le chiffre divin 3 donne le 9, qui symbolise la totalité des trois mondes, la plénitude, l'achèvement et la perfection ; comme c'est le dernier de la série des chiffres, il exprime également la fin d'un cycle et le commencement d'un autre. Le 9 est associé à la fois au carré, au cercle et au triangle. Pour les anciens Chinois, c'était le chiffre des plaines célestes, des degrés du trône impérial, des lois sociales et des castes de fonctionnaires. Dans l'hindouisme, le carré de 9 apparaît dans le mandala à quatre-vingt-un carrés (à gauche), qui représente l'Univers tout entier et est utilisé pour les prophéties et les calculs astrologiques.

M
La lettre M représente l'union de l'homme et de la femme, dont les symboles sont représentés ci-dessus.

Aum (Om)
Le son Aum (prononcé A-u-m) est, selon la tradition hindoue, le son primordial par lequel l'Univers fut créé.

Les mantras
Dans l'hindouisme et le bouddhisme, les mantras (instruments de pensée) sont des formules rituelles sonores dont la récitation met en jeu des énergies spirituelles et divines particulières. Ils peuvent être prononcés à voix haute ou basse, ou simplement énoncés mentalement. Dans certaines sectes, les mantras sont murmurés aux oreilles des disciples par les maîtres (gurus) lors des cérémonies d'initiation.

Les couleurs

Les couleurs sont un des aspects de notre vie quotidienne où le symbolisme est le plus immédiatement apparent, car elles agissent directement sur nos émotions et ont le pouvoir de nous apaiser, de nous réjouir ou de nous attrister. Les psychologues pensent que l'impact des couleurs sur notre esprit résulte du fait que nous les associons instinctivement à celles de la nature (bleu ciel, rouge sang, etc.), tandis que les occultistes avancent des hypothèses plus ésotériques, liant les sept couleurs de l'arc-en-ciel au chiffre magique 7 et aux sept notes de la gamme. Au niveau le plus profond, chaque couleur symbolise une des énergies de la vie, la mort étant représentée, selon les traditions, par le noir ou par le blanc.

Le symbolisme des couleurs peut affecter leur emploi dans de nombreux domaines. L'héraldique médiévale, par exemple, utilisa les couleurs, avant les formes, pour donner une signification aux blasons et aux armoiries.

Rouge
Symbole universel de l'élément feu, le rouge représente le principe de vie qui gouverne le monde animal, l'énergie circulant dans le corps, les émotions fortes qui font « voir rouge » ou « monter le rouge au visage ». Le rouge est la couleur de la guerre, de son dieu grec Mars et du dieu suprême des Romains, Jupiter (à gauche). C'est aussi la couleur de la force, de la virilité et de l'action. Pour les Chinois, il symbolise la bonne fortune, tandis que, pour les chrétiens, il évoque la passion du Christ.

Or
Couleur du soleil et du plus précieux des métaux, l'or symbolise la pureté, la majesté et le principe divin manifesté dans la matière. Chez les anciens Égyptiens, il était associé à Rê, le dieu solaire, et au blé, dont dépendait la vie. En Inde, il était le symbole de la vérité. Pour les Grecs, il représentait la raison et l'immortalité – signifiée dans la mythologie par la Toison d'or (à droite) dont s'emparèrent Jason et les Argonautes.

Bleu
A la fois profond et immatériel, le bleu, couleur de l'azur, représente l'intelligence, la paix et la contemplation. Dans de nombreuses cultures, il symbolise le Ciel, l'infini, le vide d'où jaillit l'existence et auquel elle retourne. Pour les chrétiens, il est la couleur de la Vierge, reine des Cieux (à droite), et il évoque la foi, la compassion et les eaux baptismales. Chez les Grecs et les Romains, le bleu était la couleur de Vénus, la déesse de l'Amour.

Vert
Symbole de l'élément eau, le vert est lié au monde des sensations, mais il représente aussi la nature, dans ses processus de germination et de putréfaction. Souvent ambivalent, il avait une signification positive dans la tradition celte, où l'île Verte (ci-dessus), que les âmes atteignaient après avoir traversé les brumes de la mort, symbolisait le séjour des bienheureux.

Noir
En Occident, le noir est le symbole de la mort, du Mal, du deuil et du monde souterrain. L'apparition d'un animal noir, tel un chat (ci-dessus), a longtemps été considérée comme l'annonce d'un malheur. En Inde, il représente le temps et est associé à Kali, la destructrice des formes et des couleurs. Pour les anciens Égyptiens, il était la couleur de la fécondité et de la renaissance.

Blanc
Symbole de l'élément terre, le blanc représente la pureté, la virginité et la transcendance, mais il est également lié à la pâleur du cadavre. En Occident, il symbolisa pendant longtemps la mort et le deuil ; en Orient, il leur est toujours associé. Pour les Tibétains, il est la couleur du mont Meru, « le centre du monde » (ci-dessus), qui signifie l'ascension spirituelle vers la lumière et le retour à l'unité.

Violet
Symbole de l'élément air, combinant la puissance active du rouge et la sagesse réflexive du bleu, le violet est la couleur la plus mystique. C'est un support de méditation qui peut élever la conscience jusqu'à un niveau très élevé. Jadis, il symbolisait parfois le chagrin, comme on le voit sur cette représentation (à droite) de la nymphe Écho se languissant d'amour pour Narcisse.

Jaune
Bien que bénéficiant de certaines des qualités positives de l'or, le jaune peut également symboliser la lâcheté ou la trahison. En Europe, les maladies et les quarantaines étaient annoncées par un drapeau jaune. En Chine, en revanche, le jaune était la couleur de l'empereur (à droite), et pour les bouddhistes il représente l'humilité, signifiée par la robe jaune safran des moines.

Les objets

Éléments de l'univers physique, les objets sont souvent chargés d'un sens particulier parce qu'ils établissent un lien entre le monde extérieur des formes et la réalité intérieure inexprimable de chaque individu. Les significations les plus profondes sont attachées aux objets liés depuis toujours aux préoccupations fondamentales de l'humanité – la nourriture, le sexe, la guerre et les dieux.

Les premières sculptures connues, les Vénus callipyges du paléolithique (voir page 25), étaient probablement des fétiches. En les manipulant, les hommes de la préhistoire demandaient silencieusement aux esprits de la Fécondité et de la Fertilité de leur être favorables. De telles amulettes ont été utilisées dans toutes les cultures et existent encore de nos jours en Occident sous la forme des porte-bonheur. Les talismans représentent habituellement une divinité, à laquelle ils rappellent l'existence de leur porteur, mais ils incarnent également sa puissance et sont de ce fait dotés d'un pouvoir magique. D'autres objets ont une signification spirituelle parce qu'ils favorisent la méditation ou la prière. La rotation d'un moulin à prières tibétain, par exemple, est censée offrir aux dieux le mantra qui est inscrit dessus. De la même manière, les chapelets chrétiens, ou les malas des musulmans, aident les fidèles à se concentrer pendant leurs dévotions. Leurs grains présentent le symbolisme du cercle (voir page 54) et ont également une signification numérique. Dans le chapelet musulman, quatre-vingt-dix-neuf grains correspondent à l'énoncé des Noms divins, tandis que le centième, silencieux, représente le Grand Nom, lequel ne sera révélé aux croyants qu'au Paradis.

Lorsqu'il confectionne un objet en bois, en pierre ou en métal, un artisan est investi d'un pouvoir sacré de création. Convaincus que leurs productions contenaient une partie de l'énergie divine, les artisans d'autrefois méditaient et observaient des rites de purification avant de se mettre à l'œuvre. Cette pratique est respectée aujourd'hui encore au Japon par les forgerons qui fabriquent les armes de cérémonie.

Le sablier
Symbole de la mort et de l'écoulement du temps, le sablier, qui doit être régulièrement renversé, représente également le caractère cyclique de l'existence, la possibilité de retourner aux origines et la grâce divine tombant du Ciel sur la Terre.

Le Graal et la Table ronde

Dans la tradition chrétienne médiévale, largement inspirée de la tradition celte, la Table ronde du roi Arthur, image de l'Univers, symbolisait un centre spirituel inspiré du cénacle des apôtres. Le Saint-Graal – le vase que le Christ aurait utilisé pour la Cène et qui aurait reçu son sang après la crucifixion – devait être placé en son centre comme symbole de la Rédemption. Plutôt qu'une épopée physique, la quête du Graal, entreprise par les chevaliers, était une aventure mystique, une recherche de l'intériorité visant à une transformation radicale de l'esprit et du cœur.

Royauté, sacerdoce et consécration

La plupart des objets liés au sacerdoce sont hautement symboliques ; ils figurent les degrés hiérarchiques, la sagesse supérieure, la richesse, le pouvoir spirituel ou temporel de ceux qui les détiennent. De tels attributs aident à entretenir la dévotion des responsables religieux et rappellent en permanence que leurs fonctions les placent à l'écart du commun des mortels.

La clé, figurant le pouvoir d'ouvrir et de fermer le Ciel, est un puissant symbole sacerdotal. Aujourd'hui, ce dernier est représenté sur les armoiries papales par deux clés, l'une d'or, l'autre d'argent, qui étaient autrefois les emblèmes du dieu romain Janus, le guide des âmes. Le bâton de longue vie d'Osiris et des pharaons égyptiens, tout comme la crosse de berger du Christ, désigne un guide et un protecteur. Le fléau, un autre des attributs d'Osiris, symbolise le pouvoir de juger. On le trouve aujourd'hui en Afrique sous la forme du chasse-mouches arboré par les chefs tribaux.

Les fonts baptismaux
Symboliquement, le baptême lave l'homme de sa souillure morale et lui octroie la vie surnaturelle en le faisant renaître dans l'eau, élément purificateur et régénérateur. Placés à l'ouest de l'entrée des églises, les fonts baptismaux ont souvent une base octogonale, le 8 étant le chiffre de la résurrection.

Le trône
Symbole traditionnel de royauté, de sagesse ou de divinité, le trône peut représenter le rapport entre Dieu et l'homme, le Principe et sa manifestation. Dans le bouddhisme et le christianisme orthodoxe, le trône vide indique sans la montrer la présence du divin, qui embrasse toutes les formes et ne saurait être figuré par une seule.

La couronne
Le symbolisme de la couronne associe deux éléments : sa forme circulaire représente la perfection et l'infini, tandis que sa hauteur et sa place au sommet de la tête l'associent au spirituel et au divin. Traditionnellement, une couronne en or figure le pouvoir masculin, solaire, alors qu'une couronne en argent évoque le pouvoir féminin, lunaire. La Vierge Marie, en tant que reine des Cieux, porte une couronne d'étoiles.

L'orbe
Tenu dans une main par les rois lors de leur sacre, l'autre brandissant le sceptre, l'orbe symbolise l'alliance du pouvoir temporel et du pouvoir spirituel, représenté par la croix. La forme sphérique du globe peut indiquer que le monarque est appelé à régner sur la totalité de l'Univers, ou qu'il disposera sur son territoire de la totalité du pouvoir.

Les armoiries
Apparues au XIIe siècle pour permettre d'identifier les chevaliers dans les batailles, les armoiries devinrent par la suite des signes représentant la personnalité, la lignée, la charge, le titre et les possessions de ceux qui les arboraient. Leur symbolisme était régi par des conventions très strictes : seuls certaines couleurs et quelques ornements, ou meubles, étaient admis, et le statut de leur porteur était indiqué par des modifications répondant, elles aussi, à des règles précises. Elles se composaient à l'origine d'un simple écu (bouclier), le timbre (couronne, mitre, casque) et les supports, tenants et soutiens n'étant apparus qu'au XIVe siècle.

Le saint Chrême
Chez les Hébreux, les Grecs et les Romains, puis plus tard dans le christianisme, l'onction d'huile conférait à celui qui la recevait l'autorité, la puissance, l'incorruptibilité et la gloire divines.

La fleur de lis
Emblème de la maison royale de France, la fleur de lis stylisée à trois pétales symbolisait la divinité, la fécondité et la grâce, ainsi que la foi, la science et la chevalerie. Ayant la couleur de la lumière, le lis figurait également la trinité corps-âme-esprit, propre à l'espèce humaine.

Guerre et paix

L'importance de la guerre dans l'histoire de l'humanité est attestée par le riche symbolisme qu'elle a toujours inspiré. La guerre est habituellement présentée comme un fléau, un triomphe de la force aveugle, voire un déchaînement de l'Enfer sur la Terre. Son opposé, la paix, est généralement perçu comme une guérison, un retour à la normale, une conversion, ainsi que le suggère la Bible, des armes guerrières en socs de charrues. Mais ces opinions sont loin d'être universellement partagées. Dans certains cas, la guerre est appréhendée comme une croisade purificatrice, une victoire du Bien sur le Mal, et la paix comme une complaisance à l'égard de celui-ci, résultant de l'assoupissement ou de la dégénérescence d'un peuple. Au niveau psychique, la guerre peut représenter la tourmente intérieure d'un homme, sa lutte entre les désirs de la chair et les exigences de l'esprit, l'affrontement en lui de la lumière et des ténèbres, ou la montée des forces de la folie. Elle peut aussi être un symbole d'énergie masculine et de passage initiatique à l'âge adulte. La paix correspondrait, quant à elle, à l'accession à la maturité, par la réconciliation de tous les contraires et l'ouverture aux énergies passives, réceptives, du féminin.

Les armes étaient fréquemment dotées de formes symboliques, car on croyait qu'elles accroissaient leur puissance. Au Moyen Age, les chevaliers chrétiens portaient des épées munies d'une garde figurant une croix, et les deux fers des haches d'armes symbolisaient l'alliance de la puissance spirituelle et de la force physique. Les armées étaient souvent bénies avant les batailles, et les futurs chevaliers devaient passer la nuit précédant leur adoubement à prier devant un autel, leurs armes et leur armure à leurs pieds, afin qu'au matin elles soient sanctifiées et qu'ils soient eux-mêmes prêts à combattre pour le royaume de Dieu.

La colombe et l'olivier
Dans la Genèse, la fin du Déluge fut annoncée à Noé par une colombe portant un rameau d'olivier. La colombe représente le Saint-Esprit dans le Nouveau Testament.

Le dieu de la Guerre
Mars est représenté ici sur son char. Son nom fut attribué au troisième mois de l'année, époque où les armées étaient rassemblées de nouveau après l'hiver.

L'Apocalypse
Les Quatre Cavaliers de l'Apocalypse, la figuration la plus connue de la conception chrétienne de la fin des temps, inspirée des visions de l'apôtre Jean, ont été représentés de diverses manières au cours des siècles. Dans cette gravure du XVe siècle du peintre allemand Albrecht Dürer, intitulée *L'Apocalypse*, la Guerre brandit une épée, la Conquête bande un arc, d'une main la Famine fait danser les deux plateaux vides d'une balance, et la Mort, armée d'un trident, monte un cheval malade, aussi décharné qu'elle.

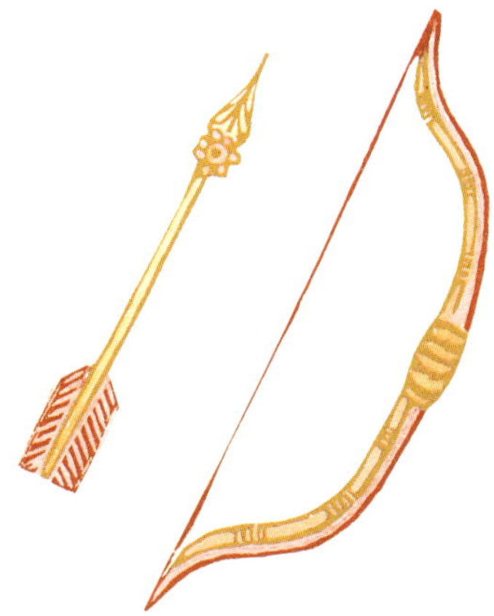

Le symbolisme des armes
Les armes peuvent être des symboles positifs. L'épée représente souvent la parole de Dieu, l'arc et la flèche la prière qui agit au loin, ou les atteintes de l'amour, et le couteau le phallus et le principe masculin actif.

Instruments de musique

La musique, le chant et la danse peuvent conduire à des états de conscience modifiés et provoquer des extases mystiques. La musique était associée au son primordial qui créa l'Univers, et de nombreuses traditions enseignaient que les notes de la gamme, comme les couleurs de l'arc-en-ciel, correspondaient aux sept rayons soutenant le monde. La musique symbolisant l'ordre et l'harmonie qui président à la Création, il était logique de l'utiliser pour évoquer les dieux. Dans l'hindouisme, Laksmi, l'épouse de Vishnu, est censée résider dans les instruments de musique, et dans l'islam, la danse des derviches tourneurs symbolise à la fois le tourbillon de l'Univers et celui des âmes à la recherche de la réalité suprême.

La lyre
Connue surtout comme l'instrument d'Orphée, qui charmait ainsi les oiseaux et les plantes, la lyre était également un des attributs d'Apollon, le dieu grec de la Musique. Elle symbolisait l'harmonie cosmique.

Le tambour et la danse
Le rythme du tambour et la danse sont supposés imiter le processus de la Création, rapprochant ainsi les participants de leur nature originelle. Cette célébration mystique peut aller de la sarabande échevelée des bacchantes (adoratrices du dieu romain Bacchus) aux danses rituelles de l'Inde, dans lesquelles chaque geste est mesuré, à moins qu'elle ne prenne le visage frénétique des danses de la mort médiévales.

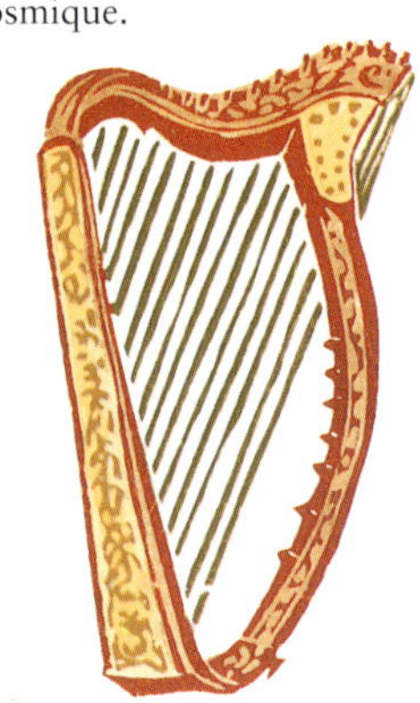

La harpe
Dagda, dieu celte de l'Abondance, utilisait une harpe pour rythmer les saisons. La harpe représentait aussi l'au-delà.

La trompe
Le son de la trompe annonçait la fin d'un monde, ou, dans les traditions méditerranéennes, l'approche d'un ennemi.

Nœuds, cordes et anneaux

Lorsqu'ils évoquent l'action d'attacher des objets ou des hommes, les nœuds, cordes et anneaux ont un sens négatif, qui figure l'emprisonnement et les limites. Mais ils sont également dotés d'une signification positive, associée à l'idée d'unité et d'initiation. Ainsi, le cordon sacré du brahmane hindou représente son lien avec Brahma, l'absolu, tandis que, à l'inverse, le bouddhisme parle des mortels « liés » à la roue du devenir. Les nœuds, à l'instar des labyrinthes, illustrent les difficultés rencontrées pour parvenir à l'illumination, alors que les anneaux symbolisent une alliance ou une protection.

La spirale
Les hommes pensaient autrefois que l'énergie, physique et spirituelle, se déploie en spirale, symbole de fécondité. La spirale représente l'énergie masculine, solaire, et l'énergie féminine, lunaire.

La tresse
Symbolisant le pacte conclu entre Dieu et les hommes, la tresse a été souvent représentée dans la peinture et l'architecture chrétiennes.

Le nœud sans fin
Dans les traditions celtique, chinoise et hindoue, le nœud sans commencement ni fin, que rien ne peut dénouer, signifiait la permanence, la longévité, l'éternité. Ce motif se trouvait fréquemment sur les robes de mariage et les bijoux.

Le fil de la vie
Dans la mythologie grecque, les Moires (les Parques latines) sont trois sœurs, Clotho, Lachésis et Atropos, qui mesurent la durée de vie propre à chaque homme, la première en tissant le fil de son existence, la deuxième en le déroulant et la troisième en le coupant.

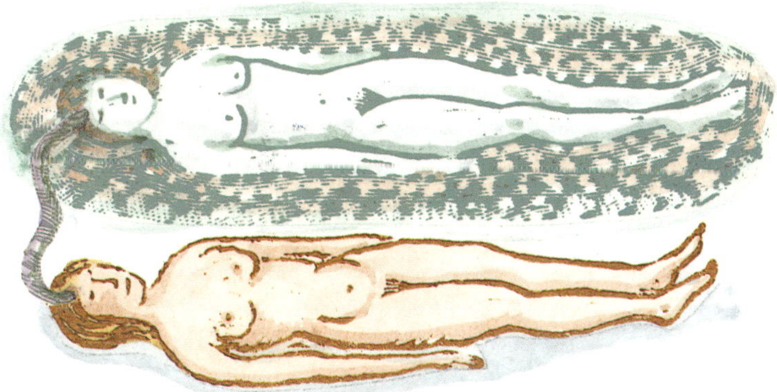

La corde d'argent
Dans la tradition rosicrucienne, le corps éthérique est supposé être relié au corps physique par une corde d'argent invisible, qui peut s'étirer indéfiniment pendant le sommeil, les extases et les dédoublements, et qui se brise définitivement au moment de la mort.

Édifices et monuments

Depuis le néolithique, l'architecture a répondu aux exigences émotionnelles et spirituelles de l'humanité tout autant qu'à ses besoins matériels. Nos constructions témoignent de l'évolution de notre conception de l'homme et du monde, et reflètent à chaque époque nos plus hautes aspirations. Les proportions d'un grand nombre de bâtiments, en particulier de ceux qui étaient réservés au culte, étaient autrefois largement déterminées par le symbolisme des formes. Les architectes pensaient que, s'ils appliquaient certaines règles géométriques, leurs œuvres seraient imprégnées d'une puissance sacrée.

Beaucoup de religions enseignent que le corps est un temple créé par l'architecte divin pour abriter l'esprit. Afin que les édifices religieux soient à l'image de l'Univers et de l'homme, les architectes du passé s'inspiraient souvent de la forme humaine pour les concevoir. Ainsi, la plupart des églises chrétiennes ont un plan cruciforme, figurant le Christ en croix, et les temples sont généralement divisés en trois parties – parvis extérieur, salle centrale et sanctuaire, qui correspondent respectivement à l'abdomen, au thorax et à la tête d'un être humain.

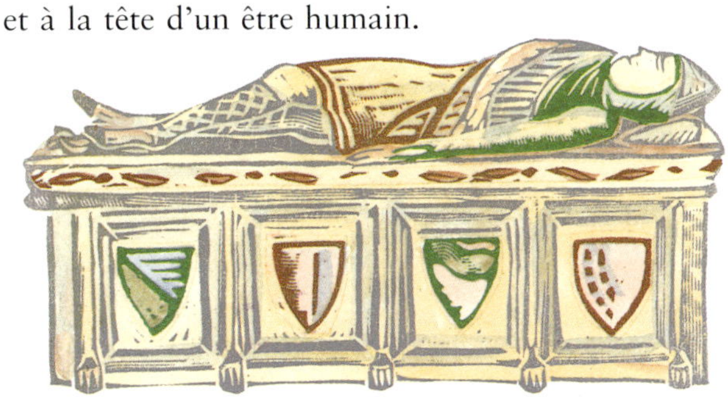

La tombe
Dans toutes les religions, la tombe est le point de départ du voyage de l'âme vers l'autre monde. Dans l'ancienne Égypte, les morts étaient ensevelis avec des objets personnels et des provisions. Dans l'Europe médiévale, les tombes des personnages importants étaient ornées de sculptures et d'effigies symbolisant leurs qualités.

Le château fort
Le symbolisme du château fort est essentiellement occidental. Le château médiéval représente avant tout un refuge, physique et spirituel. Il peut abriter le Mal (château noir) ou le Bien (château blanc), être l'antre d'un dragon (ci-dessus), la prison d'une belle princesse, ou encore receler un trésor ou un secret.

Le pont
Symbole très répandu du passage de la vie à la mort, de l'humain au divin, le pont, suspendu au-dessus du vide, représente aussi fréquemment les dangers courus sur le chemin du développement spirituel.

Les cercles de pierres
On ignore quelle était la fonction précise de ces enceintes circulaires de menhirs du néolithique, appelées cromlechs. Il s'agissait probablement de lieux de culte, leur double structure symbolisant l'œil cosmique de la Grande Déesse, la mère universelle, et la disposition de certains d'entre eux semblant indiquer qu'ils avaient un rapport avec l'observation des astres.

Le temple
Dans toutes les cultures, le temple, demeure du divin, est conçu de manière à représenter à la fois le macrocosme (l'Univers) et le microcosme (l'homme), considérés comme identiques.

La porte
Symbolisant le lieu où s'opère le passage entre deux états, entre deux mondes, la porte peut signifier soit une barrière dont le franchissement est réservé aux initiés, soit une opportunité offerte à tous de s'aventurer dans l'inconnu, de découvrir le mystère qu'elle dissimule. Dans le symbolisme chrétien, les trois portes des cathédrales représentaient la foi, l'espérance et la charité.

La fenêtre
Ouverte sur l'extérieur, l'air et la lumière, la fenêtre symbolise la réceptivité, la manière dont notre conscience perçoit le monde et l'interprète. Ronde, elle signifie la vision tournée vers les réalités célestes ; carrée, elle représente le regard posé sur les réalités terrestres.

Les animaux

Les anciens Égyptiens croyaient que certains animaux incarnaient les énergies fondamentales (les divinités) qui créent et maintiennent l'univers. Ayant accès à toutes ces énergies, l'homme était, d'après eux, plus grand que les animaux, mais aussi plus menacé par la confusion et les conflits intérieurs. C'était uniquement en observant le monde animal que les humains pouvaient apprendre à développer ou à maîtriser les forces créatrices présentes en eux.

Une conception similaire constitue le fondement des religions chamaniques, qui dominèrent autrefois en Europe, en Asie et en Amérique, et qui existent aujourd'hui encore chez les Amérindiens et chez les peuples de la Sibérie et de l'Arctique. Les animaux y étaient considérés comme une source de pouvoir et de sagesse, non parce qu'ils étaient supérieurs aux hommes, mais parce qu'ils avaient accès à des secrets de la nature que l'être humain, limité par sa raison, ne pouvait plus percevoir. Ainsi pouvaient-ils servir de guides dans les autres mondes, de prophètes ou d'initiateurs à une sagesse cachée. Pour les chamans, la capacité à communiquer avec les animaux, ou le fait de porter des peaux de bêtes, symbolisait le retour à l'état paradisiaque.

Dans les sociétés modernes, certains animaux sont supposés porter bonheur ou malheur, et quelques traditions maintiennent que nos compagnons familiers devraient être informés des événements importants de notre vie, comme les naissances et les mariages. Les animaux servaient autrefois très souvent à symboliser les dieux. Ils sont présents dans toutes les mythologies orientales, et, dans l'iconographie chrétienne, trois des quatre évangélistes sont fréquemment représentés par des animaux (voir page 41), tandis que le Christ lui-même apparaît parfois sous la forme d'un poisson, d'un serpent ou d'un lion. Aujourd'hui, grâce aux progrès de la psychologie, l'homme est de plus en plus enclin à percevoir dans les animaux des reflets de sa nature profonde, comme si ces derniers étaient des miroirs de ses pulsions et de ses instincts sauvages – telles la convoitise, la concupiscence ou la colère –, qui doivent être domestiqués ou tués.

La souris
La souris a souvent des significations symboliques négatives, mais elle peut aussi figurer l'humilité. Elle signifie l'hypocrisie dans la tradition hébraïque et la destruction dans l'iconographie chrétienne.

La libellule
Symbole du Japon, représentant l'été pour les Chinois, la libellule peut signifier aussi l'instabilité, en raison de son vol apparemment hasardeux. Pour les Indiens d'Amérique du Nord, elle figure la vivacité.

Le papillon
Bien qu'évoquant parfois l'inconstance et la légèreté, le papillon a très souvent une signification positive. Il symbolise le pouvoir de transformation, la résurrection, la beauté surgissant du « cercueil » de la chrysalide.

Le symbolisme des animaux
Comme le montre cette lettrine d'une édition du XVe siècle de l'*Historia Naturalis* de Pline l'Ancien, les animaux réels ou imaginaires ont toujours été présents dans la mythologie, l'art et la religion des sociétés humaines, où ils symbolisaient le rôle important des instincts et des émotions dans la psyché humaine.

Dragons et serpents

Vivant dans les entrailles de la Terre, doté de poumons crachant le feu, d'ailes d'oiseau et d'écailles de serpent, le dragon symbolise à lui seul les quatre éléments de la tradition occidentale, ainsi réunis en une seule créature capable d'inspirer les plus épouvantables cauchemars. Il offre des significations contradictoires et exprime le paradoxe qui réside au cœur même de la vie – l'interdépendance de la lumière et des ténèbres, de la création et de la destruction, du masculin et du féminin. Mais, plus que ces opposés, le dragon personnifie la source unique dont ils tirent leur origine. Il n'est ni bon ni mauvais en lui-même : il symbolise l'énergie primordiale du monde matériel, qui peut être indifféremment utilisée pour le Bien ou pour le Mal.

En Orient, où l'accent a toujours été mis sur les aspects positifs de cette énergie, il est traditionnellement appréhendé comme la synthèse des caractères bénéfiques des éléments. Unissant l'eau (écailles, forme reptilienne), la terre (caverne) et l'air (ailes, souffle), il représente l'union de la matière et de l'esprit. Pour les hindous, il produit le soma, le breuvage d'immortalité. En Chine, où il draina la Terre au début des temps, il accompagne les saisons et sert de monture aux Immortels.

En Occident, avec l'association du serpent à Satan, le Tentateur, le christianisme a fait du dragon un symbole effrayant du chaos, de la force destructrice aveugle, du Mal intrinsèquement lié au monde de la matière. Au Moyen Age, il était fréquemment montré comme le gardien jaloux d'un trésor (la sagesse spirituelle), ou le geôlier impitoyable d'une jeune vierge (la pureté) prisonnière dans son antre souterrain.

Par extension, le dragon en est venu logiquement à symboliser, dans la civilisation occidentale, le monde des émotions et les profondeurs insondables de l'inconscient. Il figure l'animal tapi à l'intérieur de nous, les énergies primitives qui, si nous les libérions, nous ramèneraient immanquablement au niveau des bêtes.

Saint Georges et le dragon
Cette icône du IXe siècle, représentant saint Georges triomphant du dragon, symbolise la victoire de l'esprit sur la matière, du Bien sur le Mal, de la lumière divine (figurée par la lance) sur les ténèbres infernales.

Le dragon sortant de la mer
En Orient, ce jaillissement du dragon était associé à l'acquisition de la connaissance et à l'esprit créateur. En Occident, on y voyait le symbole du surgissement brutal des énergies maléfiques de l'inconscient.

Le dragon impérial chinois
Les cinq griffes de Lung, le dragon impérial chinois, représentent les cinq éléments de la tradition extrême-orientale (eau, feu, bois, métal, terre). Elles rappellent l'autorité que l'empereur, représentant du Ciel, était supposé exercer sur la totalité du monde. Symbolisant le pouvoir impérial, l'image du dragon était employée en Chine pour décrire le visage de l'empereur (face du dragon), son allure majestueuse (démarche du dragon), ainsi que ses réflexions et ses commandements (la perle du dragon).

L'hydre à sept têtes
Ce symbole a une double signification. A un premier niveau, il représente le dragon de la mer, le « serpent fuyard » détruit par le dieu Baal dans la mythologie d'Ugarit, qui inspira sans doute le Léviathan biblique, monstre dont les sept têtes repoussaient quand on les coupait, et qui figurèrent par la suite les sept péchés capitaux du christianisme. A un second niveau, où se mêlent les symbolismes puissants du serpent-dragon et du chiffre 7, celui de l'Univers, il évoque l'énergie créatrice sous sa forme la plus complète et la plus consciente.

L'ouroboros
Reptile avalant sa propre queue, l'ouroboros mêle le symbolisme du cercle et celui du serpent. C'est l'équivalent aquatique du phénix renaissant de ses cendres, qui signifie la totalité, la régénération et l'immortalité, mais aussi l'incapacité à sortir de la Roue de l'Existence.

Méduse
Dans la mythologie grecque, Méduse était une belle jeune femme qui, après avoir profané le temple d'Athéna, fut transformée par celle-ci en une horrible sorcière à la tête couverte de serpents, dont un seul regard suffisait à changer un homme en pierre. Elle symbolise la peur qui pétrifie, et plus particulièrement la peur masculine des imprévisibles changements de l'humeur féminine. La tête de Méduse, considérée comme un talisman, était fréquemment représentée sur les armes et les boucliers des soldats.

Les serpents enlacés
Très ancien symbole du double aspect, bénéfique et maléfique, de l'énergie créatrice, les deux serpents, lorsqu'ils sont enroulés autour d'une baguette, forment le caducée – attribut du dieu grec Hermès (Mercure pour les Romains), devenu aujourd'hui l'emblème de la médecine. Selon la légende, Hermès sépara deux serpents qui se battaient (le chaos primordial) et les enroula autour d'une baguette (l'axe du monde), créant ainsi le caducée, symbole de la paix et de l'intégration des forces contraires.

Animaux héraldiques

L'héraldique se développa dans l'Europe médiévale comme un moyen de codifier les divers emblèmes que les familles de la noblesse avaient adoptés pour se faire reconnaître au sein d'une population alors largement illettrée. Certains nobles utilisaient des motifs géométriques, mais la plupart choisissaient des animaux, qui évoquaient leur patronyme ou symbolisaient les qualités revendiquées par leur lignée. Ces animaux pouvaient être familiers, exotiques, mythiques, issus de lointaines traditions orientales, hybrides (rassemblant les éléments de plusieurs créatures différentes) ou monstrueux (à plusieurs têtes ou à plusieurs corps). Ils figuraient non seulement sur les écus, les casques, les housses et les selles des chevaux, mais également sur les sceaux et à l'entrée des demeures seigneuriales.

Le cheval
Le cheval, le plus souvent représenté fringant et caracolant, symbolise la noblesse, la puissance et la rapidité. Dans l'héraldique chrétienne, il figurait l'impétuosité de l'âme, tandis qu'en Orient il incarnait généralement le feu du Ciel. Les chevaux noirs sont des images de la mort.

La licorne
Cet animal mythique symbolisait l'union de la pureté féminine (blancheur) et de la spiritualité masculine (corne rectiligne). Dans l'iconographie chrétienne, il représentait la Vierge fécondée par le Saint-Esprit, et dans l'héraldique il contrebalançait souvent la puissance extravertie du lion.

L'aigle
Tout comme le faucon, l'aigle est un symbole céleste qui représente le pouvoir supérieur gouvernant le monde des hommes et dont l'œil pénétrant voit et comprend toutes choses.

Le griffon
Gardien symbolique sur le chemin du salut, le griffon, qui rassemble les attributs de l'aigle et du lion, représente l'obstacle à surmonter, la difficulté à vaincre. Dans l'iconographie chrétienne, il figurait parfois le démon.

Le coq
Dans l'art héraldique, le coq représentait la fierté et le courage. Annonçant l'aube, c'était un symbole solaire, figurant la résurrection.

Le lion
Symbole de bravoure, le lion figurait la sagesse, la justice et l'énergie au service du Bien, mais aussi le pouvoir excessif.

Chiens et loups

Dans de nombreuses cultures, le chien est un symbole positif, image de la loyauté et du courage. Les chiens représentent souvent le principe masculin et le Soleil, et, dans la tradition celtique, ils sont associés à la guérison. Dans l'Antiquité, ils étaient fréquemment enterrés avec leur maître, et les Égyptiens et les Grecs croyaient que, après avoir été leurs compagnons dans la vie, les chiens étaient les guides des hommes dans l'au-delà. Les loups et les renards sont des symboles plus ambivalents. Le renard figure souvent la ruse et la tromperie, bien que certains Amérindiens lui attribuent une grande sagesse instinctive. Dans la tradition chrétienne, le loup et la louve représentent respectivement la cruauté et la débauche, mais, pour les Romains, la louve qui nourrit Romulus et Rémus était un symbole de fécondité.

Le renard
Dans les mythologies orientales, le renard est un symbole éminemment positif. Au Japon, il est le compagnon d'Inari, la déesse de l'Abondance, et le protecteur de la nourriture. En Chine, il représente la longévité et est supposé pouvoir prendre de nombreuses formes, y compris la forme humaine.

Anubis
En Égypte, Anubis, représenté avec une tête de chacal, était le dieu qui prenait soin des morts, veillant sur leur voyage dans l'autre monde. Qualifié de seigneur de la nécropole, on l'appelait aussi Impou, « Celui qui a la forme d'un chien sauvage ».

Le loup-garou
Homme le jour, bête sauvage la nuit, le loup-garou, ou lycanthrope, occupa pendant longtemps une place importante dans les croyances populaires européennes. Il symbolisait la violence animale qui demeure cachée en nous.

Canis Major
Issues des astrologies antiques, trois constellations sont associées au chien : Canes (Chiens de chasse), Canis Minor (Petit Chien) et Canis Major (Grand Chien). Dans le monde méditerranéen, la canicule est la période de l'année où l'étoile Sirius (Petite Chienne) accompagne le Soleil.

Chats

Nocturne et indépendant, plus lunaire que solaire, le chat est un symbole moins viril que le chien. Il figure plus les pouvoirs mystérieux du féminin que la force visible du masculin. Dans l'Égypte ancienne, le Chat divin, représenté par la déesse-chatte Bastet, était vénéré comme un bienfaiteur et un protecteur de l'humanité. En Chine, on croyait que les chats éloignaient les mauvais esprits ; parfois, ils signifiaient aussi la misère dans un foyer. Dans l'Occident chrétien, au Moyen Age, ils étaient considérés comme des incarnations du Diable, et un chat noir, symbole d'obscurité et de mort, était souvent le compagnon favori des sorcières. Dans le christianisme comme dans l'islam, une croyance très répandue voulait que les chats possèdent sept vies.

Bastet
Dans la mythologie égyptienne, la déesse-chatte, Bastet, était capable de voir toutes choses. Elle était souvent représentée tranchant la tête du Dragon des Ténèbres, ennemi du Soleil.

L'œil du jaguar
Les Indiens d'Amérique du Sud croyaient que les yeux du jaguar étaient des canaux menant au royaume des esprits. Dans les mythes brésiliens, le jaguar, gardien du feu, le donnait aux hommes.

Le chat domestique
Affectueux et cruel, domestiqué et indépendant, familier et mystérieux, le chat apparaît, sous un aspect bénéfique ou maléfique, dans de nombreuses mythologies. Pour les Celtes, il personnifiait le Mal et faisait fréquemment l'objet de sacrifices rituels, tandis qu'au Cambodge il était censé amener la pluie.

Le tigre
Vénéré en Chine, le tigre y était considéré comme un animal protecteur, dévorateur des influences maléfiques, et des statues de tigres étaient souvent dressées à l'entrée des temples et des palais. Roi des animaux dans la tradition orientale, il symbolisait la longévité et les énergies animales.

Oiseaux et vol

Le vol a de tout temps figuré la libération des contraintes physiques de la vie terrestre et l'ascension de l'âme vers les dieux, au cours des extases mystiques ou après la mort. Les oiseaux sont crédités d'une partie de ce symbolisme, mais, étant donné qu'ils viennent du ciel, ils peuvent aussi être considérés comme des états spirituels de l'être, ou comme les messagers des puissances supérieures, bonnes ou mauvaises. Dans le Coran, le langage des oiseaux est celui des anges. Dans l'hindouisme, les deux oiseaux posés sur les branches de l'Arbre du Monde – l'un mangeant ses fruits, l'autre les regardant – symbolisent respectivement l'âme individuelle active et l'Esprit universel, qui est pure contemplation.

Associé au serpent, l'oiseau représente souvent le conflit entre le monde céleste et le monde terrestre, ou entre les connaissances ésotérique et exotérique. Les psychologues y voient une image de l'opposition du conscient et de l'inconscient, mais cette dernière peut également évoquer leur union harmonieuse.

Le mythe d'Icare
Dans la mythologie grecque, Icare et son père Dédale s'évadèrent du labyrinthe de Cnossos, en Crète, en volant grâce à des ailes fixées sur leurs épaules avec de la cire. Ignorant les conseils de prudence de son père, Icare s'approcha trop près du Soleil. La cire fondit, ses ailes se détachèrent, et il périt noyé dans la mer. Icare symbolise la mégalomanie, l'intellect vaniteux qui prétend voler de ses propres ailes et finit victime de ses inventions.

Le pélican
La croyance selon laquelle le pélican nourrit ses petits avec sa chair et son sang en a fait le symbole par excellence de l'amour paternel et du sacrifice, et, dans l'iconographie chrétienne, celui du Christ. Dans l'alchimie, il figure la renaissance spirituelle.

Les plumes
Pour les Celtes, la cape de plumes conférait à celui qui la portait quelques-unes des qualités de l'oiseau – la légèreté, la vitesse, ainsi que l'aptitude à voyager dans les autres mondes. Chez les Amérindiens, les plumes d'aigle des coiffures symbolisent le Grand Esprit. Elles ont également le pouvoir de protéger et de faire monter les prières vers le Ciel.

L'oiseau de mauvais augure
De nombreuses traditions attribuaient au corbeau le pouvoir de prophétie. Symbole de perspicacité dans la Genèse, il représentait la sagesse en Amérique du Nord. Ce n'est qu'à l'époque moderne qu'il a pris sa signification négative de présage de malheur.

Le ba
L'envol de l'âme libérée des pesanteurs terrestres est souvent symbolisé par un oiseau. Dans l'ancienne Égypte, le ba, le principe spirituel de chaque individu qui se détachait du corps au moment de la mort, était représenté par un faucon à tête humaine.

Léda et le cygne
Selon la mythologie grecque, Zeus prit la forme d'un cygne pour séduire Léda, la reine de Sparte (ci-dessus). Le cygne incarne presque universellement la lumière mâle, solaire et fécondatrice, et aussi la solitude, la musique et la poésie, la pureté et la sincérité.

Le paon
Dans l'iconographie chrétienne, le paon représente l'immortalité. Dans l'art persan, deux paons placés de part et d'autre de l'Arbre de Vie symbolisaient la dualité psychique de l'homme, tandis que dans la tradition bouddhiste, il illustre la compassion.

Poissons et coquillages

Les poissons et les coquillages sont des symboles universellement positifs. Dans de nombreuses cultures, les poissons représentent la vie et la fécondité. Ils évoquent aussi les profondeurs, et, comme les eaux profondes sont associées à l'inconscient, ils figurent également l'inspiration et la créativité. Les initiales de la formule grecque *I*esous *Ch*ristos *Th*eou *Hu*ios *S*oter (Jésus-Christ, Fils de Dieu, Sauveur) forment le mot *Ichthus*, qui signifie poisson en grec, et toute la tradition chrétienne est imprégnée d'un puissant symbolisme lié aux poissons. Dans le bouddhisme, ces derniers représentent la libération des désirs, tandis que dans l'hindouisme, l'avatar de Vishnu qui sauve Manu du déluge est un poisson. A la différence des poissons, qui sont toujours masculins, les coquillages, dont la forme rappelle l'organe sexuel femelle, symbolisent invariablement le féminin.

La naissance de Vénus
Dans ce célèbre tableau, le peintre italien du XVe siècle Sandro Botticelli montre Vénus, la déesse romaine de l'Amour (l'Aphrodite grecque), debout sur un coquillage. Selon la légende, Vénus naquit de l'écume soulevée par la chute dans la mer des parties génitales d'Ouranos, castré par son fils Cronos, et fut portée jusqu'au rivage par une coquille Saint-Jacques. De nombreux mollusques bivalves symbolisent le sexe et, par extension, le principe féminins. La coquille Saint-Jacques évoque également, pour les chrétiens, le pèlerinage à Saint-Jacques-de-Compostelle, en Espagne, ainsi que l'initiation.

Le saumon
Dans la mythologie celtique, le saumon, guidé par son instinct lorsqu'il va pondre ses œufs, est associé aux idées de prophétie, d'inspiration et de sagesse.

Les trois poissons
Formant parfois une boucle sans fin, ou n'ayant qu'une seule tête pour trois corps, les trois poissons symbolisent la Trinité pour les chrétiens. De même que seul un regard attentif peut discerner un poisson nageant dans l'eau, les énergies divines n'apparaissent qu'aux hommes bénéficiant de la vision spirituelle.

La pêche miraculeuse (à gauche)
Elle symbolise l'abondance et la sagesse. Son récit, dans l'évangile de Luc, annonce le rôle de « pêcheur d'hommes » qui sera plus tard celui de Pierre, désigné par le Christ pour rassembler son Église. Le filet représente également l'action divine « cueillant » les hommes pour les ramener à la lumière.

Jonas et la baleine (ci-dessus)
A l'origine, la baleine symbolisait la puissance des eaux cosmiques. Par la suite, sa signification devint négative, et elle représenta les mâchoires et les entrailles de l'Enfer. Dans la légende de Jonas, le séjour du héros dans le ventre de la baleine correspond à la mort initiatique, et sa sortie à la seconde naissance de l'homme, la naissance spirituelle.

La pieuvre (ci-dessous, à droite)
Symbole très répandu dans les cultures méditerranéennes, la pieuvre est liée à la spirale et symbolise le déploiement de la Création à partir de son centre mystique. Souvent, elle représente aussi les esprits infernaux. Comme le crabe, elle est associée au signe zodiacal du Cancer.

La conque (ci-dessus)
Pour les bouddhistes, le son de la conque est destiné à ébranler et à anéantir le mental, afin de percevoir le son primordial Aum (voir page 65). Dans l'hindouisme, la conque, attribut de Vishnu, figure l'appel à sortir de l'ignorance.

Singes et éléphants

Les singes et les éléphants sont très fréquents dans le symbolisme oriental. Le singe, qui saute de branche en branche, symbolise la conscience distraite, passant d'un sujet à l'autre, qui doit être maîtrisée au moyen de pratiques comme la méditation : lorsqu'il est domestiqué, le singe est un animal loyal et intelligent.

Monture traditionnelle des dieux, des rois et des bodhisattvas, l'éléphant symbolise en Orient la puissance apportant la paix, la prospérité et la stabilité. En raison de sa longévité, il représente aussi la victoire sur la mort, ainsi que la sagesse et la dignité du grand âge. Il est également considéré comme un animal cosmique, sa structure – quatre piliers supportant une sphère – évoquant celle du cosmos.

Les trois singes de la sagesse
Les singes représentent la tendance de notre esprit à se disperser sans cesse. Les célèbres singes du Jingoro, au temple de Nikko, au Japon – qui se ferment respectivement les yeux, les oreilles et la bouche –, symbolisent notre capacité à nous élever au-dessus de cet état animal et à parvenir à la sagesse en apprenant à discipliner nos pensées et nos actes.

L'éléphant blanc (ci-dessus)
Dans le bouddhisme, l'éléphant blanc est sacré, car c'est d'un éléphanteau blanc que la reine Maya aurait conçu Bouddha. Figuré seul, l'éléphant blanc symbolise donc la sagesse, la patience, la mémoire du Bouddha. Au sommet d'un pilier, il illustre l'éveil par la connaissance.

Hanuman (à gauche)
Le singe divin indien Hanuman, héros du Ramayana, où il est un allié de Rama, incarnation de Vishnu, représente la force et l'intelligence. Lorque le feu est employé contre lui, il en devient maître, symbolisant le pouvoir tantrique de transformer les émotions destructrices en énergie spirituelle.

Ganesa
Dans l'hindouisme, Ganesa, le dieu de la Connaissance sacrée et de l'Intelligence, le scribe du Mahabharata, est représenté avec une tête d'éléphant couronnée d'une tiare, et un corps ventru à quatre bras, souvent assis sur une souris ou une fleur de lotus, symbolisant la fragilité et l'incohérence du monde des apparences.

Moutons et boucs

Dans le monde occidental, le bouc, animal puant, symbolise souvent la luxure, la magie et le Diable. Mais, en dehors de la tradition chrétienne, ses significations sont nettement plus positives. En Grèce, il était sacré pour Zeus, qui, enfant, avait été nourri par la chèvre Amalthée, et servait de monture à Pan, à Dionysos et à Aphrodite. Dans l'Inde védique, il était identifié à Agni, le dieu du Feu, et, dans la mythologie nordique, le char du dieu Thor était tiré par des boucs.

Le mouton représente généralement l'inverse : la stupidité et l'aveuglement. Mais sa tendance à obéir sans questionner, si elle a donné naissance à la légende des moutons de Panurge, en a fait également le symbole du disciple, qui s'imprègne totalement de l'enseignement d'un maître spirituel ou d'un dieu, et renonce à toute volonté personnelle pour se fondre dans une réalité plus vaste que son individualité limitée.

Le bouc
Cette représentation de Satan affublé d'une tête et de pieds de bouc par l'occultiste Eliphas Lévi (voir page 145) est d'un symbolisme très riche. Assis sur le monde, un caducée reposant sur son sexe, une étoile à cinq branches et une triple couronne de feu ornant son front, l'Ange déchu, aux ailes empourprées, ricane en désignant deux symboles lunaires.

L'agneau sacrificiel
Dans les grandes traditions méditerranéennes, il symbolise la soumission des hommes à la volonté divine.

Le Bon Pasteur
Ce symbole d'attention aux brebis les plus faibles est répandu dans toutes les anciennes cultures nomades.

Enki
Enki, le dieu sumérien de l'Eau, était souvent représenté sous la forme d'un animal hybride, mi-chèvre, mi-poisson, exprimant la fécondité de la terre unie à celle de l'eau. Ci-dessus, il est figuré par des chèvres formant un svastika autour d'un symbole aquatique.

Taureaux, cerfs et ours

Dans l'imaginaire moderne, le taureau semble être une illustration sans équivoque de la force virile et du pouvoir de procréation. Dans les cultures mithriaque et romaine, le sang du taureau sacrifié pour la nouvelle année symbolisait l'énergie mâle venant féconder la terre et lui redonner vie pour un autre cycle annuel. La signification du taureau est toutefois plus ambiguë. Ses cornes en forme de croissant en ont souvent fait un animal lunaire plutôt que solaire, en particulier dans les civilisations de la Méditerranée et du Proche-Orient. Il y évoquait fréquemment la féminité, comme à Rome, où il était associé à Vénus, la déesse de l'Amour.

Europe et le taureau
Selon la mythologie grecque, Zeus prit la forme d'un taureau blanc pour séduire Europe, la fille d'Agénor, roi de Tyr. Après qu'il se fut couché à ses pieds, elle s'assit sur son dos, et il l'emporta jusqu'en Crète, où ils eurent trois enfants, dont l'un devint le roi Minos. Dans l'interprétation chrétienne de ce mythe, le taureau blanc symbolise le Christ conduisant l'âme dans les cieux.

Le bœuf
Le bœuf et le buffle relèvent en partie du même symbolisme que le taureau, mais avec une signification supplémentaire dans le bouddhisme et le taoïsme, où ils représentent l'ego. Le sage chinois Lao Tseu, l'auteur présumé du *Livre du Tao*, est souvent figuré assis sur un buffle, symbolisant la possibilité de maîtriser l'ego.

Le cerf
Les chamans se déguisaient souvent en cerfs, car ils attribuaient à cet animal le rôle de médiateur entre le monde terrestre et celui des esprits. Dans les cultures méditerranéennes, le cerf, eu égard à ses cors, était fréquemment associé à l'Arbre de Vie.

L'ours
L'ours symbolisait la force et la bravoure pour les Amérindiens et les Chinois, la caste guerrière pour les Celtes. Pour les Grecs, l'ourse était une des formes que pouvait prendre Artémis (Diane chez les Romains), la déesse de la Chasse.

Porcs

Bien qu'il soit aujourd'hui peu estimé, de tout temps le porc a été présent, avec des significations souvent positives, dans le symbolisme de nombreuses civilisations. La truie, en raison du grand nombre de ses petits et des mamelles qui lui permettent de les nourrir, fut un puissant symbole de fécondité et d'abondance dans tout le monde antique. Selon certaines légendes grecques, Zeus fut nourri par une truie lorsqu'il fuyait son père, et des truies étaient offertes en sacrifice à Déméter, la déesse grecque de la Fertilité de la terre (la Cérès romaine). En Égypte, Nout, déesse du Ciel, épouse de Rê et mère d'Osiris, était parfois représentée sous la forme d'une truie allaitant les étoiles. Dans l'hindouisme, la truie symbolise Vajravarahi, l'aspect féminin du sanglier Varaha, un des avatars de Vishnu.

Les bouddhistes faisaient du cochon un symbole de l'ignorance (voir page 56), et, dans les traditions hébraïque et islamique, la viande de porc, nourriture impure, ne doit pas être consommée par les vrais croyants. Les chrétiens attribuèrent également au cochon l'image de l'ignorance (« Ne jetez pas des perles aux pourceaux »), de la goinfrerie et des appétits de la chair, qui doivent être surmontés pour que l'homme puisse triompher de sa nature inférieure.

La gourmandise
La gourmandise, un des sept péchés capitaux, était tenue en horreur par l'Église chrétienne parce qu'elle renforçait le côté matériel, grossier, de la nature humaine. Le cochon, animal omnivore, supposé avaler tout ce qu'il trouve, fut choisi pour la symboliser, et c'est sans doute l'accent injustement mis sur sa goinfrerie qui conféra à cet animal intelligent son actuelle réputation négative.

Le sanglier
Le sanglier, symbole traditionnel de l'autorité spirituelle opposé à l'ours, emblème du pouvoir temporel, représentait pour les Celtes la sorcellerie et le don de prophétie. Dans la tradition chrétienne, il figure souvent le Démon, à cause de son impétuosité dévastatrice.

La truie et ses petits
Par sa fécondité et l'attention qu'elle prête à ses petits, la truie est un symbole universel de la maternité et du principe féminin. Pour les Amérindiens, elle amenait la pluie, donnant la vie à la terre pour le bénéfice de tous les enfants du Grand Esprit.

Petits animaux

A côté des oiseaux, des animaux domestiques et des grosses bêtes sauvages qui ont occupé une grande place dans le symbolisme de la plupart des civilisations, les petites créatures ont également joué un rôle important dans le monde magique de nos ancêtres. Vivant près de la nature, les hommes d'autrefois estimaient que toutes les choses étaient reliées entre elles au sein de l'écheveau complexe de la vie, et que la conscience était un attribut de la Création tout entière – des étoiles au vent, en passant par les plus menues des créatures. Les insectes, dont le comportement et les cycles vitaux étaient encore très mal connus, ont ainsi été à l'origine d'un riche symbolisme. Les mouches, par exemple, furent très tôt associées aux forces du Mal : Belzébuth, présenté comme « le prince des démons » dans le Nouveau Testament, était à l'origine un dieu syrien, Beelzébub, dont le nom signifiait « le seigneur des mouches ».

La chauve-souris
Dans de nombreuses civilisations, la chauve-souris, vivant dans une caverne, personnifiait l'obscurité et le chaos. Pour les bouddhistes, elle figurait l'esprit ignorant et futile, mais, en Chine, elle était un symbole de longévité et de bonheur.

Le crapaud
Souvent associé à la sorcellerie et aux aspects les plus laids de l'existence, le crapaud était le compagnon des sorcières dans l'Europe médiévale. Celles-ci croyaient qu'il avait une pierre précieuse dans la tête, qui était censée porter bonheur.

L'araignée
Selon les cultures, la toile de l'araignée symbolisait le tissu même de la vie, ou, au contraire, le voile des illusions cachant la réalité du monde. Pour les Égyptiens et les Grecs, l'araignée figurait le destin et avait une fonction divinatrice. Dans le symbolisme chrétien, sa toile représentait le filet que Satan tend pour emprisonner les hommes.

Le lièvre
Symbole universel du renouvellement de la vie sous toutes ses formes, le lièvre (et le lapin) a pendant longtemps été considéré comme une créature magique – ses pattes étaient autrefois des porte-bonheur censés repousser les influences néfastes. Il était étroitement associé à la Lune, qui est parfois figurée sous cette forme.

Créatures hybrides

Les créatures hybrides ont deux fonctions principales : elles réunissent en une seule image les symboles habituellement associés à plusieurs animaux et, quand elles font fusionner des espèces correspondant à des éléments différents, elles expriment l'unité fondamentale de la vie. Ainsi la chimère, à la fois lion, chèvre et serpent, représentait-elle le printemps, l'été et l'hiver. Pour les hommes qui les concevaient, les êtres hybrides n'étaient nullement incohérents, car, si tous les aspects de la Création étaient interdépendants, rien n'interdisait que certaines de leurs parties puissent être mêlées à nouveau de différentes manières. Nos ancêtres, semble-t-il, ne séparaient pas l'imagination de l'observation, comme nous avons l'habitude de le faire aujourd'hui : pour eux, une chose imaginée pouvait être tout aussi réelle qu'une chose vue.

Dans la plupart des cas, les créatures hybrides avaient une signification symbolique positive. Vivant dans une dimension intermédiaire entre ce monde et les autres, elles pouvaient non seulement aider l'humanité à lutter contre les ténèbres, mais également être les messagères des dieux ou encore représenter des sources de sagesse. De nombreux dieux de l'Égypte étaient mi-hommes, mi-animaux (voir page 26), et dans tout le monde antique on pensait que les divinités avaient le pouvoir de modifier leur apparence lorsqu'elles désiraient intervenir auprès des hommes.

Garuda
Oiseau de proie à tête humaine, doté de trois yeux et d'un bec d'aigle, Garuda est respectivement, dans l'hindouisme et dans le bouddhisme tibétain, le coursier de Vishnu et le destructeur des nagas, serpents symbolisant le Mal. Il est souvent représenté, l'air féroce, en train de déchirer un serpent avec son bec, et son image est en Inde l'emblème des adorateurs de Vishnu. L'aspect terrifiant donné à Garuda dans les deux religions est destiné à rappeler aux fidèles le prix que doivent payer les ennemis de l'ordre naturel.

Le sphinx
Le sphinx, « statue vivante » affectée à la garde des tombeaux, était connu en Égypte bien avant l'érection du célèbre sphinx de Gizeh, près de la pyramide de Khephren. Avec une tête d'homme (parfois de femme), un corps de taureau, des pattes de lion et des ailes d'aigle, il représentait les quatre éléments. Incarnant la connaissance de la Création tout entière, il symbolisait la sagesse divine.

Le basilic
Présent dans de nombreux mythes occidentaux et orientaux, le basilic était un coq à queue de dragon, dont le regard et l'haleine tuaient tous ceux qui l'approchaient. Il symbolisait les dangers mortels de l'existence, le Mal et la débauche (particulièrement la syphilis dans l'Europe du XVe siècle). Le seul moyen de le vaincre était de lui tendre un miroir, afin qu'il soit tué par le reflet de son regard.

Le satyre
Esprits de la nature associés à Dionysos, le dieu grec du Vin et de l'Extase, les satyres (faunes dans la mythologie romaine) étaient des hommes à jambes de bouc, couverts de poils et dotés de cornes, d'oreilles pointues et d'une queue. Ils symbolisaient à l'origine l'aspect lascif, paresseux et amoral de la nature humaine, mais, sous le christianisme, ils devinrent des personnifications des tentations démoniaques.

La chimère
Apparue au Ve siècle avant J.-C., la chimère était un monstre femelle crachant des flammes, composé d'une tête de lion, d'un corps de chèvre et d'une queue de dragon. Les œuvres d'art la représentent souvent sous la forme d'un lion à queue de serpent portant une tête de chèvre sur le dos. Figurant à l'origine la violence des éléments naturels, elle devint, dans l'iconographie chrétienne, le symbole de la confusion et de la perversité diaboliques.

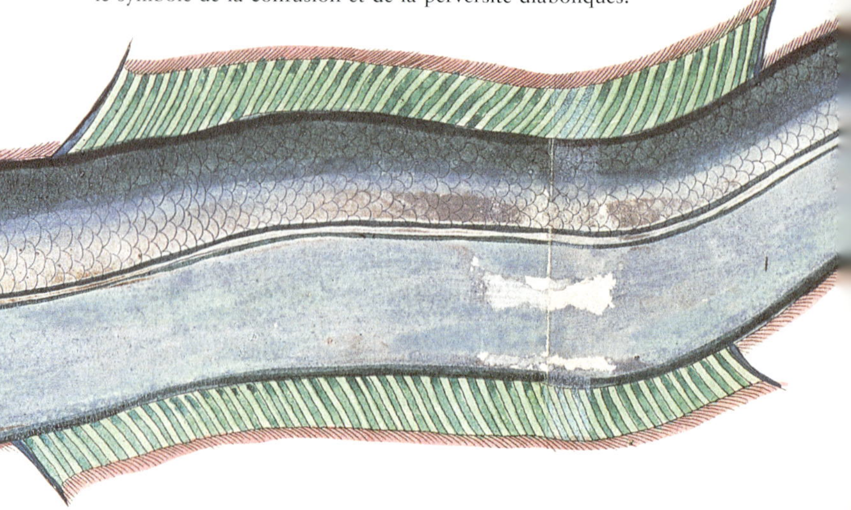

La harpie
Dans la mythologie grecque, les harpies étaient des créatures ailées, à tête de femme, aux serres puissantes, à l'odeur infecte, qui tourmentaient les âmes par leurs méchancetés incessantes. Elles avaient le pouvoir de commander aux vents, faisant naître des orages sur la terre et des tourbillons en mer. Provoquant des morts soudaines, auxquelles les hommes n'étaient pas préparés, elles étaient les pourvoyeuses de l'Enfer.

La sirène grecque
Descendant de Poséidon, le dieu grec de la Mer, les sirènes grecques représentaient la beauté féminine sous sa forme la plus séduisante et la plus dangereuse. Elles avaient un corps d'oiseau, une tête et un buste de femme, et leur voix enchanteresse conduisait les marins à leur perte. Selon la légende, Ulysse leur résista en se faisant attacher à un mât, tandis qu'Orphée les vainquit en leur opposant son propre chant.

Le centaure
Mi-hommes, mi-chevaux, les centaures de la mythologie grecque, qui vivaient en troupeaux, s'enivraient, enlevaient et violaient les femmes ; ils représentaient la concupiscence sous toutes ses formes – l'image de la bête en l'homme. Leur opposé était le chevalier, qui était maître de sa monture (des instincts animaux de son moi). Certains centaures, cependant, pouvaient mettre leur énergie débordante au service du Bien : ainsi Chiron, l'allié d'Héraclès (l'Hercule des Romains), qui apprit l'art de guérir à Asclépios (Esculape), l'ancêtre des médecins.

La sirène nordique
Inspirées des mythologies scandinave et nord-germanique (et probablement de quelques animaux réels, comme le lamantin), les sirènes nordiques, plus tardives et plus connues aujourd'hui que les sirènes grecques, avaient une tête et un tronc féminins, complétés par une queue de poisson, et leur chant était également mortel pour les marins. Comme toutes les créatures des profondeurs, elles symbolisaient l'inconscient, et plus particulièrement l'*anima*, la partie féminine de la psyché masculine.

Le monde naturel

L'expérience directe de la nature jouait un rôle déterminant dans la perception des hommes d'autrefois. Leurs idées sur le temps et l'espace ainsi que sur leur place dans l'univers ne peuvent être comprises qu'en rapport avec le monde naturel, dont ils voyaient dans chaque aspect une manifestation particulière de l'énergie divine. Les premières divinités furent des personnifications maternelles de la Terre et de la nature : la Dana des Irlandais, la Neith des Égyptiens, la Brigantia des Gaulois, la Cybèle des Gréco-Romains n'étaient que des visages différents de l'image universelle de la mère.

Une croyance très répandue voulait également que toutes les formes de vie soient permutables, et que l'homme ne soit qu'un des constituants de la nature, et non le maître. Les représentations du dieu assyro-babylonien Tammouz, par exemple, mêlaient des formes humaines, animales et végétales, et des images du père-arbre (voir page 103) apparaissent dans de très nombreuses cultures occidentales.

Bien que les divinités primitives de la nature aient été souvent remplacées, par la suite, par des panthéons plus complexes, les mythes et les symboles liés au monde naturel sont restés prédominants dans toutes les civilisations, et leurs significations sont souvent semblables dans le monde entier. Les relations entre l'oiseau, symbole du feu, de la pureté, de l'esprit, et le serpent, figurant la matière et le monde souterrain, sont le thème central d'un grand nombre de récits mythologiques. La tortue est une représentation de l'Univers, sa carapace supérieure, son corps et sa carapace inférieure représentant les trois mondes. Quant à l'Arbre de Vie (voir page 102), présent dans presque toutes les traditions, il symbolise, dans le christianisme moderne, la Vierge Marie, qui donna au monde Jésus, le fruit de ses entrailles.

Le chrysanthème
Associé, en Occident, au deuil et au souvenir des morts, le chrysanthème a des significations éminemment positives en Orient, où il est symbole de longévité, d'immortalité, de plénitude et de perfection.

Le Jardin des délices
Dans ce tableau du peintre visionnaire anglais du XIXe siècle Samuel Palmer, le jardin, image universelle de la félicité, symbolise à la fois l'organe sexuel de la femme, le principe féminin, l'amour charnel et l'amour mystique, qui n'éclôt qu'au centre le plus intime de l'âme.

Arbres

L'arbre est un des symboles les plus puissants de l'humanité. Il représente la vie en perpétuelle évolution, l'ascension vers le Ciel, l'union des éléments, le lien entre les trois niveaux du cosmos (souterrain, terrestre, supérieur) et l'axe du monde, autour duquel l'Univers tout entier est organisé. Dans de nombreuses traditions, les arbres étaient supposés être chargés d'énergies sacrées que les hommes pouvaient mettre à leur service et qui leur donnaient accès à d'autres niveaux de réalité.

Le culte des arbres, ou des divinités qu'ils personnifiaient, était pratiqué autrefois dans toutes les civilisations, et certaines des significations qui lui étaient liées avaient souvent une valeur universelle. Ainsi les arbres à feuilles persistantes ont-ils toujours, et partout, représenté la longévité et l'immortalité, tandis que les arbres à feuilles caduques figuraient la mort suivie d'une renaissance, chacun de ces symboles signifiant d'une manière différente la continuité de la vie.

De plus, parallèlement à cette symbolique générale, chaque culture donnait à une ou plusieurs espèces d'arbres une place particulière dans sa mythologie. Le chêne était vénéré dans toute l'Europe du Nord, alors qu'en Égypte le tamaris était consacré à Osiris et qu'en Grèce le sureau était l'arbre de Pan, le laurier un attribut d'Apollon, l'amandier une création de Zeus et le cyprès un symbole des divinités infernales. En Chine, les arbres poussant près des tombes et des temples étaient protégés, car on pensait qu'ils abritaient les esprits des morts et des dieux.

Les arbres étaient aussi fréquemment associés à des maladies spécifiques et crédités du pouvoir de les guérir. Le tremble, par exemple, dont les feuilles s'agitent sans cesse, était utilisé pour soigner certaines fièvres. Le noisetier (coudrier) était employé par les druides comme support d'incantation, et, dans l'Europe médiévale, les baguettes des sourciers étaient en bois de coudrier.

Le palmier
Avec son tronc nu montant haut dans le ciel et ses palmes rayonnant au sommet, le palmier est un symbole de droiture, de lumière, de victoire et de fécondité (dattes). Son feuillage, emblème funéraire dans l'Antiquité, figurait la vie après la mort.

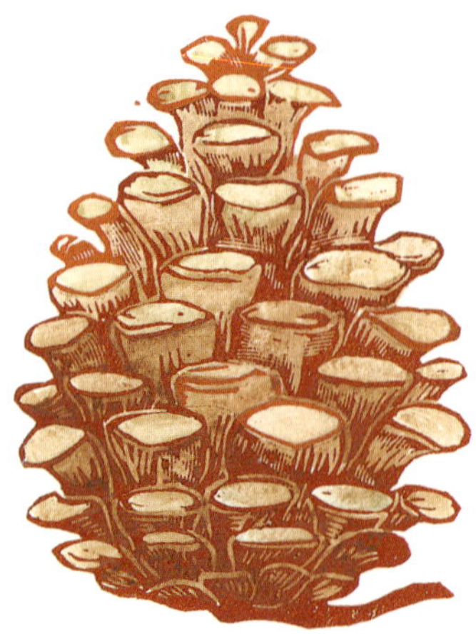

La pomme de pin
En raison de sa forme évoquant une flamme et de sa verticalité, la pomme de pin, souvent tenue en main par Dionysos, était pour les Grecs un symbole phallique. A Rome, le cône fermé représentait la pureté et était consacré à Vénus.

L'arbre de Noël
En Égypte, le solstice d'hiver, qui marquait le jour le plus court de l'année et le début du renouveau, était fêté avec une petite pyramide de bois décorée et surmontée du disque solaire. Dans l'Europe médiévale, elle fut remplacée par un sapin couronné.

La forêt

La signification symbolique de la forêt remonte à une époque très ancienne, quand les bois recouvraient encore la plus grande partie des continents et que les progrès de la civilisation étaient liés à l'extension souvent difficile des terres cultivables. Opposée à la clarté et à la netteté des champs, la forêt est le domaine du chaos et de l'incertitude. Pour ceux qui n'ont pas peur, elle peut être un refuge. Dans la psychologie moderne, elle symbolise l'inconscient, dont les ténébreux secrets se révèlent aux hommes.

L'Arbre de Vie
Dressé au centre du Jardin d'Éden biblique, l'Arbre de Vie, qui a pour sève la rosée céleste, symbolise l'harmonie parfaite. Il porte sur ses branches douze fruits (parfois dix) qui représentent les récompenses du développement spirituel, parmi lesquelles figurent la sagesse, l'amour, la vérité et la beauté. Jalousement défendus, ces fruits sont des manifestations du Soleil et confèrent l'immortalité à ceux qui les mangent. L'Arbre de Vie est également un des éléments de la Jérusalem céleste et un thème de décoration très répandu en Iran, où il est souvent représenté entre deux animaux se faisant face (voir page 87).

L'Arbre du Monde
Avec ses racines entourant la Terre et son feuillage se déployant dans le Ciel, l'Arbre du Monde symbolise le devoir d'ascension spirituelle de l'humanité, qui doit s'élever jusqu'au royaume subtil de l'esprit. Une de ses représentations est Yggdrasil de la mythologie germano-nordique, axe du monde et source de toute vie, de tout savoir et de tout destin, qui est plus grand que les dieux et plus fort que la mort.

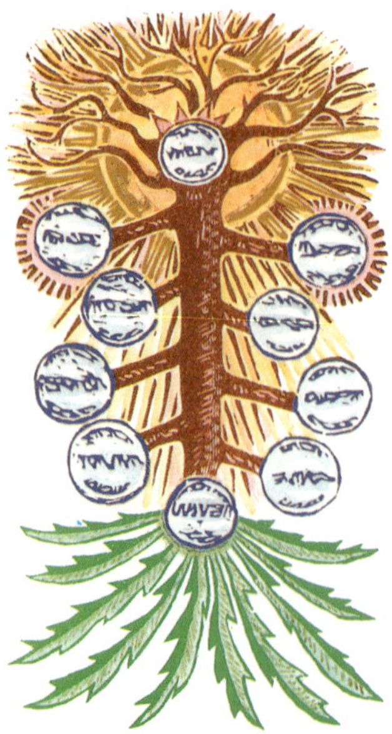

L'arbre renversé
L'Arbre de Vie est souvent représenté à l'envers. Il exprime l'idée que c'est du Soleil (de l'esprit divin), et non de la Terre, que tous les êtres reçoivent la vie, et qu'ils ont ensuite pour tâche de la faire pénétrer dans le monde physique en y incarnant l'esprit. Dans la tradition hébraïque ésotérique de la kabbale, l'Arbre de Vie portant les dix sephiroth (attributs de Dieu) est renversé et éclairé par le Soleil (ci-dessus).

L'arbre double
Les traditions ésotériques enseignent que la multiplicité qui caractérise le monde physique est issue de l'unité originelle du principe. L'homme qui s'engage sur le chemin spirituel doit réunifier les divers éléments de sa nature profonde. C'est ce que représente l'arbre double. Selon Jung, « un arbre double symbolise le processus d'individuation au cours duquel les contraires en nous s'unissent ».

La mère-arbre
L'image de la mère-arbre, fréquente dans de nombreuses cultures, a une double signification. A un premier niveau, elle symbolise la Terre Mère, le principe féminin nourricier, mais, à un niveau plus profond, elle représente également l'énergie vitale invisible qui sommeille dans le sein de la Terre et attend d'être fécondée par l'énergie masculine du vent, de la pluie et du soleil.

Le père-arbre
Le père-arbre est un puissant symbole de fertilité. Il représente l'énergie masculine qui imprègne et vivifie la Terre, laquelle est soumise au cycle éternel de la mort et de la renaissance. Parfois appelée l'Homme vert, cette figure est relativement fréquente dans les cultures occidentales, où elle prend, selon les régions, de multiples apparences ; la plus connue est Pan, le dieu grec des Bergers et des Troupeaux.

L'Arbre de la Connaissance (à droite)
Dans le Jardin d'Éden, l'Arbre de la Connaissance du Bien et du Mal était un symbole de la dualité. Après avoir succombé à la tentation d'en manger le fruit, Adam et Ève furent chassés par Dieu et condamnés à vivre dans le monde des opposés. Si le serpent enroulé autour du tronc de l'arbre représente le Tentateur, c'est aussi un très ancien symbole du déploiement de l'énergie vitale, figuré dans le tantrisme par la Kundalini (voir page 180).

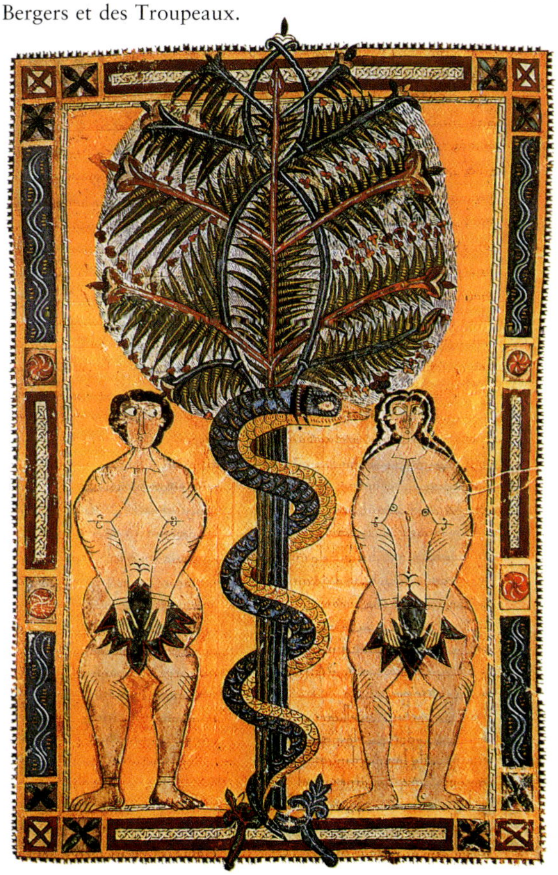

Les arbres sacrés (ci-dessus)
De nombreux arbres sacrés étaient vénérés dans les anciennes cultures orientales et occidentales. Pour les Celtes et les druides de l'Europe du Nord, le chêne symbolisait l'hospitalité, la sagesse et la force, tandis que pour les Romains il était l'arbre de Zeus, le maître de la foudre. Dans le bouddhisme, le figuier représentait la science religieuse, et dans le taoïsme, le pêcher figurait l'immortalité.

Fleurs et plantes

Les Grecs croyaient que les prairies de l'au-delà étaient tapissées d'asphodèles. Les Chinois pensaient que, pour chaque femme naissant dans ce monde, une fleur s'épanouissait dans le suivant. Ces anciennes croyances illustrent les deux principales significations symboliques de la fleur : l'état paradisiaque et la beauté féminine. La transformation du bouton en fleur représente l'énergie solaire et sa manifestation rayonnant à partir du centre. Les fleurs sont des images universelles de la jeunesse et de la vitalité, mais, à cause de leur courte durée de vie, elles figurent également l'instabilité.

Les plantes symbolisaient le cycle ininterrompu de la vie (fertilité, mort et renaissance), et un grand nombre d'entre elles étaient supposées tirer leur substance de l'énergie vitale d'une divinité : ainsi, pour les anciens Égyptiens, le blé croissait sur le corps d'Osiris. Quant aux herbes, elles étaient souvent sacrées, soit en raison de leurs vertus médicinales, soit parce que leur apparence ou leur mode de croissance permettaient d'établir un lien entre elles et les dieux ou les hommes.

La mandragore
Avec ses racines évoquant la forme du corps humain, la mandragore a longtemps été considérée comme une plante aux grandes vertus curatives, symbole de l'efficacité spirituelle, dont les bienfaits se révélaient seulement lorsqu'elle était savamment dosée (on sait aujourd'hui qu'elle contient des hallucinogènes dangereux). Elle entrait dans la composition des potions magiques des sorciers.

Le gui
Pour les Gaulois, le gui était « Celui qui guérit tout ». N'étant ni un arbre ni un arbuste et n'ayant pas de racines dans le sol, c'était un symbole éminemment féminin censé bénéficier d'une relation particulière avec le Ciel et représentant une vie supérieure quasi divine.

La rose
La rose, fleur symbolique la plus utilisée en Occident, peut représenter la Vierge Marie, ou la coupe qui recueillit le sang du Christ sur la croix, pour les chrétiens. Elle est souvent associée au secret. Dans la franc-maçonnerie, trois roses rouges symbolisent la lumière, l'amour et la vie.

La guirlande
Associant le symbolisme des fleurs à celui du cercle, la guirlande a presque toujours une signification positive, qu'elle figure la bonne fortune, la sainteté, la fertilité ou l'initiation. Elle représente également le lien qui existe entre ce monde et le suivant.

L'ail
Dans de nombreuses cultures, l'ail est considéré comme un agent protecteur divin. Cette propriété lui vient en partie de son odeur, semblable à celle de la foudre, qui éloignerait les serpents et les âmes mortes des vampires et protégerait de la folie.

Le lotus
Fleur sacrée en Orient, le lotus, dont la beauté parfaite éclôt au-dessus des eaux troubles, symbolise l'épanouissement spirituel conduisant l'âme des ténèbres et du désordre de la matière jusqu'à la clarté de l'illumination. En Inde, le lotus clos représente l'éveil de l'être.

Le jardin
Exemple de maîtrise consciente de la nature, le jardin symbolise souvent l'âme humaine, qui doit être, elle aussi, défrichée, entretenue, puis cultivée. Il représente également le Paradis, lieu où les âmes des morts trouvent le repos éternel. En Inde, de nombreux jardins, à l'instar des stupas, ont la forme d'un mandala (voir page 60).

Les herbes
Comme de nombreuses autres plantes, les herbes ont une signification symbolique liée à certaines de leurs propriétés. Ainsi, la rue, le romarin (encensier) et le thym représentent respectivement le repentir, la mémoire et la pureté : la première est amère comme le regret, le deuxième répand une odeur qui persiste comme un souvenir ; autrefois, le troisième était censé avoir le pouvoir de purifier le goût des aliments.

Aliments et boissons

La nourriture a de nombreuses significations positives : elle représente la fertilité, l'abondance et la communion, mais aussi la paix et l'apaisement des conflits. Cette association vient de la croyance selon laquelle les aliments contiennent une force vitale qui met les hommes et les femmes en communication avec l'énergie primordiale, les faisant ainsi participer à la vie de l'Univers. Certains d'entre eux, comme ceux qui proviennent du blé, étaient autrefois des symboles très puissants de solidarité : agresser une personne avec laquelle on avait rompu le pain était considéré comme un sacrilège dans de nombreuses cultures.

Les boissons sont, elles aussi, porteuses de multiples significations. L'eau figure la vie et la pureté, tandis que le lait représente l'amour nourricier de la terre et de la mère. Le vin est lié au sang et au sacrifice : dans l'eucharistie, mélangé à l'eau, il symbolise la double nature, divine et humaine, du Christ. Son pouvoir d'altérer la conscience en a souvent fait également une image de l'union extatique avec les dieux.

Le miel
A l'instar du lait, le miel symbolise la richesse, la complétude et la douceur. Des ruisseaux de miel coulent dans les terres promises ou les paradis perdus de la plupart des traditions occidentales et orientales. Nourriture inspirante, le miel représente aussi souvent les enseignements divins.

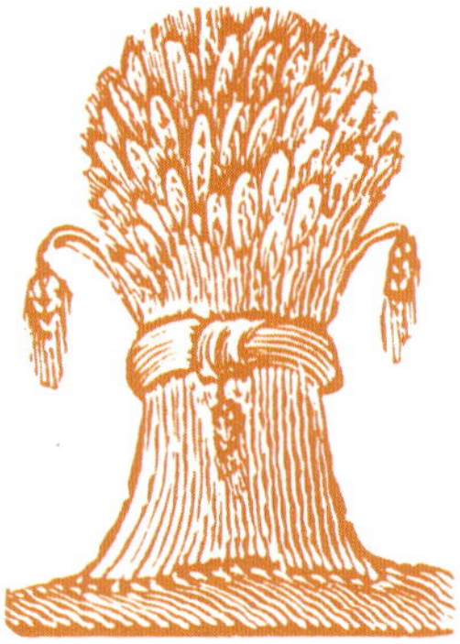

La gerbe
La gerbe de blé symbolise la fécondité de la terre et la fertilité de l'âme ouverte à la lumière. Un des rites des mystères d'Éleusis, initiations à la sagesse divine pratiquées dans l'ancienne Grèce, consistait à contempler un grain de blé, représentant l'union de Zeus et de Déméter.

Les champignons
Dans l'ancienne Chine taoïste, les champignons étaient supposés être la nourriture des Immortels. Dans l'Europe médiévale, on croyait qu'ils étaient la demeure des elfes, des lutins et des farfadets. Ils symbolisaient également la fertilité et la puissance sexuelle.

La grenade
Dans la Grèce antique, Perséphone fut séduite et condamnée à passer un tiers de l'année aux Enfers après avoir mangé un grain de grenade, symbolisant les tentations auxquelles l'homme ne doit pas céder. Dans le christianisme, les grains de grenade représentaient les effets de la bonté divine.

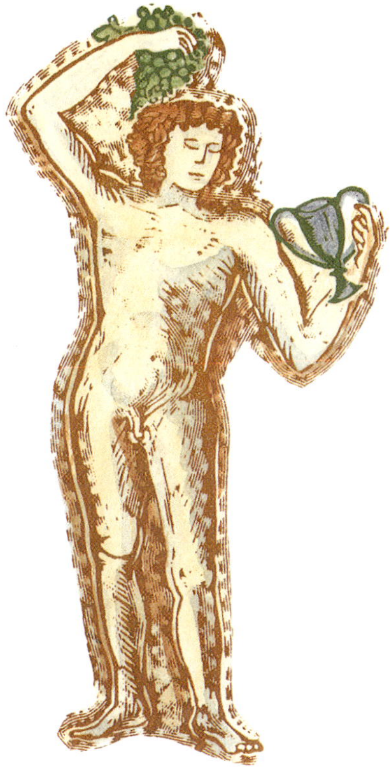

La Cène
De très nombreux récits mythologiques parlent de dieux-rois qui subissent une mort rituelle pour assurer la prospérité de leur peuple. Dans la tradition chrétienne, la Cène, le dernier repas du Christ, donne à ce sacrifice l'apparence d'un repas spirituel. Lorsque cette communion est répétée dans l'eucharistie, le pain et le vin symbolisent (ou sont réellement pour certains croyants) le corps et le sang du Sauveur.

Dionysos
Dieu grec du Vin et de l'Extase, Dionysos représente l'union du Ciel et de la Terre, de la spiritualité et de la sensualité, caractéristique de l'homme à la fois animal et divin. Selon une légende, Dionysos, né de la cuisse de Zeus, fut dévoré par les Titans ; Zeus les brûla, et l'humanité reçut pour tâche de retrouver Dionysos dans leurs cendres – symbole de la recherche de notre identité.

La pêche
En Chine, la pêche symbolise le mariage, la longévité et l'immortalité. Le dieu de la Longue Vie y est souvent représenté sortant d'une pêche, ou tenant à la main une des pêches de la Siwang mou, la Royale Mère de l'Ouest, dont le pêcher produit tous les trois mille ans des fruits conférant l'immortalité.

La pomme d'or
La pomme d'or est un symbole ambivalent. Dans la mythologie grecque, la pomme d'or offerte par Pâris à Aphrodite (la pomme de Discorde) est à l'origine de la guerre de Troie. Mais ce sont également des pommes d'or, promesses d'immortalité, qui poussent dans le Jardin paradisiaque des Hespérides.

Les éléments

Les éléments symbolisaient pour les hommes d'autrefois les énergies essentielles qui soutiennent et composent le monde. En Occident, ils étaient au nombre de quatre, le feu, l'eau, l'air et la terre, auxquels certaines traditions ésotériques ainsi que les hindous et les Tibétains ajoutaient un élément spirituel, l'éther, imprégnant et vivifiant tous les autres, tandis que les Chinois, ignorant l'air, en comptaient cinq, l'eau, la terre, le feu, le métal et le bois. L'importance des éléments comme principes organisateurs de l'Univers est perceptible dans le symbolisme de toutes les civilisations. Au Moyen Age, les alchimistes occidentaux établirent un système simple de représentation des quatre éléments basé sur les différentes significations du triangle (voir ci-dessous). Les éléments étaient considérés comme des composants vitaux du corps humain, et le maintien de la santé physique et psychique était lié à leur équilibre et à leur juste répartition à l'intérieur de chaque individu.

Le corps humain
Rassemblant les quatre éléments matériels et l'élément spirituel, l'éther, parfois appelé quintessence (cinquième essence), le corps humain était un symbole universel, représentant le cosmos, la vie, le lien entre le Ciel et la Terre, ou l'incarnation des énergies divines.

Le sylphe
Esprits de l'air, les sylphes et les sylphides de la tradition celtique étaient supposés être en relation avec les dieux et les mondes célestes.

La salamandre
Dans la tradition occidentale, la salamandre, gardien et esprit du feu, était censée vivre dans un volcan sans se consumer et se nourrir de flammes.

La naïade
Esprit de l'eau, la naïade, ou ondine, des mythologies de l'Europe du Nord était souvent représentée comme une jeune fille, séduisante et traîtresse.

Le gnome
Esprits malicieux de la terre dans de nombreuses cultures, les gnomes étaient les gardiens des trésors enfouis et des secrets de la connaissance.

L'air

Isis
La plus illustre des déesses égyptiennes, dotée de pouvoirs magiques considérables, Isis est la mère divine, la protectrice, la détentrice du secret de la vie. Elle est souvent figurée par un vautour, la forme qu'elle prit pour rechercher les membres épars de son frère et époux Osiris. Après avoir reconstitué son corps, elle le ressuscita de son souffle en agitant ses ailes devant son visage.

Les vents
Toutes les grandes civilisations maritimes vénéraient des dieux ou des saints (Éole chez les Grecs, saint Christophe dans le monde chrétien) qui personnifiaient ou pouvaient contrôler les vents.

Le prana
Selon la tradition indienne, de même que l'Univers est tissé par Vayu, le souffle divin, l'homme est tissé par cinq souffles qui gouvernent ses principales fonctions, dont le plus important est le prana, le régulateur de sa respiration matérielle et celui de sa respiration subtile (énergies vitales). Équivalant au chi des Chinois et au k'i des Japonais, le prana circule dans le corps le long des méridiens qu'utilise l'acupuncture chinoise. Il peut être contrôlé, au moyen d'exercices de yoga, pour améliorer la santé physique, développer des pouvoirs psychiques et apprendre à transformer l'énergie en énergie spirituelle.

Pégase
Pégase, le cheval ailé né du sang de la Méduse décapitée par Persée, symbolise le désir d'élévation de l'homme, qu'il peut réaliser en tuant la peur en lui et en se laissant porter par son imagination créatrice. Sa capture et sa domestication par Bellérophon, grâce à la bride d'Athéna, signifient aussi que l'homme, avec l'aide des dieux, peut se rendre maître des éléments.

Le feu

Le phénix
Aigle gigantesque au splendide plumage, évoquant parfois celui d'un faisan, le phénix figurait dans les mythologies de l'Amérique centrale, du bassin méditerranéen et de l'Extrême-Orient. Tous les cent ou cinq cents ans, selon les légendes, il se détruisait par le feu, puis renaissait de ses cendres. Associé au Soleil, il symbolisait la longévité, le renouveau éternel de l'existence et l'immortalité.

Agni
Importante divinité primordiale du panthéon védique, Agni était très souvent représenté chevauchant un bélier, image de l'énergie solaire, et doté de sept langues – chiffre mystique de la Création. Symbolisant le feu sous toutes ses formes, c'était un dieu essentiellement bon, installé chez les hommes et servant d'intermédiaire entre eux et les habitants du monde céleste.

L'encens
Au Proche-Orient et en Asie, l'encens, qui fut offert à l'Enfant Jésus par un des Rois mages, est considéré comme une protection contre les esprits malins. Associé à la pureté, il symbolise aussi l'ascension de l'âme et l'association de l'humain au divin.

La fumée
Dans les traditions de l'Amérique du Nord, la fumée de tabac qui sort de la pipe sacrée (calumet) et s'élève vers le ciel est supposée faire monter jusqu'aux dieux les prières et les supplications des hommes.

Les funérailles des Vikings
Dans l'ancienne Scandinavie, les corps des rois et des chefs décédés étaient brûlés au large, dans leurs navires ; la fumée qui se dégageait de l'incendie symbolisait le voyage de retour de leurs âmes vers le Soleil, source de toute vie.

Prométhée
Dans la mythologie grecque, Prométhée déroba le feu aux dieux et le ramena sur terre. Zeus le punit en lui faisant dévorer le foie par un aigle, mais le centaure Chiron (voir page 97) lui donna son immortalité, le faisant accéder au rang des dieux. Dans ce mythe, le feu représente l'intelligence divine, et Prométhée l'esprit humain qui tente de l'égaler.

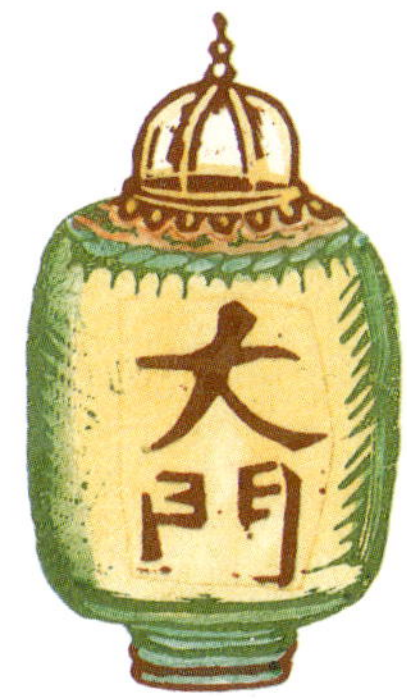

La lanterne
En Orient, on croyait autrefois que les ombres projetées par une lanterne décorée avaient une existence propre. On utilisait donc des lanternes dans de nombreuses cérémonies, afin de faire apparaître des signes favorables, de symboliser l'esprit et d'éclairer spirituellement les fidèles.

Le feu d'artifice
En Chine, les feux d'artifice sont censés attirer la chance et effrayer les démons. Ils sont utilisés par trois, afin de solliciter les dieux de la Santé, la Prospérité et la Longévité.

L'eau

Les fleuves
Sources de vie et voies de communication de toutes les anciennes civilisations, les fleuves ont d'importantes significations symboliques. Leur descente signifie la progression vers l'indifférenciation (l'océan), leur remontée le retour au Principe (la source), leur traversée le passage d'un état de l'être à un autre (la rive opposée). En Inde, les hindous se purifient en se baignant dans les eaux du Gange.

La vapeur
L'eau se transformant en vapeur symbolise le passage du dense au subtil, de la matière à l'esprit. En Amérique du Nord, de très nombreuses tribus croyaient que la vapeur alliait les pouvoirs purificateurs du feu et de l'eau ; elles l'utilisaient dans les rites des Loges de Sudation, au cours desquels le corps, l'âme et l'esprit des pratiquants étaient lavés et régénérés.

Les cours d'eau
Les cours d'eau ont un symbolisme voisin de celui des fleuves, mais, étant plus proches de la source, ils signifient aussi le courant de la vie et de la mort, et le « courant de la conscience » dans lesquels les hommes sont emportés dès leur naissance. Dans le Paradis biblique, quatre cours d'eau jaillissent du pied de l'Arbre de Vie, faisant s'écouler l'énergie vitale dans les quatre directions, jusqu'aux extrémités du monde.

Le puits
Faisant remonter l'eau de la terre à l'air libre, le puits est la synthèse de trois des quatre éléments et des trois royaumes cosmiques (Ciel, Terre, Enfers). Symbole essentiellement féminin d'abondance et de vie, crédité parfois du pouvoir de guérir ou d'exaucer les vœux, il représente aussi souvent le secret, la vérité et la connaissance, que chacun doit aller chercher au plus profond de lui-même.

Barques et radeaux
Les embarcations, barques ou radeaux représentent le moyen d'atteindre la rive opposée d'un plan ou d'un cours d'eau et symbolisent souvent la paix intérieure ou l'état d'éveil. Pour ceux dont le cœur est pur, cette traversée est sans danger. Le Christ marchait sur les eaux, et de nombreuses traditions parlent de saints hommes ou de saintes femmes qui utilisèrent les supports les plus inattendus pour franchir une étendue d'eau. Saint Patrick, le patron de l'Irlande, aurait navigué sur un radeau de pierres, et le Bodhidharma (ci-dessus), qui introduisit le bouddhisme en Chine, aurait traversé le Yang-tseu-kiang sur un roseau.

La glace et la neige

La glace symbolise la stérilité, la froideur et la rigidité, aussi bien dans la nature que dans l'âme humaine. Lorsqu'elle fond, elle représente donc le retour de la vie. La neige offre un symbolisme assez semblable, mais, comme elle recouvre et protège le sol pendant l'hiver, au moment de la germination des plantes, elle figure aussi souvent une sagesse cachée, une vérité latente, qui doit mûrir dans la conscience avant d'apparaître.

Les nuages et le brouillard

Les nuages sont un symbole des mystères sacrés : dans de nombreuses traditions, les dieux apparaissent enveloppés de nuages, qui signifient à la fois qu'ils sont inconnaissables et que leur éclat non voilé ne pourrait être soutenu par les sens limités de l'homme. En Chine, ils figuraient la transformation que le sage doit subir pour renoncer à son être périssable et ainsi conquérir l'éternité. Le brouillard symbolise l'indéterminé, la transition, le moment où les anciennes formes s'effacent pour céder la place aux nouvelles.

La pluie

La pluie, qui féconde le sol, symbolise dans toutes les cultures les influences célestes bienfaisantes descendant sur la Terre, comme la révélation et la grâce. Dans l'hindouisme, les êtres subtils arrivent dans notre monde dissous dans des gouttes de pluie. Mais lorsque les dieux sont en colère, la pluie peut devenir un déluge, qui purifie la planète de toutes ses corruptions et la prépare à accueillir un nouveau cycle de vie.

Poséidon

Dans la mythologie grecque, Poséidon (Neptune pour les Romains), le frère de Zeus (Jupiter), symbolisait à l'origine l'énergie cosmique fertilisant la mer, et son trident, analogue au foudre de Zeus, était une image du 3, le chiffre de la Création. Il devint par la suite le dieu des Océans, qui, selon son humeur, offrait aux marins des traversées paisibles, mouvementées ou tragiques. Violent, volage, et souvent imprévisible, il était également tenu pour responsable des tremblements de terre.

La Terre

Les volcans
Pour ceux qui vivent dans leur ombre, les volcans sont de terrifiants exemples de l'énergie destructrice de la Terre. Les anciens Perses les associaient à Ahriman, l'esprit mauvais vaincu par Ohrmuzd, qui fut enchaîné au centre de la Terre dans l'attente de son jugement. Dans la mythologie grecque, les volcans étaient supposés être les ateliers d'Héphaïstos (Vulcain), le dieu du Feu et maître des Forgerons, et de ses aides les Cyclopes.

La pagode
Probablement inspirée du stupa bouddhiste (voir page 59), la pagode chinoise ou japonaise représente l'ascension spirituelle de l'homme. Souvent de forme octogonale, elle a généralement sept étages, figurant les degrés de l'initiation, et est construite autour d'un axe central, un mât de bois fiché dans le sol qui s'élève au-dessus du toit supérieur, symbolisant l'union de la Terre et du Ciel.

La vallée
Symbole féminin, la vallée est associée à la fertilité. Dans le taoïsme chinois, elle est l'image du yin. Dans la tradition biblique, elle est le lieu des transformations et de l'union féconde des contraires.

La montagne
La montagne est un symbole masculin (yang chinois) de l'éternité et de l'ascension spirituelle de l'homme. Dans de nombreuses traditions, son sommet est la demeure des dieux.

La caverne
Archétype de la matrice maternelle, la caverne a de nombreuses significations. Elle peut représenter le monde, l'entrée des Enfers, le seuil de l'initiation, le cœur, la sagesse ésotérique ou l'inconscient.

Les arcs-en-ciel

Pour les hommes d'autrefois, qui voyaient dans tous les phénomènes célestes des manifestations de l'activité des dieux, l'apparition d'un arc-en-ciel après un violent orage indiquait la présence d'une divinité bienveillante. Parce qu'il semblait relier la terre au ciel, l'arc-en-ciel était un symbole puissant de la communication entre les hommes et les dieux. Pour les Incas, il était la couronne de plumes d'Illapa, le cruel dieu du Tonnerre et des Pluies, tandis qu'en Grèce il était incarné par Iris, la diligente messagère ailée des dieux, qui assurait la liaison entre les habitants de l'Olympe et les simples mortels. Dans la tradition chrétienne, il symbolise le pardon divin et l'alliance conclue entre Dieu et l'humanité, parce qu'il est apparu à Noé à la fin du déluge (voir page 24), après que l'arche contenant deux représentants de toutes les espèces vivantes se fut échouée sur la terre ferme. Le folklore européen fait également de l'arc-en-ciel un symbole positif, puisqu'une vieille croyance populaire affirme qu'on peut découvrir une cruche en or à l'endroit où il touche le sol.

Dans de nombreuses cultures, l'arc-en-ciel est assimilé à un pont reliant le monde terrestre et le monde céleste. Dans la mythologie nordique, les ases étaient supposés avoir construit un pont/arc-en-ciel, Byfrost, allant de la Terre à leur demeure, Asgardhr. Dans la tradition chinoise, l'union des couleurs de l'arc-en-ciel symbolise celle du yin et du yang et représente le dragon céleste, figurant le mariage du Ciel et de la Terre.

Le Sambogha-kaya
Dans l'hindouisme et le tantrisme tibétain, le Sambogha-kaya est l'état de méditation le plus élevé. Il est symbolisé par un arc-en-ciel, dont la lumière est la dissolution des quatre éléments du corps faisant retour à l'unité et à la réalité primordiales.

Le serpent céleste
Dans certaines sociétés africaines, l'arc-en-ciel est assimilé à un serpent céleste. Il est souvent bénéfique, protégeant par exemple les femmes enceintes, mais peut être aussi maléfique, annonciateur de maladie et de mort. Dans les populations de langue bantoue de la région du Haut-Nil, les prêtres et les rois justifient fréquemment leur position sociale élevée en affirmant descendre des arcs-en-ciel.

Le tonnerre et la foudre

Le tonnerre et les éclairs ont de tout temps été considérés comme des manifestations de la volonté des dieux, et le plus souvent comme l'expression de leur colère. Dans l'ancienne Chine, la déesse T'ien Mou personnifiait la foudre, dont la tâche était d'illuminer les hommes malfaisants afin que Lei Kung, le tonnerre, puisse les détruire. En Amérique du Nord, les orages étaient l'œuvre d'esprits amicaux, les oiseaux-tonnerres, et dans le folklore européen, on pensait que le tonnerre était le bruit des boules géantes que les dieux faisaient rouler dans le ciel quand ils s'amusaient. Quand Sémélé, dans la mythologie grecque, demanda à Zeus de se montrer à elle sans déguisement, il lui apparut sous la forme d'un éclair qui la réduisit en cendres. Un symbolisme semblable se retrouve dans la tradition judéo-chrétienne, où le tonnerre et la foudre étaient perçus comme des signes de la présence de Dieu. Dans le Popol-Vuh des Mayas-Quichés, l'éclair était la parole écrite du dieu, tandis que le tonnerre était sa parole sonore.

L'éclair
L'éclair est associé, dans de nombreuses cultures, à l'inspiration et à l'intuition. Dans la tradition chamanique, être frappé par un éclair était un signe d'initiation, et l'âme de celui qui en mourait était directement emportée dans les cieux. Dans les régions arides du globe, l'éclair était aussi étroitement lié à la pluie, qu'il accompagnait, et à la fertilité.

Thor
Dans la mythologie nordique, Thor, « le tonnerre », ennemi des géants malfaisants et du serpent cosmique, avait pour principal attribut le marteau Mjöllnir, représentant la foudre.

Le dordje
Sceptre de diamant tibétain représentant la foudre, le dordje était utilisé dans les cérémonies rituelles ou magiques. Ses deux extrémités symbolisaient les aspects créateur et destructeur de l'éclair.

Les cornes du chaman
Les chamans se vêtaient souvent de peaux de bêtes pour accroître leur pouvoir et étaient fréquemment représentés avec un corps animal en zigzag, surmonté de deux éclairs qui symbolisaient leur aptitude à passer librement d'un monde à l'autre.

Le jour et la nuit

Dans le christianisme, le bouddhisme et l'islam, la lumière est l'un des principaux attributs de la divinité, aussi le jour est-il associé à l'activité des dieux et à la Création, comme dans les « six jours » de la Genèse pendant lesquels Yahvé fit le monde et l'homme, ou dans le « jour de Brahma », appelé aussi « grande année » ou kalpa, correspondant à un cycle de manifestation du dieu créateur de l'hindouisme. Dans les cultures européennes, le jour symbolise habituellement la vie, et la nuit la mort, l'aube figurant la résurrection et la joie. Certains penseurs de la Renaissance voyaient cependant le jour et la nuit comme les deux faces d'un même processus, la marche inexorable du temps, et leur prêtaient des significations négatives similaires, liées au vieillissement et à la mort, les représentant parfois sous la forme d'un rat noir et d'un rat blanc.

La nuit était le moment où les esprits des morts et les puissances infernales, dirigées par Satan, le prince des Ténèbres, investissaient la Terre. Dans l'Europe médiévale, les adeptes des cultes païens étaient contraints de se réunir clandestinement après le coucher du soleil, afin d'éviter les persécutions de l'Église, ce qui contribua à renforcer le symbolisme négatif de la nuit. Jusqu'au XVIIe siècle, on crut que les risques de contracter des maladies étaient plus grands la nuit, et que des hommes et des femmes transformés en loups-garous ou en vampires guettaient dans l'obscurité les imprudents qui sortaient après le crépuscule. Mais la nuit n'était pas universellement redoutée : elle pouvait aussi signifier le repos et le retour dans le sein de la Mère Nature, qui prenait soin de ses enfants jusqu'à l'aube. Dans la mythologie grecque, la déesse Nuit (Nyx) apportait le sommeil, les rêves et le plaisir sexuel, mais elle était aussi la mère de la Mort (Thanatos), de la Vengeance divine (Némésis) et de la Discorde (Éris).

Le sommeil
Dans de nombreuses cultures, le sommeil est le temps pendant lequel l'âme quitte le corps et voyage dans d'autres niveaux de réalité, dont elle rapporte les rêves. Pour les Tibétains, il préfigure la mort.

Le chaudron ardent
Dans le zoroastrisme perse, le feu des vases sacrés des temples était le symbole d'Ahura-Mazda, le seigneur de la Sagesse et de la Lumière, engagé dans une lutte avec son jumeau Ahriman, le créateur du Mal.

La nourrice des dieux
Dans les civilisations grecque et mésopotamienne, elle représentait l'aube et la fin du temps. Les deux enfants qu'elle tenait dans ses bras symbolisaient le sommeil (blanc) et la mort (noir).

Gemmes et métaux précieux

Décoratifs et inaltérables, les gemmes et les métaux précieux ont été utilisés pendant des siècles comme talismans ou amulettes, et ils ont acquis au fil du temps de multiples significations symboliques. Ainsi, l'alchimie est centrée sur la quête de la pierre philosophale, qui transmutera en or tous les métaux impurs (voir pages 146-151), et dans l'astrologie, chaque signe du zodiaque est associé à une pierre bénéfique qui symbolise ses attributs.

Un coffre rempli d'or et de joyaux caché dans une caverne gardée par un dragon ou par un serpent représente souvent la sagesse spirituelle enfouie dans l'inconscient. Les gemmes taillées symbolisent habituellement l'âme libérée de sa gangue corporelle, leurs facettes étincelantes représentant la lumière divine reflétée dans sa pureté originelle. Mais les pierres précieuses peuvent aussi avoir des significations négatives : selon la mythologie chrétienne, elles apparurent quand Lucifer fut précipité du haut du Ciel, sa lumière angélique éclatant alors en millions de fragments scintillants qui symbolisent le danger de damnation lié à toute possession matérielle.

Les métaux précieux et les joyaux peuvent aussi entrer dans les ruses des enchanteurs. Les fées utilisaient l'or et les rubis pour attirer les mortels loin de chez eux pendant les heures sombres de la nuit, et, dans la froide lumière de l'aube, le trésor qu'ils avaient poursuivi se révélait n'être que les feuilles mortes de la vanité humaine. L'ambivalence du symbolisme des gemmes est illustrée par les légendes orientales qui les font naître de la salive des serpents, les associant à la fois au venin et à la sagesse spirituelle.

Dans de nombreuses traditions de l'Occident et de l'Orient, l'or et l'argent étaient respectivement considérés comme des solidifications des énergies solaire et lunaire : l'or ne perd jamais son éclat, comme le soleil, tandis que l'argent peut être obscurci, comme le visage de la lune.

Le lapis-lazuli
Également appelé « pierre bleue », le lapis-lazuli, considéré comme un signe de grande faveur divine, de succès et de talent, est associé à l'amour désintéressé et à la compassion. En Chine, il symbolisait la vision (et le pouvoir de la guérir), tandis que dans l'islam c'est un talisman contre le « mauvais œil ». Dans l'ancienne Mésopotamie, il figurait le firmament et était employé pour décorer les plafonds des temples.

L'agate
Symbole de succès matériel et de bonheur dans le monde, l'agate attire aussi la sympathie envers celui qui la porte. L'agate noire figure le courage, la prospérité et la vigueur, tandis que l'agate rouge représente plutôt la santé, la longévité et la vie spirituelle.

La perle
En raison de sa couleur pâle, changeante, la perle est un symbole universellement lunaire, et donc féminin. Son origine marine, dans le secret d'une coquille, lui vaut de représenter souvent la connaissance cachée, la sagesse ésotérique. Les perles figurent également la patience, la virginité et la paix, et, du fait de leur aspect translucide, elles sont très souvent comparées à des larmes divines ou à des gouttes de rosée céleste.

L'or et l'argent
Vénéré dans le monde entier pour son incorruptibilité, l'or est un symbole universel du Soleil, de l'illumination divine, de la pureté, du masculin et de l'immortalité. Il était la chair des dieux pour les anciens Égyptiens, la lumière minérale pour les hindous, la peau neuve de la Terre pour les Aztèques, et représentait l'immortalité dans le brahmanisme et le taoïsme.
L'argent, symbole lunaire et féminin, figure, quand il est poli, l'âme humaine lavée de ses péchés. En Égypte, il constituait les os des dieux, et de nombreuses cultures l'assimilent à l'eau pure. Sa signification est assez ambivalente dans le christianisme, puisqu'il figure la sagesse divine et rappelle aussi les trente deniers de Judas.

Le jade
Le jade était la plus précieuse des gemmes pour les Chinois, pour lesquels il représentait la perfection, l'immortalité, la voie de la vertu et la puissance magique de l'empereur. L'anneau de jade plat, appelé pi, était en Chine un symbole du Ciel. Chaque couleur du jade avait une vertu particulière, mais la plus prisée était le vert pomme, parce qu'il était supposé conférer le pouvoir de léviter à celui qui le portait.

Le rubis
En raison de sa couleur, le rubis était associé à Mars, la planète rouge, et l'on pensait qu'il pouvait guérir certaines maladies du sang et résister au venin. Symbolisant la royauté, la puissance et la passion amoureuse, il était dans l'Antiquité l'emblème du bonheur.

L'émeraude
Sa couleur fait de l'émeraude, liée à Jupiter, un symbole de la fertilité. Pierre de la lumière verte, elle était pour les alchimistes le signe d'Hermès et de la connaissance secrète. Dans les traditions populaires médiévales, elle était considérée comme le plus puissant des talismans.

Le diamant
Étant le plus dur des éléments, le diamant est traditionnellement associé à la perfection et à l'incorruptibilité. Symbole du Soleil et de la lumière, il représentait la nature de Bouddha dans le bouddhisme, et parfois le Christ dans les premiers textes du christianisme.

Le saphir
Symbole de l'azur et des vertus célestes, lié par les alchimistes à l'élément air, le saphir était censé protéger des morsures venimeuses, du mauvais œil et de la peste, et augmenter le courage et la vitalité. Dans le christianisme, il représentait le royaume de Dieu.

Le Soleil, la Lune et les étoiles

Pendant des millénaires, la voûte céleste a été un écran sur lequel les hommes projetaient leurs peurs et leurs désirs, leurs aspirations à l'absolu et leur recherche obstinée d'un ordre universel. Première source de lumière et de clarté, le Soleil, allié à la pluie, était perçu comme l'origine de toute vie. Son énergie créatrice active le faisait considérer dans la majorité des cultures comme une puissance mâle, et du fait de sa position élevée dans le ciel et du rayonnement de sa lumière, il était souvent symbolisé par une divinité masculine ayant la faculté de tout voir et de tout connaître. Pour les Incas, il était l'ancêtre divin de l'humanité, et ses temples somptueux étaient recouverts d'or, un symbole universel du feu solaire. Dans le christianisme, le Soleil, « qui brille pour tout le monde », était fréquemment associé au Christ, appelé Soleil invincible, Soleil de justice, ou encore Soleil de vérité. Les Upanisad, les textes sacrés de l'hindouisme, affirment que, après la mort, l'âme humaine, en suivant ses rayons, remonte jusqu'au Soleil, « porte du monde, passage pour ceux qui savent, barrière pour les ignorants ».

La Lune, qui reçoit la lumière du Soleil et dont le cycle correspond au cycle menstruel de la femme, est un symbole féminin dans la majorité des traditions. Changeant sans cesse de forme et de position dans le ciel, elle personnifie l'inconstance, mais aussi la résurrection, l'immortalité, la périodicité de toutes les choses. Elle représente l'aspect sombre, mystérieux, de la nature, et les déesses de la Lune étaient presque toujours conçues comme contrôlant le destin des hommes de la même manière que l'astre des nuits régule les marées, les pluies et les saisons.

Alors que le Soleil et la Lune symbolisaient les dieux majeurs, les étoiles figuraient les divinités de moindre importance, dont l'influence sur la vie humaine était moins directe. La Lune, reine du Ciel, était souvent représentée au centre d'un halo d'étoiles signifiant que les autres forces de la nature lui étaient soumises.

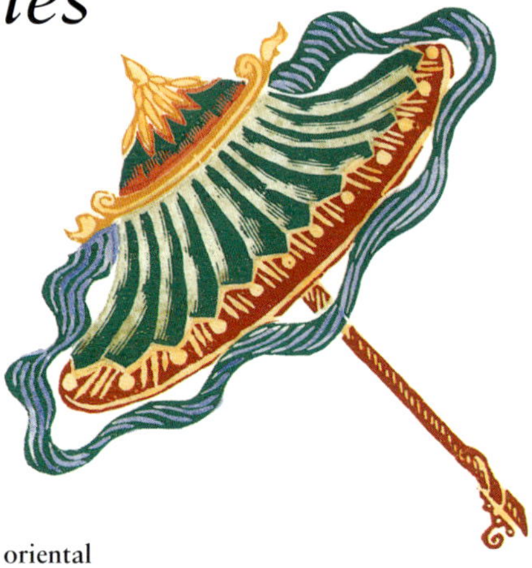

Le parasol oriental
Le parasol est dans toute l'Asie un puissant symbole céleste, son manche représentant l'axe du monde, et son armature les rayons du soleil. Dans l'hindouisme, il était l'emblème de Vishnu, et, dans les représentations aniconiques (non figuratives) du Bouddha, il symbolisait le Ciel. Au sommet des pagodes et des stupas, les étages en forme de parasol figuraient les états supra-humains de l'ascension spirituelle, et, dans le tantrisme, les chakras (voir pages 182-183) étaient assimilés à des parasols.

Le disque ailé de Rê
Dans l'ancienne Égypte, le disque solaire ailé symbolisait Rê, le créateur du monde, grand dieu du Soleil et du Ciel, dont les pharaons affirmaient être les descendants. Figure de l'intelligence cosmique, Rê était adoré à Héliopolis (« la cité du Soleil ») sous la forme d'un obélisque représentant un rayon solaire pétrifié.

La Grande Ourse (le Chariot)
Les premiers astronomes attribuaient des noms et des fonctions aux groupes d'étoiles, les constellations, dans lesquelles ils voyaient des formes humaines, des dieux, des animaux ou des objets. Venue de la tradition orientale, la Grande Ourse représentait l'axe du monde faisant tourner la manifestation autour de son centre.

L'aurore
Bien que le Soleil soit un symbole masculin dans la plupart des cultures, l'aurore, image de tous les espoirs, de toutes les possibilités, est généralement représentée par une divinité féminine. Dans la mythologie grecque, elle était personnifiée par Éos, fille des Titans, sœur du Soleil Hélios et de la Lune Séléné, et mère des vents violents et de l'Étoile du matin (Eosphoros). Dans le bouddhisme, elle symbolise la claire lumière du vide (l'ultime réalité), qui est perçue au moment de la mort et qui, si elle est suivie, conduit l'âme à la félicité suprême du nirvana.

La comète
Appelées serpents de feu, ou étoiles qui fument, dans l'ancien Mexique, les comètes ont été considérées dans toutes les cultures comme de mauvais présages, annonçant une défaite, une famine, une épidémie, une catastrophe naturelle ou la mort d'un souverain. Cette signification universellement négative résulte essentiellement du fait que leurs apparitions sont des événements exceptionnels, perçus comme dérangeant l'harmonie du cosmos.

La pleine Lune
Lorsque la Lune est pleine, ses taches figurent l'imperfection et la précarité de toutes les choses soumises au renouvellement. Son symbolisme se rattache aussi à celui du cercle : l'achèvement et la plénitude.

La Lune croissante
Dans sa phase croissante, la Lune symbolise la créativité, la renaissance, la fertilité et la fécondité. Dans les cultures occidentales, les semailles effectuées en Lune croissante étaient réputées donner de meilleures récoltes.

La nouvelle Lune
Réapparaissant dans le ciel après avoir été invisible (morte) pendant trois nuits, la nouvelle Lune symbolise la résurrection. En Égypte, elle était l'emblème d'Isis, dans le christianisme celui de la Vierge Marie.

Symboles humains et spirituels

La plupart des traditions exotériques considèrent la matière et l'esprit comme des opposés, qui ne sont réunis que dans l'homme. L'esprit humain est conçu comme une partie de l'énergie universelle, une étincelle divine, qui définit le rapport particulier que l'humanité entretient avec Dieu et la différencie des animaux. La relation entre le corps et l'esprit humains est appréciée très différemment selon les cultures, et la manière dont ces deux réalités sont conciliées se reflète dans tous les aspects de l'existence.

La théologie chrétienne traditionnelle sépare nettement l'esprit de la matière : pour elle, le corps n'est que le réceptacle de l'âme (ou de l'esprit), qui est la « vraie » personne. Don immortel de Dieu, l'âme n'est unie au corps que temporairement, pour la durée de la vie terrestre.

Les traditions ésotériques et orientales, à l'inverse, insistent sur l'interaction entre le corps et l'esprit. Loin d'être absolue, leur différence de nature se traduit par une gradation d'états transitionnels de l'être, ou plans d'énergie : ces niveaux intermédiaires sont décrits dans les grands textes hindous, comme la Bhagavad-Gita, et correspondent aux séphiroth de l'Arbre de Vie des kabbalistes (voir page 153). C'est sur ces différents plans que l'homme s'incarne, et son essence supérieure, l'âme, est rattachée à la fois à l'esprit et à la matière. Il n'est donc pas surprenant que, dans les croyances orientales, certaines parties du corps humain soient investies d'une signification spirituelle particulière. Pour certaines formes du bouddhisme et de l'hindouisme, il existe dans celui-ci des centres d'énergie, les chakras (voir page 182), qui sont directement liés à la conscience. Les acupuncteurs chinois, quant à eux, peuvent modifier la circulation de l'énergie vitale, le chi, le long de ses canaux particuliers, appelés méridiens, en plantant des aiguilles ou en exerçant une pression sur certaines parties du corps. L'importance des exercices physiques dans la recherche de l'éveil spirituel est par ailleurs nettement mise en valeur dans le yoga hindou.

La plus grande partie du symbolisme du corps humain est cependant commune à l'Orient et à l'Occident. Ainsi, la croyance selon laquelle l'homme fut créé à l'image de Dieu se retrouve dans l'idée de l'homme-microcosme, et son application est souvent identique dans les architectures des églises chrétiennes et des temples hindous, qui, chacun à leur manière, reproduisent la forme du corps humain (voir page 76).

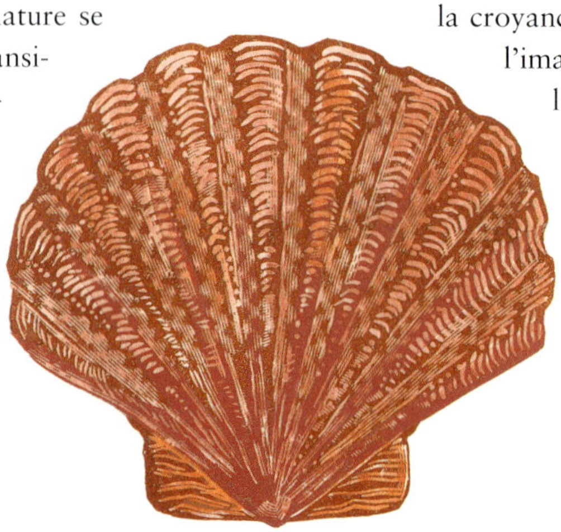

La coquille
Évoquant la forme de l'organe sexuel féminin, la coquille bivalve du genre peigne (*pecten*), dont la coquille Saint-Jacques est une espèce, est un symbole de féminité, de passion charnelle, de fécondité et de plaisir érotique.

La Création dans la Bible
Le dernier des jours bibliques de la Création, correspondant à la formation de l'homme et de la femme, fut un thème très répandu dans l'iconographie chrétienne médiévale. Les mythes de la Création sont probablement les mythes les plus importants de toutes les cultures, parce qu'ils définissent les rapports entre l'humanité, les dieux et le cosmos, dont découlent ensuite tous les dogmes et toutes les formes particulières de croyances.

Sexe et fécondité

Pour les hommes d'autrefois, la sexualité n'était pas seulement un phénomène physique, une source de plaisir ou un moyen de reproduction de l'espèce. L'union des énergies mâle et femelle afin d'engendrer la vie symbolisait tous les actes créateurs, y compris la fertilisation du sol, et parfois la Création elle-même. Les différentes écoles du tantrisme indien (voir page 180) affirmaient que le cosmos était créé et régi par l'union d'un principe mâle (Siva, souvent figuré par le lingam) et d'un principe femelle (Sakti, représenté par la yoni). En reproduisant cette union dans un accouplement sexuel, le pratiquant pouvait atteindre l'illumination.

Des symboles explicitement sexuels apparaissent également dans l'art et la mythologie des civilisations européennes préchrétiennes, bien qu'ils soient plus souvent liés à la reproduction ou à la débauche qu'à une quelconque recherche spirituelle. Dans la Grèce antique, Priape, dieu de la Fécondité, de la Fertilité et de la Virilité, était figuré par un petit homme grotesque, doté d'un sexe colossal. Son homologue féminin, Baubo, une domestique de la déesse Déméter, était également caricaturale, réduite à un visage surmontant un énorme vagin, et souvent représentée chevauchant un cochon. Dans l'iconographie celtique, les dieux étaient fréquemment affublés d'un phallus démesuré ou triple, symbolisant leur virilité et leur puissance procréatrice.

Le monde naturel est un réservoir inépuisable de symboles de fécondité : tous les animaux prolifiques, comme le lièvre, la grenouille, la tortue, la sauterelle, représentent la reproduction sexuée. L'œuf, qui contient le germe en train de croître et dont la forme évoque celle des testicules, est un symbole universel de la continuité de la vie. Dans la tradition chrétienne, les œufs de Pâques sont associés à la fois au renouveau printanier et à la résurrection du Christ. Dans de nombreux mythes, celtes, grecs, égyptiens, tibétains, hindous ou chinois, le monde lui-même est issu d'un œuf cosmique primordial.

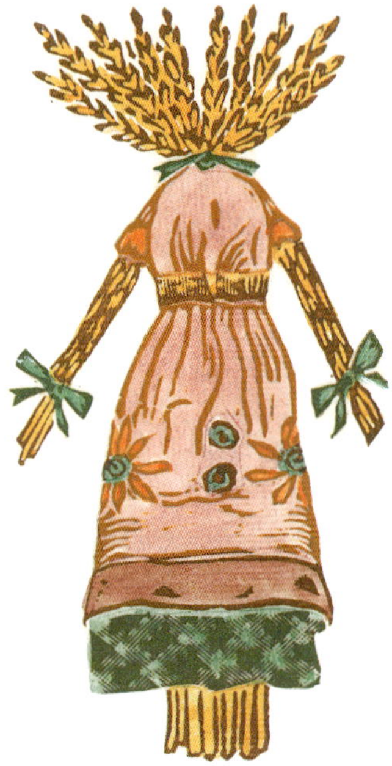

La poupée de paille
Confectionnées avec des tiges et des épis de blé, les poupées de paille étaient utilisées autrefois comme un talisman de fécondité par les femmes qui désiraient avoir des enfants.

Artémis
Artémis était la déesse grecque de la Fertilité, de la Terre et de l'Enfantement. Elle symbolisait tous les aspects, bénéfiques et maléfiques, de la nature.

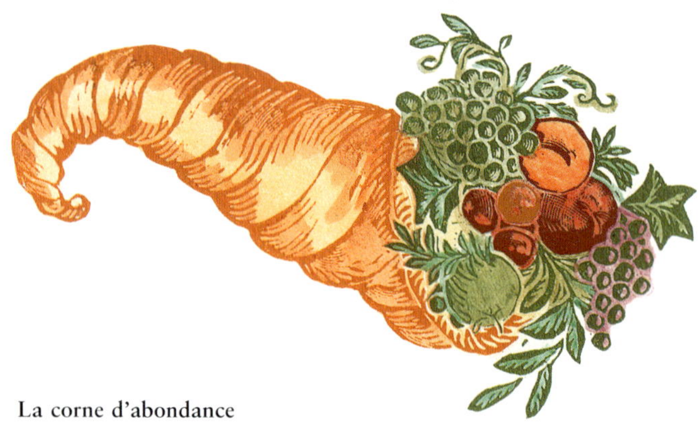

La corne d'abondance
La corne d'abondance symbolise la profusion des dons divins. Selon la légende grecque, ayant cassé par mégarde la corne de la chèvre qui l'allaitait, l'enfant Zeus l'offrit à la nymphe Amalthée, sa mère nourricière, en l'assurant qu'elle se remplirait de fruits chaque fois qu'elle le désirerait.

Le mât de cocagne
Dans de nombreuses cultures traditionnelles, de l'Europe jusqu'à l'Amérique du Nord, les rites de fertilité du printemps comprenaient des jeux et des danses autour d'un mât décoré – symbole phallique évident du réveil annuel de la nature. A un niveau plus profond, le mât représentait aussi l'axe du monde, qui relie entre eux le haut et le bas, le Ciel et la Terre, et permet d'atteindre le royaume des dieux.

La pièce montée
Le repas de noces et la pièce montée qui le conclut habituellement symbolisent le lien, mis en évidence par Sigmund Freud, entre la nourriture et la sexualité. Ils représentent également, par le pain rompu en commun, l'alliance conclue entre les deux familles unies par le mariage.

Le lingam
Symbole de l'énergie créatrice mâle incarnée par le dieu hindou Siva, le lingam a généralement une base carrée, une partie médiane octogonale et une extrémité supérieure cylindrique. Image du principe causal informel, il ne figure la création qu'associé à la yoni, symbole de la matrice, généralement représentée par un réceptacle ou un anneau entourant sa base.

Le géant ithyphallique
En Europe comme dans les îles du Pacifique, des images de géants au sexe dressé étaient gravées dans la pierre ou le bois, ou sur le flanc des collines. Ils représentaient la force créatrice brute de la nature, non encore maîtrisée. Dans la mythologie grecque, ils ne pouvaient être vaincus que par l'association d'un homme et d'un dieu.

Corps, jeunesse et vieillesse

Pour Jacques, dans la pièce de Shakespeare *As You Like It*, la vie humaine était divisée en sept périodes : l'impuissance (« l'enfançon, vagissant et bavant dans les bras de sa nourrice »), la soumission (« l'écolier geignard »), la folie (« l'amoureux soupirant comme une forge »), le faux orgueil (« la recherche de la renommée »), la suffisance (« la justice, au ventre replet »), l'inefficacité (« le pantalon maigre en pantoufles ») et la déchéance et la dissolution (« la seconde enfance et l'oubli »). La plupart des traditions interprètent toutefois moins cyniquement le cycle de la vie humaine, le divisant en trois âges : l'enfance et l'adolescence, la maturité, puis la vieillesse.

L'innocence et la spontanéité de l'enfance sont symbolisées dans l'hindouisme par Krishna folâtrant avec les vachères, dans le christianisme par le jeune Jésus questionnant et contestant les docteurs de la Loi, et de nombreuses cultures, tant orientales qu'occidentales, insistent sur la nécessité de retrouver l'état d'enfance pour accéder à la connaissance ou au royaume des cieux. Les accomplissements et les devoirs de la maturité sont représentés par le Christ vainqueur du monde, par saint Georges terrassant le dragon, ou encore par les héros grecs victorieux, comme Thésée ou Héraclès. Quant à la sagesse du grand âge, la Bible la montre sous les traits de Dieu le Père (l'Ancien des Jours), le bouddhisme en qualifiant parfois le Bouddha d'Aîné du Monde, et le taoïsme chinois sous la forme du Seigneur Vieillard jaune.

Dans un grand nombre de traditions, le corps symbolise l'âme qui l'habite. Dans l'ancienne Égypte, les corps momifiés permettaient aux âmes de demeurer en contact avec le monde des formes. En Amérique du Nord et en Sibérie, les chamans, lors de leur voyage initiatique intérieur, sont symboliquement démembrés avant de reprendre vie dans une nouvelle enveloppe charnelle. Mais, s'il peut être déifié, le corps n'en reste pas moins un symbole ambivalent, car il est soumis aux désirs et aux pulsions du monde animal. Dans de multiples religions, les femmes n'ont pas accès à la prêtrise, parce qu'elles sont jugées trop liées à la terre, et le corps féminin, susceptible de détourner l'homme de la spiritualité, a souvent été assimilé au mal, à la dépravation et à la damnation. C'est ce que symbolisaient, de diverses manières, les sirènes des mythologies grecque et nordique, ou la Lorelei germanique, dont le chant, s'ils l'écoutaient, conduisait les hommes à leur perte.

Vêtements et atours
Alors que la nudité représente la pureté et l'état d'innocence, les vêtements ont généralement des significations bien plus ambiguës. La cape ou le manteau figurent le secret, la possession de pouvoirs magiques, tandis que les beaux atours peuvent signifier l'autorité légitime aussi bien que la suffisance et l'infatuation. C'est ce second aspect qui est illustré ci-contre, dans une gravure sur bois datant du XVIIIe siècle, la présence d'un paon à l'arrière-plan soulignant la vanité du personnage central.

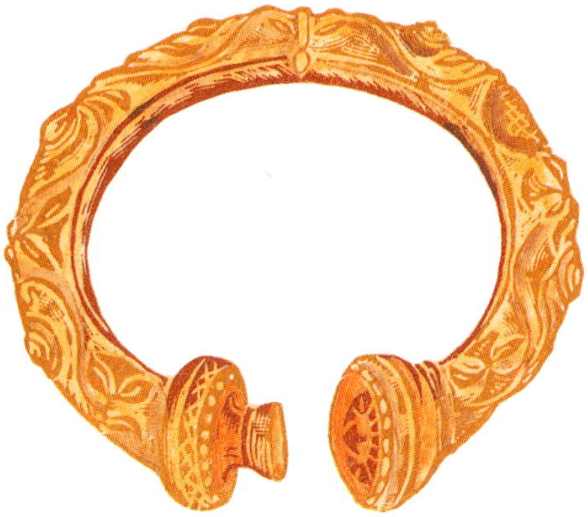

Les bijoux
Les bijoux étant constitués de pierres précieuses ou de métaux travaillés par des artisans, leur signification peut être soit négative (l'homme essayant d'améliorer l'œuvre de Dieu), soit positive (l'homme participant à la glorification de la Création).

La boucle de cheveux
Les cheveux, qui continuent de pousser après la mort, représentent l'énergie vitale d'un homme, et sont supposés lui demeurer unis même après avoir été coupés. Porter une boucle de cheveux d'un être aimé dans un médaillon exprime une loyauté profonde, indéfectible, à son égard.

Le jugement de Pâris
Au mariage de la déesse grecque Thétis, Éris (la Discorde) suggéra qu'une pomme d'or soit remise à la plus belle des femmes présentes. Les déesses Héra, Athéna et Aphrodite revendiquèrent toutes les trois ce titre. Zeus demanda à Pâris, le fils du roi de Troie Priam, de départager les concurrentes. Pâris offrit la pomme à Aphrodite, qui lui promit qu'il serait aimé de toute femme qu'il choisirait et lui décrivit les charmes d'Hélène, l'épouse du roi de Sparte Ménélas. Pâris séduisit Hélène et l'enleva, ce qui provoqua la guerre de Troie, où il fut tué. Ce mythe laisse entendre que la beauté physique aveuglément recherchée peut être la source de malheurs.

La main
La main droite (main de justice, main bénissante) est universellement associée au Bien, alors que la gauche a souvent une signification négative. Une main fermée est un symbole de secret, tandis qu'une main ouverte, doigts étendus (ci-dessus), signifie l'absence de crainte. Dans le bouddhisme et l'hindouisme, plus de cinq cents mudras (gestes de la main) sont utilisés dans les rites et les danses.

Le pied et les pas
Les pieds représentent la stabilité et la liberté de se mouvoir. On croyait autrefois qu'ils puisaient de l'énergie dans le sol. Dans de nombreuses religions, les empreintes de pas attribuées aux dieux ou aux saints sont particulièrement vénérées. Le pied du Bouddha (ci-dessus) porte des symboles ésotériques qui rappellent qu'en mettant ses pas dans les siens l'humanité peut atteindre l'illumination.

Le cœur
Dans la plupart des grandes traditions, le cœur est un symbole central, représentant le siège de l'esprit, de la connaissance, de l'amour, de l'intelligence divine présente en l'homme. Dans l'iconographie chrétienne, percé d'une flèche, ailé, surmonté d'une croix ou entouré d'épines, il symbolise souvent les saints ou les martyrs, et fréquemment le Christ lui-même.

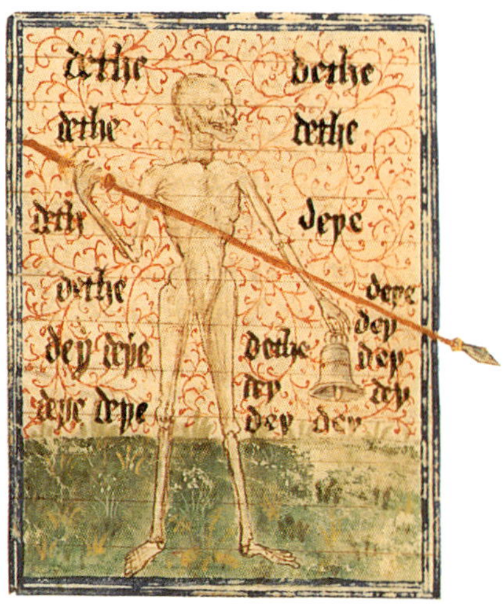

Le squelette
Symbole évident de la mort et de la vanité des entreprises humaines, le squelette peut aussi signifier la promesse de la résurrection, ou le renoncement ascétique au confort matériel. Dans l'alchimie (voir page 149), il correspond à la *nigredo*, l'œuvre au noir, la phase de dissolution précédant la transmutation.

Le Temps
Autre symbole de la précarité des choses terrestres, le Temps est lié au dieu boiteux Saturne (Cronos pour les Grecs), auquel il a emprunté sa faux qui tranche impitoyablement toutes les vies. Dans les figurations populaires, il est souvent représenté sous la forme d'un vieillard, portant parfois une pendule.

Bien et Mal

Le Bien et le Mal, ces forces antagonistes qui s'affrontent dans l'Univers entier, sont traditionnellement représentés par des contraires inconciliables – la lumière et les ténèbres, la beauté et la laideur, l'altruisme et l'égoïsme, etc. Dans le symbolisme chrétien, il est dit que peu suivent la voie étroite qui conduit à la vie éternelle, tandis que beaucoup empruntent la large route menant à la damnation. Le Bien et le Mal y sont personnifiés respectivement par la sainte Trinité et par Satan, le père de la tromperie ; les récompenses les plus hautes sont promises à ceux qui font le bien, alors que des tourments éternels attendent ceux qui font le mal. L'idée orientale de karma, pour sa part, suggère des condamnations moins tranchées, chaque être vivant disposant d'un nombre illimité de chances pour parvenir à sa libération. Toute action humaine y est considérée comme une cause produisant inévitablement un effet, dans cette vie, dans l'au-delà, ou dans une prochaine incarnation. Nul ne peut échapper à la loi du karma, qui fait partie de l'ordre universel au même titre que la mort ou la gravitation.

La plupart des grandes traditions ésotériques du monde, toutefois, rejettent l'idée d'un Mal et d'un Bien absolus, absolument opposés, et enseignent que toute action est à la fois bonne et mauvaise. Ainsi, un homme cultivant la terre peut détruire l'équilibre naturel, tandis que celui qui sauve une personne ignore quel mal elle pourra faire par la suite. Inversement, un chirurgien doit trancher les chairs pour opérer, et un soldat peut être obligé de détruire une vie pour en sauver des centaines d'autres. Au lieu d'être des contraires, le Bien et le Mal sont conçus dans cette optique comme des aspects complémentaires de la réalité.

Le taiji
Dans le symbole chinois du taiji, l'union du yang (clair, masculin, céleste) et du yin (sombre, féminin, terrestre) représente l'équilibre des contraires nécessaire pour qu'apparaisse le monde des formes. Chacun n'existe que par rapport à l'autre, dont il porte en lui l'embryon, et peut se transformer en son inverse.

Le démon
A l'origine, le *daimon* (*daemon*) grec était un être divin, ni bon ni mauvais. Il désigna plus tard un dieu inférieur, puis un esprit malfaisant. Dans le christianisme, le démon devint un ange déchu, capable de dévoyer les hommes pour les mettre au service de son maître, Satan.

Les archanges
Propres aux trois religions monothéistes, les archanges représentent des aspects particuliers de l'énergie divine. Dans le symbolisme chrétien, les archanges Michel, Raphaël, Uriel et Gabriel portent une épée, un bâton de pèlerin, un livre et un lis, symbolisant respectivement la justice, la protection, la sagesse et la miséricorde de Dieu.

Le moine
Dans le christianisme, les hommes et les femmes qui ont renoncé au monde pour se consacrer à la vie spirituelle vivent pour la plupart en collectivité dans des monastères et des couvents, où ils prient et étudient en se soumettant à une sévère discipline. Dans d'autres religions, surtout en Orient, les hommes qui fuient le monde se font ermites ou mendiants.

Auréoles, masques et ombres

L'auréole, ou nimbe, est surtout connue pour ses représentations dans l'iconographie chrétienne à partir du IIe siècle, mais elle était déjà utilisée auparavant comme un symbole de divinité ou de sainteté dans une grande partie du monde antique, en particulier par les Grecs et les Romains. Elle peut figurer le Soleil, indiquant la lumière spirituelle irradiée par certains êtres, ou encore l'aura, le champ d'énergie qui entoure le corps humain.

A l'inverse du nimbe, l'ombre est l'aspect de l'homme qui s'oppose au passage de la lumière. Elle symbolise notre nature matérielle, l'opacité de la forme opposée à la transparence de l'esprit. Le masque peut représenter le personnage public, artificiel, derrière lequel nous dissimulons notre véritable identité. Mais il a aussi d'importantes fonctions dans de nombreux rites initiatiques. Dans le chamanisme et le bouddhisme tibétain, il est supposé aider celui qui le porte à dissoudre son ego, permettant ainsi aux esprits animaux ou aux dieux d'entrer en lui et d'agir par son entremise.

L'auréole
Matérialisant l'aura, l'auréole symbolise l'irradiation de la lumière spirituelle des saints ou des dieux. Elle peut aussi entourer la tête d'animaux symboliques, comme l'agneau. Dans l'iconographie romaine, elle est généralement ronde, de couleur blanche ou dorée ; dans l'art byzantin, elle est souvent doublée d'une croix.

L'ombre
L'ombre est la marque de notre matérialité. En termes junguiens, l'ombre est la partie de nous-même que nous réprimons ou refusons de reconnaître, la refoulant dans notre inconscient.

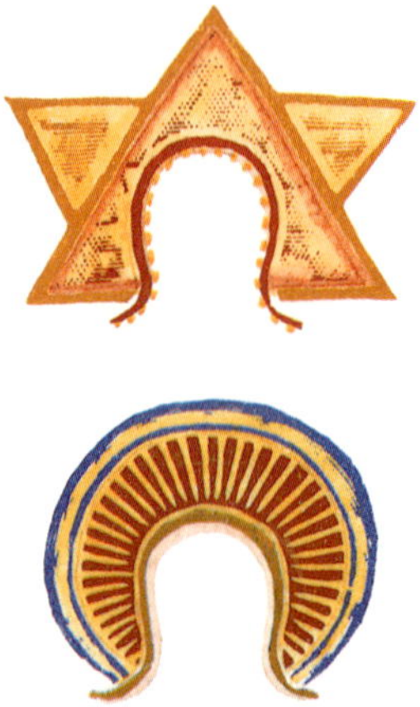

Les nimbes
Dans certaines traditions, un nimbe carré ou hexagonal indique que son porteur est vivant (le rond étant réservé aux saints). Dans le christianisme, le nimbe de Dieu le Père est souvent triangulaire ou losangique.

La mandorle
La mandorle (« amande » en italien) est une auréole ovale qui entoure tout le corps d'une personne sanctifiée. Outre la spiritualité et la puissance divine, elle symbolise l'union du Ciel et de la Terre et le dépassement de la dualité matière-esprit.

Le masque

Les masques sont liés à la dissimulation ou à la transformation. On les employait autrefois pour mettre leurs porteurs en contact plus étroit avec les divinités, les esprits, ou la sagesse instinctive des animaux. En Orient, ils symbolisent souvent la grande illusion de l'existence, le monde lui-même étant considéré comme un masque de Dieu. Dans le théâtre de la Grèce antique (comme dans le théâtre japonais Nô), les masques soulignaient les traits caractéristiques de chaque personnage, permettant aux acteurs de s'identifier totalement à leur rôle et au public d'ignorer la personnalité des comédiens.

Dieux et déesses

Des textes très anciens comme les Rigveda indiens, dont certains datent d'un millénaire avant J.-C., indiquent que les sages d'autrefois avaient une conception très élaborée des forces qui créèrent la vie. Mais l'origine de ces énergies étant au-delà de toute compréhension, il était nécessaire que les hommes se fassent une image rationnelle, symbolique, des réalités ultimes. En termes psychologiques, ils projetèrent hors d'eux-mêmes l'archétype des puissances supérieures (voir page 13), et ainsi naquirent les dieux, dotés de toutes les vertus que les humains rêvaient de montrer. Les premières cultures multiplièrent ces dieux, chacun symbolisant un aspect de la nature ou une qualité humaine particulière. Dans les religions les plus complexes, les dieux mineurs furent subordonnés ou intégrés à une puissance suprême, symbolisée par un dieu solaire ou céleste, ou, plus abstraitement, par l'idée de vide ou de possibilité infinie.

Cela ne revient nullement à réduire les dieux à de simples élucubrations de l'imagination humaine. C'est affirmer, au contraire, que la puissance qui créa, et maintient, l'Univers ne se révèle à l'humanité que sous des formes symboliques, selon les capacités qu'ont les hommes de l'appréhender, et que les dieux sont en conséquence le produit de la réalité des énergies divines et des limites de l'entendement humain.

Jung affirmait que l'âme a une « fonction religieuse naturelle », qu'elle éprouve un besoin vital de donner une expression consciente à des archétypes inconscients. Ce désir, aussi puissant que la sexualité, peut expliquer les immenses efforts consacrés à la construction des temples et des cathédrales, mais aussi, dans ses manifestations négatives, aux croisades et aux guerres saintes. Jung pensait que la répression de cette aspiration, en particulier chez une personne ayant atteint l'âge où les ambitions matérielles de la jeunesse ne constituent plus des motivations suffisantes, peut conduire à de graves déséquilibres, voire à un effondrement de la psyché.

Dieu le Père
Dans les grandes religions préchrétiennes du Moyen-Orient, le dieu créateur était assimilé à la Lumière, désignée par l'expression « Mon Père ». Dans les illustrations de la Bible des premiers siècles du christianisme, le Christ, qui avait fait sienne cette formule, fut fréquemment utilisé pour figurer Dieu. Peu à peu, cette image christique céda la place à des représentations de Dieu sous la forme d'un vieillard à la longue barbe blanche, symbolisant la sagesse divine mais correspondant aussi aux conceptions religieuses d'une société résolument patriarcale. Dans l'islam, les représentations directes d'Allah sont interdites, afin que les croyants ne le réduisent pas à une image, inévitablement fausse, et ne tombent pas dans l'idolâtrie.

יהוה

Le tétragramme
Dans le livre de l'Exode de la Bible, Dieu expliqua à Moïse « Je Suis Celui Qui Est » et lui révéla son nom sous la forme du tétragramme (quatre lettres) YHWH. Ce nom sacré, imprononçable dans la religion hébraïque, a donné lieu à d'innombrables spéculations, et ses dérivés Yahvé et Jéhovah sont encore fréquemment employés de nos jours.

Kouan Yin
Déesse chinoise bouddhique de la Pureté et de la Sagesse, Kouan Yin, la donneuse d'enfants, est l'aspect féminin d'Avalokitesvara, le bodhisattva aux mille bras de l'infinie compassion (voir page 61).

Durga
Dans le symbolisme hindou, les énergies créatrices mâle et femelle sont toujours associées, et chaque dieu masculin a une parèdre féminine aussi puissante que lui. Durga, l'épouse de Siva, appelée aussi la Grande Déesse ou la Vierge, est la mère de l'Univers, la destructrice du Mal (sous la forme de la terrifiante Kali), et le symbole de l'intuition, du discernement, de la dévotion et de la béatitude. Elle est souvent représentée avec dix bras, figurant sa puissance, et chevauchant un lion, image de son pouvoir spirituel.

Quetzalcóatl
Également connu sous le nom de Serpent à Plumes, Quetzalcóatl, le dieu du Vent, était l'une des principales divinités du panthéon aztèque. Les Européens l'ont associé aux sacrifices humains, alors que c'était en réalité un dieu entièrement favorable aux hommes, parfois identifié à Vénus, qui leur avait apporté le savoir, l'écriture et les livres ; de plus, il avait rendu le monde habitable en s'opposant au terrible Serpent de la Terre. Les sacrifices des Aztèques n'étaient pas destinés à Quetzalcóatl, mais au Serpent lui-même, qui ne pouvait être apaisé que par des offrandes de sang humain.

Saturne
Dieu romain de l'Agriculture, des Semences et de l'Abondance, inspiré, avec quelques modifications, du dieu grec Cronos, Saturne était supposé avoir gouverné la Terre pendant l'Age d'Or, l'époque paradisiaque mythique qui suivit la Création. Les fêtes qui lui étaient consacrées à Rome au moment du solstice d'hiver, les Saturnales, comportaient un renversement de toutes les valeurs sociales, les serviteurs commandant à leurs maîtres et ceux-ci leur obéissant. Il est possible qu'elles aient été à l'origine des fêtes de Noël de la chrétienté.

Siva
Une des trois grandes divinités du panthéon hindou, Siva, le seigneur de la danse cosmique, détruit afin que la vie puisse être renouvelée. Une de ses représentations (murtis) le montre piétinant dans sa danse le génie de l'ignorance. Une de ses mains tient la flamme qui consume le monde, une autre le tambour dont les sons sont à l'origine de la Création, la troisième et la quatrième faisant des gestes d'apaisement et d'offrande.

Sorcières, prêtres et magiciens

Honorés ou persécutés, les hommes et les femmes supposés être « dans le secret des dieux » ont occupé une place importante dans toutes les sociétés humaines. La sorcellerie est un fait de civilisation très ancien et largement répandu, en particulier en Europe et en Afrique, et les anthropologues pensent que les sorciers et les sorcières, exprimant les contenus irrationnels de la psyché humaine, étaient le versant noir, complémentaire et utile, des religions autorisées. Dans l'Europe médiévale, la chrétienté, engagée dans une lutte féroce contre les « hérésies » païennes et professant la plus grande méfiance à l'égard du féminin, pratiqua une sanglante « chasse aux sorcières » qui dura plusieurs siècles. Les sorcières étaient souvent décrites comme des séductrices ou des cannibales, et l'on croyait qu'elles pouvaient se transformer à volonté en chouettes, en chats ou en crapauds.

A l'inverse de la sorcière, le prêtre était le représentant légal des puissances de l'au-delà, professant la religion pratiquée et approuvée par les chefs de la collectivité. Dans les très anciennes cultures, les fonctions de prêtre et de roi étaient souvent réunies, le pouvoir temporel s'appuyant sur l'autorité spirituelle, et jusqu'au XVIIIe siècle, tous les gouvernements de l'Europe furent des monarchies de droit divin. Dans les civilisations préchrétiennes, en particulier celles de la Méditerranée, la prêtrise n'était pas l'apanage des hommes. De nombreuses divinités du monde antique étaient féminines, et leur culte était assuré par des prêtresses, pratiquant parfois la prostitution sacrée ou ayant fait, au contraire, le vœu de demeurer vierges, comme les célèbres vestales romaines.

Les magiciens, également appelés mages ou enchanteurs, pouvaient utiliser leurs pouvoirs pour le Bien ou pour le Mal, et ils occupaient une position intermédiaire entre les prêtres et les sorciers. Leurs pratiques de magie rituelle visaient à mettre leur conscience en communication avec les énergies divines, de manière à acquérir la maîtrise des forces naturelles.

L'enchanteur
Le magicien, ou enchanteur, symbolise les pouvoirs au service du Bien (magie blanche, de la main droite) ou du Mal (magie noire, de la main gauche) ; il peut représenter la sagesse et la méditation.

La sorcière
Dans l'imagerie populaire européenne, les adeptes de la sorcellerie sont le plus souvent symbolisés par la sorcière, une mégère ou une souillon dotée de pouvoirs terrifiants, qui sort la nuit et chevauche un balai pour se rendre au sabbat, où l'attend son maître le Diable.

Ciel et Enfer

Pour les hommes d'autrefois, les dieux, qui contrôlaient le soleil et la pluie, ne pouvaient résider que dans le Ciel. Très souvent, celui-ci était conçu comme un dôme solide recouvrant la Terre, du haut duquel les divinités observaient et jugeaient le comportement des mortels. Le Ciel, ou le Paradis (les deux mots ont le même sens dans de nombreuses langues), était aussi, d'une manière évidente, le lieu où devaient être récompensées les âmes vertueuses. Quant à celles des pécheurs, elles étaient destinées à l'Enfer, un monde souterrain privé de lumière, où elles devraient payer le prix de leurs turpitudes.

Les descriptions du Paradis varient grandement selon les religions. Dans de nombreux cas, les élus n'y trouvent que la satisfaction de leurs aspirations terrestres : le Paradis chrétien est un jardin luxuriant, celui des musulmans est peuplé de houris, et dans le Walhalla nordique, les morts guerroyaient et festoyaient jusqu'à la fin des temps. Dans les traditions inca et égyptienne, toutefois, le Paradis avait une signification plus spirituelle, représentant le lieu où les hommes pouvaient atteindre la paix intérieure et se libérer de leurs désirs charnels.

Les représentations de l'Enfer sont tout aussi diverses. Dans l'art chrétien, il était montré comme l'antre du Démon, où des tourments particuliers étaient infligés à chaque catégorie de pécheurs. Dans la tradition musulmane, les corps des damnés étaient dilatés, afin que leurs souffrances soient plus grandes. Dans la mythologie grecque, l'Hadès, le monde souterrain, comprenait trois royaumes : les Champs Élysées, séjour des bienheureux, la Plaine d'Asphodèles, où les âmes attendaient d'être purifiées, et le Tartare, où les méchants étaient punis.

En Orient, les religions préfèrent en général parler de réincarnation et de libération finale du cycle des morts et des naissances plutôt que d'un Paradis et d'un Enfer conçus comme des séjours éternels. Dans le bouddhisme, les paradis et les enfers sont des demeures provisoires, où les âmes, selon leurs mérites, attendent d'être réincarnées dans des êtres supérieurs ou des animaux.

Le Paradis chrétien
Dans l'iconographie chrétienne, le Paradis est souvent représenté comme un jardin à la végétation luxuriante, bénéficiant d'un éternel printemps. Une source, symbole de la vie et de la connaissance, y est inévitablement présente, et les animaux y vivent en liberté, sans avoir peur les uns des autres et sans redouter l'homme, qui comprend leur langage. Ce séjour édénique, évoquant parfois la nouvelle Jérusalem de la Bible, peut être dans certains cas le Ciel lui-même, ou seulement une étape sur la route conduisant à Dieu.

Tsitigarbharaja
L'idée d'une damnation éternelle est totalement étrangère aux enseignements du bouddhisme. L'amour infini et la compassion du Bouddha y sont incarnés par Tsitigarbharaja, le bodhisattva qui descend aux Enfers pour éveiller et secourir les âmes condamnées.

L'échelle de Jacob
Dans la Genèse, Jacob rêva d'une échelle dressée entre la Terre et le Ciel, sur laquelle montaient et descendaient des anges. Présente dans de nombreuses traditions, l'échelle symbolise la communication qui unit les mondes terrestre et céleste mais rappelle sa fragilité.

L'Enfer japonais
Dans la cosmogonie du shintoïsme japonais, Yomi no kuni, le royaume des Ténèbres, est gouverné par le dieu Emma-o. Après avoir été jugés, les pécheurs sont envoyés dans une des seize régions infernales de feu ou de glace, où ils sont torturés par des démons et ne peuvent être sauvés que par les prières des vivants.

L'épée de feu
Quand Adam et Ève furent expulsés du Paradis, Dieu plaça deux chérubins armés d'épées de feu tournoyantes près de l'Arbre de Vie, pour en interdire l'accès aux humains. Ces épées symbolisent l'idée selon laquelle, pour retrouver l'état paradisiaque, les hommes doivent sacrifier (trancher) leur ego, la partie d'eux-mêmes qui se croit séparée de Dieu.

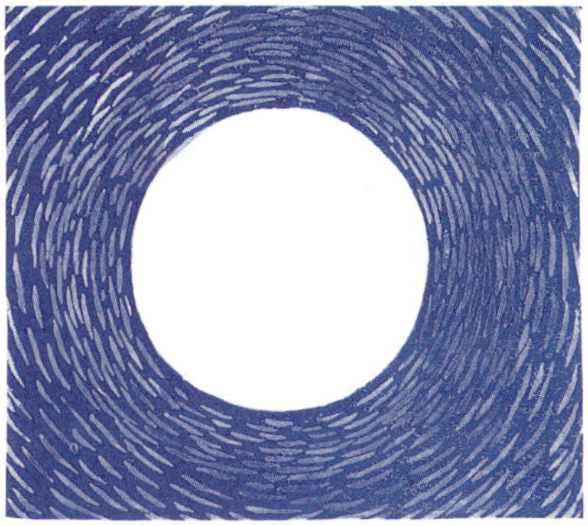

Le nirvana
Dans l'hindouisme et le bouddhisme, le nirvana est le suprême apaisement, la fin du cycle des existences, l'extinction du moï dans le Soi divin. Il est souvent symbolisé par l'image de la lune, d'une blancheur immaculée, se détachant sur un ciel nocturne sans nuages.

Charon et le Styx
La mort a très souvent été symbolisée par un voyage, qu'on retrouve sous des formes différentes dans le *Livre des morts* tibétain et égyptien, et dans les mythologies celtique, maya ou germanique. Pour les anciens Grecs, le voyage dans l'au-delà était symbolisé par la traversée de l'Achéron dans la barque de Charon, qui prenait la pièce placée dans la bouche des morts.

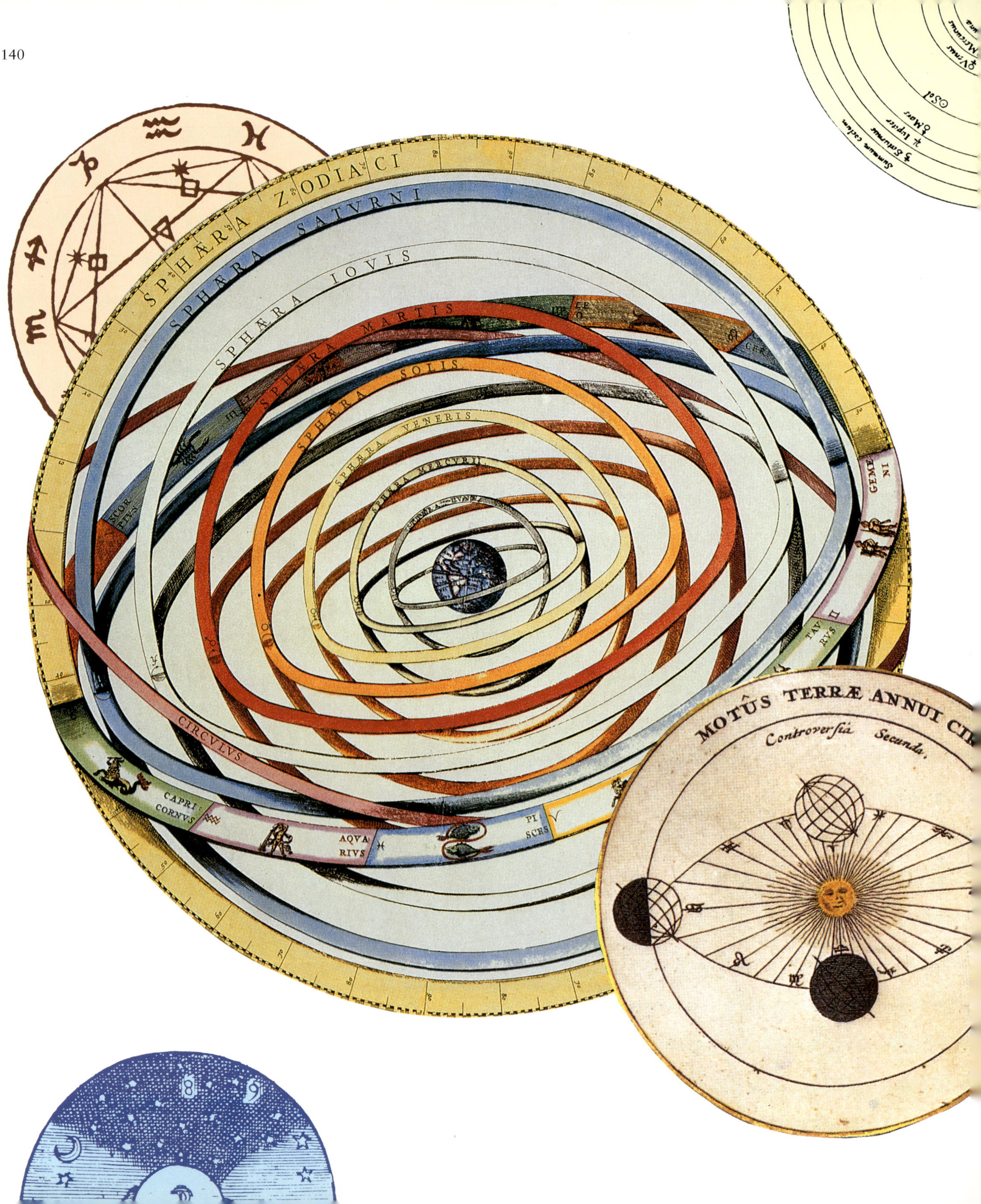
SPHÆRA ZODIACI
SPHÆRA SATVRNI
SPHÆRA IOVIS
SPHÆRA MARTIS
SPHÆRA SOLIS
SPHÆRA VENERIS
SPHÆRA MERCVRII
CIRCVLVS
CAPRI CORNVS
AQVA RIVS
PI SCES
TAV RVS
GEME NI
MOTÛS TERRÆ ANNUI CI
Controversia Secunda

Les systèmes symboliques

Dans l'extraordinaire richesse des systèmes symboliques comme le tarot, l'astrologie ou la kabbale, nous pouvons voir la créativité humaine dans toute son étendue. Mais nous pouvons aussi discerner quelque chose de plus profond. La fascination qu'exercent sur nous les symboles vient du fait qu'ils entrent en résonance avec des aspects fondamentaux de notre nature et nous parlent d'une sagesse commune immémoriale, que nous ne pourrions exprimer avec des mots. Il est vraisemblable qu'ils furent visualisés par des hommes en contact étroit avec l'essence de la réalité.

Un système symbolique n'est rien de plus qu'une carte symbolique du réel, la topographie du monde psychique et émotionnel qui se révèle à la vision intérieure des hommes. Et de même qu'une ville ne peut être connue que par ceux qui prennent le temps de parcourir toutes ses artères, un système symbolique ne peut révéler sa signification que si nous nous familiarisons avec la totalité de ses éléments. Chaque symbole a non seulement sa signification propre, mais également celle de ses relations avec les autres, et, comme dans une œuvre musicale, le tout est infiniment plus riche que la simple somme de ses parties.

Le philosophe mystique George Ivanovitch Gurdjieff (1872-1949) avait coutume de dire que nous sommes comme des gens qui vivraient dans de magnifiques maisons... mais n'oseraient jamais sortir de leur cave. Notre esprit est en effet comparable à une belle demeure, mais si nous n'explorons pas les étages qui se trouvent au-delà de notre conscience ordinaire, nous demeurons proprement étrangers à nous-même. L'étude d'un système symbolique peut nous fournir une clé pour mieux connaître notre esprit, et donc mener une vie plus intense et plus vraie.

Ceux qui désirent s'orienter sur la carte spirituelle qu'offrent les systèmes symboliques découvrent souvent très vite que l'un d'eux les attire plus que les autres. Cela est généralement dû à des facteurs

culturels, mais le tempérament de chaque individu joue aussi un rôle dans ce choix en partie inconscient. Un peintre, ou une personne dont le sens visuel est très développé, sera naturellement plus intéressé par un système symbolique utilisant des dessins, comme le tarot. Quelqu'un qui ressent les choses d'une manière plus physique qu'intellectuelle sera, en revanche, plus attiré par les systèmes orientaux basés sur les énergies corporelles, comme le yoga indien. Par ailleurs, certains systèmes demandent de plus grands efforts que d'autres à ceux qui veulent les étudier. L'initiation aux grands systèmes de l'occultisme, par exemple, est un travail de longue haleine, dans lequel les vérités essentielles exprimées par les symboles ne sont révélées que progressivement aux néophytes, afin de les protéger des chocs psychologiques que pourrait entraîner une libération trop brutale de leur énergie psychique. Pour la même raison, les symboles alchimiques sont délibérément cryptés, afin d'éprouver la patience, la persévérance et la motivation des chercheurs.

Une nouvelle synthèse

Tous les grands systèmes symboliques essaient d'énoncer des vérités paradoxales sur l'ultime réalité dans une langue très éloignée de celle que nous employons tous les jours. Ils utilisent des termes et des images qui leur sont propres, parce que le langage ordinaire, s'il est efficace pour parler des affaires du monde, sera à jamais incapable d'exprimer ce qui se trouve au-delà des apparences. Épuisée par un excès d'utilitarisme, notre langue quotidienne, cantonnée au superficiel, ne peut plus décrire l'essence des choses. Notre logique rationnelle, de la même manière, est inapte à nous révéler les plus importantes formes de la connaissance. Nous devons actuellement redécouvrir les vérités intuitives, préscientifiques – les anciennes croyances que les systèmes symboliques ont préservées par-delà des siècles d'oubli.

L'étude attentive d'un système symbolique particulier rafraîchira nos mémoires et nous montrera aussi qu'il existe une autre manière de percevoir le monde. Bien sûr, ce serait une folie de nier aujourd'hui les découvertes de la science, mais, à l'aube de l'an 2000, l'esprit scientifique est de moins en moins certain de ses bases, et avec le développement de nouveaux champs de recherches, comme la mécanique quantique, nous commençons à retrouver notre vieux sens du mystère. La théorie des quanta montre que nous pouvons connaître soit la position, soit la vitesse d'une particule, mais pas les deux à la fois : notre point de vue limite notre compréhension. Les théories d'Einstein, qui stupéfia le monde au début du XXe siècle en affirmant – et en prouvant – que l'espace est courbe, semblent de nos jours parfaitement classiques, voire dépassées, aux scientifiques de pointe.

Le monde actuel s'achemine vers une synthèse des disciplines scientifiques, qui devrait aboutir à l'effacement des distinctions habituelles entre les différents domaines du savoir technique et théorique. Nous ne pouvons qu'espérer que la sagesse d'hier et celle d'aujourd'hui, la connaissance intérieure et la connaissance matérielle s'uniront un jour de la même manière, et que les intuitions du passé éclaireront d'une lumière spirituelle les découvertes du présent – comme elles le font déjà pour tous ceux qui ont pénétré les arcanes du symbolisme traditionnel et déchiffré ses significations cachées.

Vishnu macrocosmique
Les assimilations de l'homme au macrocosme sont fréquentes dans de nombreux systèmes symboliques. Dans cette peinture indienne, du début du XIXe siècle, l'avatar le plus vénéré et le plus humain de Vishnu, Krishna, est représenté comme un symbole de l'Univers contenant en lui les hommes, les animaux et les cieux. Dans ses quatre mains, il tient ses attributs traditionnels, la conque, la massue, la fleur de lotus et le disque.

L'occultisme

Le mot « occulte », qui éveille la suspicion dans de nombreux esprits, ne signifie rien d'autre que « caché ». Un occultisme est une sagesse que ses pratiquants estiment devoir tenir secrète. Le lien qui unit entre eux les multiples systèmes occultes est l'utilisation de moyens symboliques pour amener de profonds changements de conscience, qui permettent aux adeptes d'accéder à des vérités cachées sur eux-mêmes et sur l'univers.

Les sources les plus anciennes de l'occultisme européen sont les textes du *Corpus Hermeticum*, datant des premiers siècles de l'ère chrétienne, qui connurent un regain d'intérêt à la Renaissance. Il s'agissait de traités dialogués, dans lesquels s'exprimait Hermès Trismégiste (Trois Fois Grand), le dieu grec des Arts, des Sciences, de l'Écriture et de la Parole, inspiré du dieu égyptien Thot. Ils contenaient un certain nombre d'idées que tous les occultistes reprirent par la suite, comme la dualité de l'esprit et de la matière, ou l'obtention du salut par la connaissance plutôt que par la foi. Dans le *Corpus Hermeticum*, l'homme était décrit comme un esprit immortel prisonnier d'un corps mortel, dont il pouvait cependant se libérer, et ainsi s'unir avec Dieu, en découvrant sa véritable nature. Ces textes expliquaient également comment, en disposant des symboles autour de leurs statues et en prononçant des incantations magiques, les hommes du passé pouvaient amener leurs dieux à se manifester et obtenir d'eux des révélations.

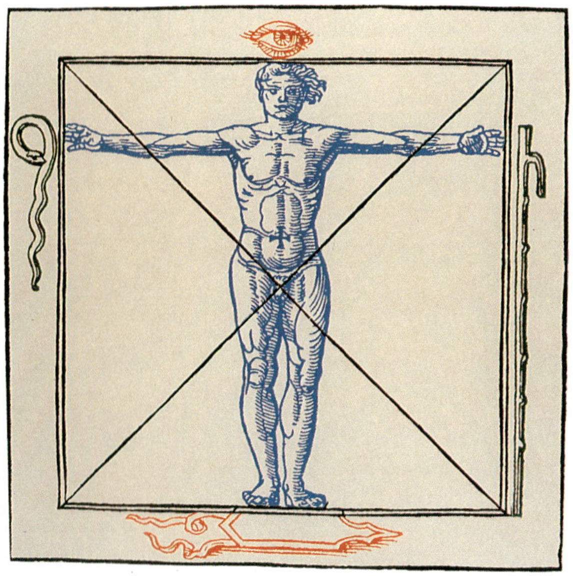

Les grimoires, les livres de « recettes magiques » du Moyen Age, dont l'un des plus célèbres fut la *Clé de Salomon*, exposaient des pratiques permettant d'aboutir à la connaissance de soi, et par là à la réalisation spirituelle, en utilisant des symboles pour invoquer les esprits. Après avoir passé ses vêtements rituels et rassemblé ses armes magiques, l'officiant dessinait sur le sol une sorte de mandala qui le représentait, ainsi qu'un triangle dans lequel un esprit était sommé d'apparaître : une lutte s'engageait, et si l'esprit n'était pas vaincu, il entrait dans le mandala et détruisait le magicien. En termes psychologiques, les esprits ainsi défiés représentaient des aspects ténébreux de la psyché du pratiquant, qu'il devait soumettre à sa volonté afin de les intégrer à sa personnalité.

Au XIXe siècle, d'autres systèmes occultes, comme celui de l'Ordre hermétique de la Golden Dawn, créé à Londres en 1887, furent profondément influencés par la pensée d'Eliphas Lévi (voir page ci-contre). Les organisations inspirées de son œuvre comportaient sept degrés d'initiation, allant du Néophyte à l'Adepte Majeur. Les membres parvenus au sommet de la hiérarchie avaient trois tâches à accomplir : la divination, l'évocation et l'invocation, dans lesquelles le symbolisme jouait un rôle essentiel. Pour la divination, l'adepte utilisait des systèmes symboliques, comme le tarot ou le Yi King. Pour l'évocation, il s'entourait de symboles de la divinité (ou de la partie de sa psyché) avec laquelle il désirait entrer en contact. Ces symboles le mettaient dans l'état de conscience désiré, et le moment venu, au travers de rituels appropriés, il invoquait le dieu et les pouvoirs que celui-ci était censé lui conférer.

L'alphabet d'Énoch (à gauche)
Au XVIe siècle, l'occultiste et mathématicien anglais John Dee (1527-1608), qui fut également astrologue à la cour de la reine Élisabeth Ire, créa un alphabet dans lequel il tenta de mêler la magie, l'arithmétique pythagoricienne et la science des proportions. Cet alphabet d'Énoch, du nom du patriarche biblique qui monta au Ciel sans mourir, fut utilisé jusqu'à une époque récente par de nombreuses confréries ésotériques.

Le carré magique (page ci-contre)
Dans ce carré magique tiré de *De Occulta Philosophia*, un traité d'occultisme écrit au XVIe siècle par Corneille Agrippa, l'homme est entouré – et protégé – par quatre symboles hermétiques : un œil, un bâton de pèlerin, un serpent et un bouclier.

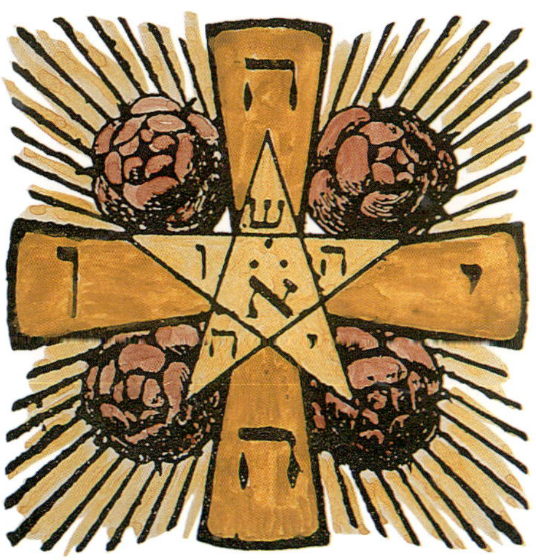

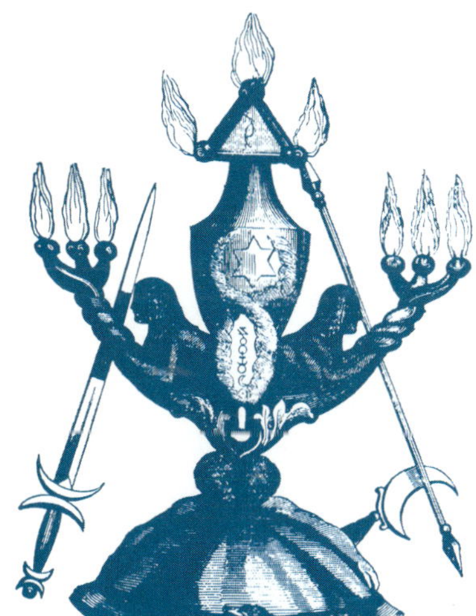

Le rosicrucisme
Le mouvement initiatique des Rose-Croix est apparu en Allemagne, au début du XVIIe siècle, avec la publication du manifeste intitulé *Fama Fraternitatis du très-louable ordre de la Rose-Croix*, qui affirmait qu'un certain Christian Rosenkreutz (Croix de Rose), probablement mythique, avait fondé, un siècle auparavant, une confrérie mystique dont les croyances et les pratiques occultes prenaient leur source dans la kabbale et l'alchimie. Les sociétés rosicruciennes, qui se sont multipliées depuis cette date, ont pour emblème une ou plusieurs roses ornant ou encadrant une croix, sur les branches de laquelle sont parfois inscrites les lettres du tétragramme (voir page 133).

Eliphas Lévi
Né à Paris en 1810, Eliphas Lévi entra d'abord au séminaire, puis se détourna de la prêtrise pour étudier et pratiquer la magie rituelle. Refusant la séparation entre matière et esprit, il énonça des doctrines qui marquèrent profondément la recherche spirituelle de son époque. La *Loi de Correspondance* rappelait que l'homme est un microcosme dont chaque partie a son exact équivalent dans le macrocosme. Le *Dogme et Rituel de Haute-Magie* affirmait que rien n'est impossible à la volonté humaine correctement entraînée et dirigée, aidée par la *Lumière Astrale*, la force invisible qui imprègne tout l'Univers. Le dessin ci-dessus, tiré de la *Magie Transcendantale* de Lévi, montre les outils du magicien – lampe, baguette, dague et épée.

L'alchimie

L'alchimie est habituellement considérée comme une pseudo-science visant à la transmutation des métaux en or, dont le seul intérêt, purement historique, serait d'avoir jeté les bases de la chimie moderne. Cette erreur d'interprétation vient principalement du fait que les alchimistes utilisaient un langage symbolique chiffré, dissimulant sous le voile du secret le but véritable de leurs opérations – la recherche de l'illumination intérieure. Au niveau le plus ésotérique de l'« art royal », les métaux impurs des alchimistes représentaient les aspects non maîtrisés de la psyché humaine, et l'or, brillant et incorruptible, figurait l'esprit pur, dégagé de la gangue des émotions et des pensées ordinaires.

Le symbolisme des textes et des doctrines alchimiques avait essentiellement pour objet de masquer une démarche que l'Église catholique, très puissante au Moyen Age, condamnait comme hérétique, puisqu'elle s'appuyait sur la croyance qu'une personne pouvait atteindre le salut sans l'aide de la religion établie. Mais l'alchimie était plus qu'un symbole de la transformation intérieure : elle donnait les moyens de l'accomplir.

Les alchimistes cherchaient à obtenir la « pierre philosophale », parfois appelée teinture (blanche ou rouge), or potable ou élixir de vie, qui pouvait transformer les métaux de base en or. Mais cette poudre de transmutation était également un but en soi, une essence pouvant conférer l'immortalité. Le lent cheminement jusqu'à l'illumination – le Grand Œuvre – avait, de ce fait, des aspects matériels et spirituels indissociables.

L'alchimie est probablement apparue en Inde et en Chine très longtemps avant notre ère, mais ce sont les alchimistes arabes, héritiers de l'antique science perse, qui inspirèrent, à partir du IXe siècle, l'alchimie occidentale. Le premier traité alchimique connu en Europe fut la traduction en latin, effectuée au XIIe siècle par l'Anglais Robert de Chester, d'un classique de l'alchimie arabe. La théorie sous-tendant le travail alchimique découle d'une conception très ancienne du monde selon laquelle toute la réalité, y compris l'homme, a été créée à partir d'une *materia prima* (matière première) indéterminée, une sorte de substrat magique de l'Univers, d'où les quatre éléments sont issus par différenciation. Comme ces éléments sont transmutables, toutes les formes matérielles, qui ne sont que des déterminations accidentelles, sont soumises au changement : il en résulte qu'il est possible, par des manipulations appropriées, de ramener une substance de base à l'état de *materia prima*, et inversement de réintroduire celle-ci dans le monde sous une nouvelle forme.

Les techniques alchimiques sont exposées dans des textes médiévaux si obscurs, d'un symbolisme si volontairement abscons que, aujourd'hui, il est presque impossible de les comprendre. Les adversaires de l'alchimie affirment que ce langage chiffré n'avait pour but que de dissimuler une supercherie, tandis que ses partisans voient dans ces traités défiant la logique la plus élémentaire un moyen habile d'obliger les hommes engagés sur la voie

La voie sèche
Cette gravure du XVIIe siècle de Michael Maier, extraite de *Tripus Aureus*, publié en 1618, montre un alchimiste pratiquant la « voie sèche », c'est-à-dire utilisant un creuset, la « voie humide » exigeant l'emploi de ballons de verre. Tous les grands symboles de l'alchimie sont ici présents : le Soleil et la Lune figurent les principes mâle et femelle, les deux roses le Roi rouge et la Reine blanche, le serpent et le lion la matière brute, non encore traitée. Entre les deux roses, on reconnaît le symbole du mercure (vif-argent), l'énergie féminine et transformatrice de la *materia prima* sublimée par le Grand Œuvre. Dans de nombreux textes, les alchimistes ont qualifié le feu employé pour calciner leur mélange de « feu froid », le comparant à une poule couvant et réchauffant amoureusement ses œufs.

L'ascension de la montagne (page ci-contre)
Dans de nombreuses traditions, la progression spirituelle de l'homme est symbolisée par l'ascension d'une montagne, parfois appelée Montagne des Adeptes. Cette gravure rosicrucienne, du XVIIIe siècle, présente le Grand Œuvre alchimique sous la forme du *Mons Philosophorum* (Mont des Philosophes), au sommet duquel est posée la pierre philosophale, l'« or potable » que cherchaient à produire tous les alchimistes.

La pierre philosophale
Dans cette image du *Mutus Liber* (« Livre silencieux »), ouvrage anonyme français du XVIIe siècle, on voit la pierre philosophale se formant dans l'athanor (le creuset) de l'alchimiste, tandis que dans les cieux son archétype est personnifié par Mercure supporté par deux anges. Comme dans de nombreuses gravures des traités d'alchimie, l'alchimiste (*artifex*) est représenté en compagnie de son assistante, sa « sœur mystique » (*soror mystica*). Cette illustration souligne le fait que les opérations physiques de l'alchimie ne sont que le reflet de processus psychiques et spirituels, ainsi que l'écrivait l'alchimiste français Pierre-Jean Fabre : « L'alchimie n'est pas uniquement un art ou une science enseignant la transmutation des métaux, c'est aussi et surtout une science authentique et éprouvée, qui apprend comment connaître le centre de toutes choses, qui dans le langage divin s'appelle l'Esprit de la Vie. »

spirituelle à écouter leur intuition plutôt que leur raison. Quoi qu'il en soit, nous savons que le Grand Œuvre commençait avec la *materia prima*, une « pierre », ou un minerai, que chaque alchimiste devait extraire lui-même du sol et dont la nature exacte n'est indiquée dans aucun ouvrage. Cette pierre était pulvérisée, puis mélangée avec un « premier agent », énigmatiquement qualifié d'« eau sèche » ou de « feu sans flamme », que certains alchimistes affirmaient être à base de tartre ou de vinaigre. Le produit obtenu était ensuite humecté avec de la rosée, placé dans un vase hermétique, appelé l'« œuf philosophique », et chauffé longtemps à une température constante.

Pendant cette incubation, les deux principes contenus dans la *materia prima*, désignés comme le « soufre » (énergie chaude, rouge, mâle, solaire) et le « mercure » (énergie froide, blanche, femelle, lunaire), s'affrontaient jusqu'à la dissolution, la *putrefactio*, ou *nigredo* (noir), qui achevait le premier stade du Grand Œuvre, dite œuvre au noir. Au cours du deuxième stade, l'œuvre au blanc, la couleur noire donnait naissance à l'ensemble des couleurs (la « queue du paon »), qui se fondaient ensuite en une couleur blanche unique, l'*albedo*. Lors du troisième stade, l'œuvre au rouge, les deux principes initiaux réapparaissaient sous une nouvelle forme, le « Roi rouge » (Soufre des Philosophes) sortant des entrailles de la « Reine blanche » (mercure, ou Rose blanche). Le roi et la reine étaient unis dans le feu de l'amour, et de leur union naissait la perfection, la pierre philosophale parfois symbolisée par le Christ ou le Rebis (androgyne), qui transmutait les métaux en or et donnait l'immortalité.

Pour les vrais alchimistes, une motivation profonde était essentielle. La quête de ceux qui ne s'intéressaient qu'à l'or vulgaire était vouée à l'échec. Si le chercheur était poussé par la convoitise, il « ne récoltait que de la fumée ». Il fallait, pour réussir, qu'il soit avide « de connaître la nature et ses opérations, et d'utiliser cette connaissance... pour atteindre le Créateur ».

Au plan symbolique, la « pierre » initiale que le chercheur devait extraire lui-même représente notre désir profond de découvrir notre véritable nature spirituelle, que les alchimistes appelaient « principe actif ». Le « premier agent », ou « principe passif », figure l'énergie intérieure dont la plupart d'entre nous n'ont pas conscience pendant la plus grande partie de leur vie, mais qui porte en elle la possibilité de notre croissance spirituelle. Mis en contact dans le « vase hermétique » de la méditation, ces deux principes s'affrontent, le principe actif, habitué à tout obtenir par sa seule volonté, réalisant que le principe passif ne peut pas être soumis de cette manière. Il s'ensuit la « nuit de l'esprit » dont parlent les mystiques, au cours de laquelle les deux principes semblent avoir été annihilés, et l'individu se sent totalement abandonné. De son désespoir, cependant, jaillit sous forme d'arc-en-ciel la révélation que la solution réside dans l'amour, non dans la force, et les deux principes, le Roi rouge et la Reine blanche, peuvent alors s'unir, enfantant une progéniture née de l'eau et de l'esprit.

Quelles étaient les pratiques spirituelles associées au déroulement de ce processus symbolique ? Il est vraisemblable que les alchimistes occidentaux méditaient sur les symboles impliqués dans chaque étape du Grand Œuvre. Un texte alchimique chinois du VIIIe siècle, le *Secret de la Fleur d'Or* de Lu Tsou, apporte quelques précisions à ce sujet : il y est expliqué comment l'énergie vitale peut être concentrée et visualisée dans l'abdomen, le « lieu de pouvoir », où elle crée un « point de feu véritable » faisant s'évaporer « l'eau de l'insondable », puis, le point d'ébullition franchi, « monte dans l'air comme de la neige qui vole... jusqu'au sommet du Créateur (le Ciel) ».

Peut-être, à travers leurs formulations obscures, les alchimistes parvenaient-ils à unir le Roi rouge et la Reine blanche, transformant le plomb impur de l'homme physique en or pur de l'homme spirituel, dégagé des contraintes de la matière et « changé par Dieu en Dieu » ?

Le Rebis

Le Rebis (de *res bina* : chose double) représente l'androgyne symboliquement obtenu au terme de l'œuvre au blanc. Le mercure (corps volatil) est alors animé par le soufre (corps dissolvant), et ces deux principes forment désormais un tout homogène, hermaphrodite, se suffisant à lui-même pour engendrer « l'enfant royal plus parfait que ses parents ». L'androgyne porte la couronne de la perfection, et ses pieds posés sur un dragon à quatre têtes (figurant les quatre éléments) symbolisent sa domination sur la *materia prima*. Dans le Rebis, les contraires sont unis, mais ils restent encore extérieurement polarisés.

Le lion vert et le Soleil
L'alchimie est liée à un grand nombre de traditions ésotériques. A différentes époques, elle s'est développée en Chine, en Inde, en Perse, en Arabie, en Égypte, en Grèce et en Europe occidentale. Aussi n'est-il pas surprenant que beaucoup de ses symboles aient des significations multiples, parfois contradictoires. Dans l'illustration ci-dessus, extraite du *Rosarium Philosophorum*, le lion vert, qui représente la matière dans son état originel, semble dévorer le principe mâle, mais on peut aussi le percevoir comme exhalant le Soufre des Philosophes, le Soleil pouvant être un symbole de l'énergie mâle aussi bien que du soufre du Grand Œuvre alchimique.

L'alchimie et le christianisme
De nombreux alchimistes étaient des chrétiens convaincus, mais, plutôt que de se fier aveuglément aux dogmes de l'Église, ils préféraient rechercher la connaissance à travers l'expérience directe. Des penseurs éminents, comme Thomas d'Aquin et Isaac Newton, considéraient que l'alchimie était une prolongation légitime de la philosophie et de la religion officielles. Cette estampe tirée du « Ripley Scroll », dessiné à Lübeck en 1588, montre l'oiseau-Hermès (Mercure), symbolisant le Roi rouge, arrosé par une pluie de soufre et de feu.

Le Roi et la Reine
Cette gravure de l'édition de 1550 du *Rosarium Philosophorum* montre la *conjonctio*, symbolisée par un coït, du principe mâle (Soleil) – le Roi – et du principe féminin (Lune) – la Reine – dans la « mer » archétypale de l'esprit. Les vers figurant sous le dessin expliquent le sens de cette union des contraires : « O Luna, par mon étreinte, ô ma bien-aimée, tu deviens aussi belle, forte et puissante que moi. O Sol, tu es plus brillant que la plus brillante des lumières, et cependant tu as besoin de moi, comme le coq a besoin de la poule. »

La kabbale

La kabbale est un système symbolique très complexe, à la fois théorique et pratique, et qui offre à ceux qui l'étudient non seulement un chemin vers la croissance psychique et spirituelle, mais également une compréhension globale – une sorte de carte – de la Création. Originellement liée à la tradition hébraïque, la kabbale remonterait, selon certains, à Moïse et aux patriarches bibliques, mais les plus anciens textes kabbalistiques connus, le *Zohar* (Livre de la splendeur) et le *Sefer Yesira* (Livre de la Création), furent écrits entre le IIe et le Ve siècle de notre ère. L'attrait puissant de ces ouvrages favorisa, à l'époque de la Renaissance, l'éclosion d'une kabbale chrétienne, dont l'un des représentants les plus éminents fut l'Italien Pic de La Mirandole (1463-1494), qui écrivit dans ses *Conclusiones* : « Aucune science ne nous convainc plus de la divinité du Christ que la magie et la kabbale. » D'autres penseurs chrétiens trouvèrent dans la kabbale « l'écho de traditions antérieures au christianisme », qui leur permettaient de comprendre les écrits de Platon, de Pythagore et des auteurs orphiques grecs.

Le Dieu créateur
Dans cette illustration d'inspiration chrétienne de la kabbale, Dieu est représenté en train d'établir les lois qui gouvernent l'Univers. La forme de son trône évoque la structure du macrocosme : le dais reproduit le firmament, et les symboles des sphères du système solaire figurent sur le dossier.

Dans son essence, la kabbale est un enseignement ésotérique fondé sur un système de symboles censés représenter le mystère de Dieu et de l'Univers, dont le kabbaliste doit parvenir à découvrir les clés. Au plan théorique, ces clés lui permettront de comprendre les dimensions spirituelles de la Création, tandis qu'au niveau pratique elles lui conféreront les pouvoirs magiques de transformation à la fois physique, psychologique et spirituelle liés à ces dimensions. Les clés de la kabbale demeurent cachées dans les révélations divines des Saintes Écritures, où, tout comme Dieu, les secrets de Son message sont voilés. Ils ne peuvent être dévoilés qu'en déchiffrant la Bible au moyen d'un système d'équivalences numériques, la *guématrie*, dans lequel chaque lettre de l'alphabet hébreu a une valeur arithmétique précise et peut être substituée ou combinée à d'autres de différentes manières. Par exemple, lorsque dans Nombres 21:9, il est écrit : « Moïse façonna un serpent d'airain qu'il plaça sur l'étendard, et si un homme était mordu par quelque serpent, il regardait le serpent d'airain et restait en vie », les lettres additionnées de « serpent d'airain » donnent le nombre guématrique 358, qui est également celui du mot « Messie ». Ainsi, le serpent peut être interprété comme une prophétie annonçant la venue du Messie – qui sauvera tous les hommes mordus par le désir de la vérité spirituelle – et les kabbalistes chrétiens en firent un symbole du Christ sur la croix.

Les possibilités offertes par la guématrie sont si importantes qu'il est indispensable de bien connaître l'hébreu pour étudier la kabbale. Autrefois, les kabbalistes imposaient également un certain nombre de conditions très strictes aux élèves qui les sollicitaient : ceux-ci devaient mener une vie moralement pure, avoir une grande faculté de concentration et être totalement dévoués à leur tâche. Pour cette raison, la kabbale n'est connue de la majorité des gens que sous sa forme la plus accessible, l'Arbre de Vie, ou Arbre des sephiroth (à droite). Malgré son apparente simplicité, l'Arbre sephirotique est un symbole puissant, offrant d'innombrables significations.

A son niveau le plus fondamental, l'arbre des sephiroth est une explication de la Création. Selon la kabbale, Dieu a créé le monde parce qu'il désirait se voir : afin de « pouvoir contempler Son propre visage », il s'est contracté, et par ce *tsimtsoum* créateur de l'Univers, il a révélé « trente-deux voies de Sagesse » : les dix sephiroth, dont chacune est un aspect de Lui-Même, et les vingt-deux chemins qui les relient entre elles, associés aux vingt-deux lettres de l'alphabet hébreu. Dans l'Arbre sephirotique, la descente divine s'effectue de Keter (la Couronne), représentant le Principe, le « Je suis » primordial, jusqu'à Malkout (le Royaume), symbolisant la présence de Dieu dans la matière. La progression de sephira en sephira, de Keter à Malkout, passe par Hochma (la Sagesse), Binah (l'Intelligence), Hesed (la Grâce), Gevoura (la Force), Tepheret (la Beauté), Netzah (la Victoire), Hod (la Gloire) et Yesod (le Fondement). Elle est gouvernée par les trois principes divins de la Volonté, de la Justice et de la Miséricorde, et dans la plupart des représentations de l'Arbre, le chemin allant de la première à la dernière sephira a la forme d'un zigzag, appelé Éclair Étincelant, qui signifie que les trois principes de l'équilibre (Volonté, au centre), de l'expansion (Miséricorde, à gauche) et de la contrainte (Justice, à droite) agissent tour à tour dans la Création.

De même qu'il représente toutes les lois de l'être et de la Création, l'arbre sephirotique figure également les quatre niveaux de l'Univers, correspondant respectivement aux éléments feu, air, eau et terre, qui sont de haut en bas le monde des Émanations (Azilout), le monde des

L'Arbre des sephiroth
La première représentation des dix sephiroth de la kabbale sous la forme de l'Arbre de Vie date du XIIe siècle. Cette structure de base de la mystique juive a connu, depuis cette date, de nombreuses adaptations. Dans la version ci-dessus, utilisée au XXe siècle par l'ordre de la Golden Cross, les dix sephiroth sont reliées entre elles par vingt-deux chemins – le nombre des lettres de l'alphabet hébreu. Une lettre est assignée à chaque chemin, et ceux-ci forment avec les sephiroth les « trente-deux voies de la Sagesse » créées par Dieu. La nature et la fonction de chaque « voie » sont définies par sa lettre, la valeur numérique de celle-ci et les deux sephiroth qu'elle réunit. Cette interprétation occulte de l'Arbre sephirotique montre également le Grand Serpent, allant de Malkout à Keter, dont le symbolisme est lié à celui de la Kundalini (voir page 182).

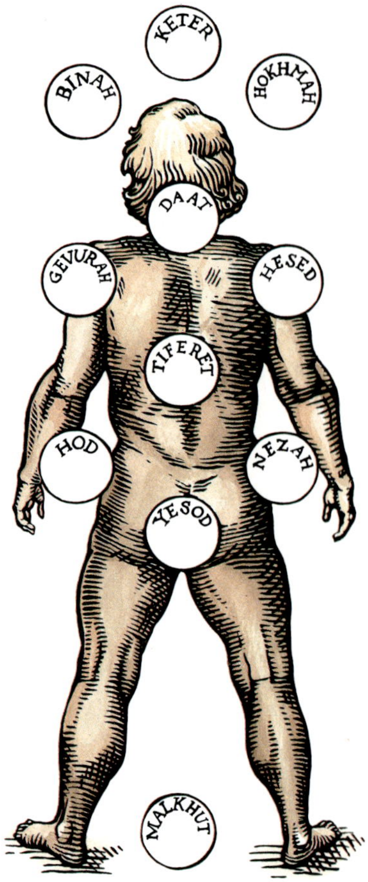

L'Adam Kadmon
Selon la tradition de la kabbale, le Premier Homme (Homme primordial, Homme céleste, Nature parfaite ou essentielle), appelé Adam Kadmon (le Terreux oriental), fut créé à partir de l'Arbre sephirotique. Sous cette forme humaine, dotée d'une volonté, d'une intelligence, d'une sensibilité et de la capacité d'être consciente de son Créateur, l'Adam Kadmon était un reflet de Dieu et une expression des Attributs divins, contenant tout ce qui était nécessaire pour que Dieu puisse se voir en lui. Il est généralement représenté de dos, comme Dieu se montra à Moïse dans l'Ancien Testament, et parfois pourvu d'une onzième sephira spécifiquement humaine, Daat (la Science, la Connaissance), reliée à l'Intelligence et à la Sagesse. L'Adam Kadmon est l'ancêtre (archétype) de l'Adam de la Genèse, par lequel l'image de Dieu fut introduite dans le monde des Formations (le Jardin d'Éden).

Créations (Briah), le monde des Formations (Yezira) et le monde de la Substance et de l'Action (Assiah), chacun de ces cycles, de plus en plus dense et complexe, ayant par ailleurs son propre Arbre de Vie. Cette division est inspirée de la vision du prophète biblique Ézéchiel, qui, au VIe siècle avant J.-C., contempla la gloire de Dieu (Émanation) sur un trône (Création) roulant dans un char (Formation) au-dessus du monde (Action).

Fondamentaux et universels, les éléments et les relations figurés dans l'Arbre sephirotique représentent la structure sous-jacente de toute existence comme de tout système organisé. Correctement interprété, celui-ci peut donc être utilisé comme un guide pour comprendre et expliquer tous les phénomènes – des forces cosmiques aux rapports humains, de l'ascension de l'âme vers Dieu au devenir des systèmes économiques.

La kabbale est une tradition essentiellement orale, toute personne l'étudiant étant habituellement guidée par un maître expérimenté, qui l'aide à développer sa conscience et la protège des dangers inhérents à toute recherche mystique. L'élève commence la plupart du temps par méditer sur les dix sephiroth, gravissant un à un les degrés de l'Arbre jusqu'à l'illumination totale. Chaque sephira est un aspect de la nature humaine qui doit être pleinement maîtrisé avant de pouvoir progresser jusqu'à la suivante. Ainsi, tant qu'il n'a pas dominé Malkout, le royaume du corps et de ses énergies, l'étudiant ne peut pas appréhender Yesod, qui représente le lien entre le corps et l'âme. Une fois qu'il a acquis une bonne compréhension des dix sephiroth, le kabbaliste, en apprenant de quelle manière les tâches associées aux vingt-deux sentiers qui les relient entre elles peuvent l'accompagner dans sa progression, commence son ascension de l'Arbre de Vie. Un tel travail peut prendre toute une existence, et peu nombreux sont ceux qui parviennent à son terme, mais une fois dans Keter, ils sont à même de connaître Dieu et de dépasser le symbolisme pour éprouver l'Infini.

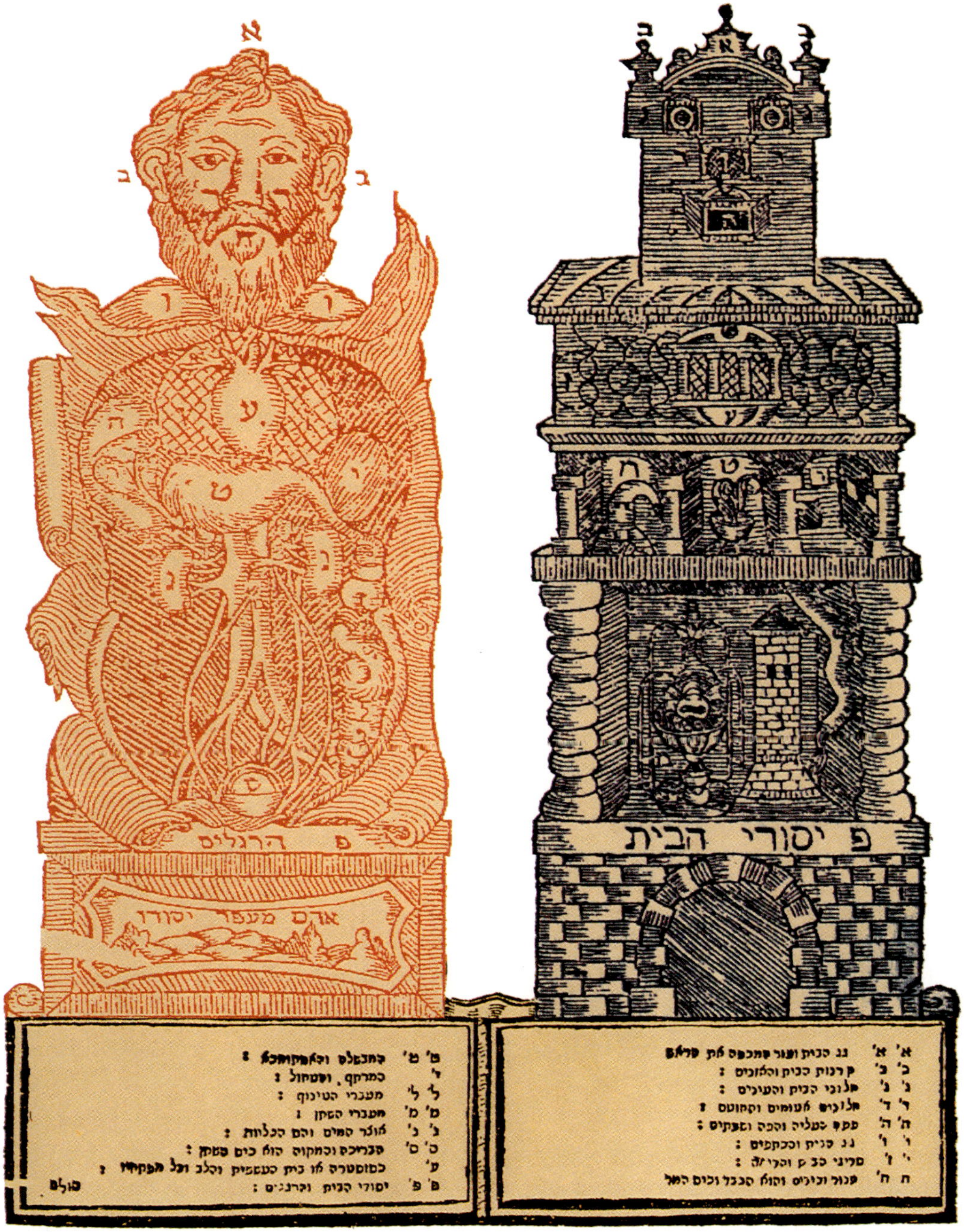

L'homme et sa demeure
La structure et la dynamique des sephiroth peuvent être perçues, recherchées ou appliquées dans tous les aspects de l'existence impliquant des systèmes organisés. Sur cette gravure du XVIIe siècle, l'anatomie de l'homme et le plan d'une maison sont interprétés selon les principes de l'Arbre de Vie.

L'astrologie

Les étoiles ont toujours fasciné l'humanité. Les hommes d'autrefois étaient intrigués par les mouvements et les configurations des corps célestes, les associant aux pouvoirs mystérieux qui leur semblaient diriger la destinée humaine. De nos jours, avec l'astronomie moderne, les vieilles conceptions fatalistes de l'Univers ont tendance à tomber en désuétude, mais notre crainte des espaces infinis n'a pas diminué pour autant.

Pour les premières collectivités humaines, l'observation des phénomènes célestes revêtait une grande importance pratique. La mesure de la longueur variable des jours et des nuits permettait de définir des années et des saisons, et ce calendrier rudimentaire indiquait aux hommes quand ils devaient semer, chasser ou faire des réserves de nourriture. Avec le temps, les observations se firent plus précises, des cycles plus complexes purent être étudiés, et le firmament fut divisé en constellations – des groupes d'étoiles dessinant une figure fixe dans le ciel. Ces constellations furent associées à des objets, des animaux, des personnages mythiques, et des qualités humaines ou divines furent projetées sur les mouvements apparents du Soleil, de la Lune et des planètes. Les cieux devinrent alors la demeure d'une multitude de dieux, d'êtres fabuleux et de héros, et des mythes relatant leurs aventures et leurs mésaventures furent transmis de génération en génération, acquérant progressivement une importante signification dans la compréhension intuitive de la destinée de l'homme, et plus tard de sa psychologie.

Les figures du zodiaque
Les figures symbolisant les douze signes du zodiaque correspondaient à l'origine aux constellations auxquelles ils étaient liés. Dans cette illustration d'un traité d'astrologie arabe du XVe siècle, chaque signe, désigné par son nom latin, est représenté par sa figure et son symbole graphique.

Cette explication de la vie humaine par l'action du cosmos n'a rien de surprenant si l'on se souvient que, pour les hommes d'autrefois, la Création tout entière était un immense réseau de forces interagissantes. Aucun événement, si insignifiant fût-il en apparence, n'était pour eux dénué de sens, puisqu'il était relié à la totalité de l'Univers : les entrailles d'un animal sacrifié pouvaient révéler l'issue d'une bataille lointaine, les rêves annonçaient l'avenir, et des cailloux jetés sur le sol indiquaient à un individu comment il devait se comporter. De la même manière, les existences humaines étaient perçues comme des reflets de réalités écrites dans le ciel.

L'astrologie – le système divinatoire basé sur l'interprétation des configurations planétaires – est née en Mésopotamie. Des tablettes babyloniennes du VIIe siècle avant J.-C. parlent de l'influence sur les affaires humaines de quatre divinités célestes : Shamash (le Soleil), Sin (la Lune), Ishtar (Vénus) et Adad (le dieu de l'Orage, assimilé à l'ancienne constellation du Corbeau). Au fil des siècles, la science divinatoire des Chaldéens se répandit dans tout le Moyen-Orient, en Inde et en Chine, où elle connut des développements indépendants, mais il fallut attendre la civilisation hellénistique pour qu'elle accomplisse des progrès significatifs en Europe. Au IIe siècle après J.-C., Ptolémée donna aux constellations le nom que la plupart d'entre elles portent encore aujourd'hui, et des observations précises permirent aux astronomes grecs de dresser une carte des déplacements du Soleil, de la Lune et des cinq planètes que l'on connaissait alors, non plus grâce à des relèvements au compas,

L'Homme zodiacal
Dans l'astrologie traditionnelle, le corps humain idéalisé, figurant l'Homme primordial, était considéré comme un microcosme des principes célestes, chaque signe du zodiaque étant associé à une fonction corporelle particulière. En application de la célèbre formule hermétique « Ce qui est en haut est comme ce qui est en bas », tout événement du ciel était supposé avoir sa répercussion dans le bien-être physique et mental des individus. L'Homme zodiacal, appelé l'Homme-temps (*Kalapurusa*) en Inde, était une figure courante dans la littérature médiévale, comme le montre cette illustration tirée d'un manuscrit français du XVe siècle. Au XVIe siècle, l'astrologie était un allié efficace de la médecine, et les « humeurs » et les souffrances des malades étaient souvent diagnostiquées et soignées en fonction de leur signe de naissance.

mais par rapport aux points fixes de la voûte céleste que sont les constellations. Considérés de cette manière, le Soleil et les planètes semblaient se mouvoir à l'intérieur d'une étroite bande de 17° de largeur faisant le tour du ciel, qui fut nommée zodiaque (cercle des vivants) et divisée en douze parties de 30° chacune, appelées signes zodiacaux. Ces signes reçurent à l'origine le nom de la principale constellation qu'ils contenaient, mais du fait de la précession des équinoxes, les constellations sont aujourd'hui sorties de leurs signes, et au début de chaque année, par exemple, le Soleil n'apparaît plus dans le Capricorne, mais dans le Sagittaire.

Au cours du développement de l'astrologie, les mouvements du ciel furent mis en relation avec ceux de la Terre, et le zodiaque se chargea de divers symboles associés aux saisons et aux signes qui leur correspondaient. Ainsi le Lion, qui est dominant en août, représentait-il la toute-puissance du Soleil et était-il suivi en septembre par la Vierge, figurant la fin d'un cycle végétal et la préparation du suivant, puis en octobre par la Balance, illustrant le juste milieu (l'équinoxe d'automne) entre l'été et l'hiver.

Les Babyloniens avaient déjà observé que le caractère des êtres humains semble bien souvent déterminé par leur date de naissance. Progressivement, douze personnalités typiques, correspondant approximativement aux signes du zodiaque, furent définies par les astrologues, et des « thèmes astraux » (horoscopes), représentant la configuration du zodiaque au moment de leur naissance, furent utilisés pour faire apparaître les potentialités des individus et prédire leur avenir. Cette astrologie, dite « judiciaire », est encore en usage de nos jours sous une forme qui n'a pratiquement pas changé depuis l'Antiquité.

Les douze signes du zodiaque sont divisés en quatre groupes de trois, dont chacun est associé à un des éléments, à un genre et à des qualités spécifiques. Les signes de feu (Lion, Bélier, Sagittaire) symbolisent l'impétuosité et l'énergie, les signes d'eau (Poissons, Cancer, Scorpion) l'émotion et l'intuition, les signes d'air (Verseau, Gémeaux, Balance) la logique et l'intelligence, et les signes de terre (Capricorne, Taureau, Vierge) le sens pratique et la fidélité aux engagements pris. Par ailleurs, dans la succession du zodiaque, les signes sont alternativement « masculins » et « féminins », les signes d'air et de feu sont extravertis, les signes d'eau et de terre introvertis, et les douze signes associés deux à deux forment six paires, ou « polarités », à l'intérieur desquelles leurs qualités respectives s'équilibrent.

L'influence des planètes
Mercure, représenté ici avec ses deux serpents entrelacés, dans une édition du XVIe siècle du *Shepheard's Kalendar* (Calendrier du Berger), était perçu comme une planète mâle, favorisant la communication. Les natifs de Mercure étaient supposés avoir l'esprit vif, la parole facile et une inclination marquée pour les arts et les sciences.

Pour l'astrologie, l'action des corps célestes sur la Terre dépendait des relations entre les signes et les planètes, considérées comme les forces à l'œuvre derrière tous les événements terrestres et étroitement liées aux dieux. Chaque planète (l'astrologie actuelle en compte dix, le Soleil et la Lune étant assimilés à des planètes) est figurée par un symbole et supposée « gouverner » un ou plusieurs signes. Les positions des planètes les unes par rapport aux autres, exprimées en rapports angulaires et

Le Soleil et la Lune
Dans l'astrologie divinatoire, le Soleil et la Lune ont de tout temps été assimilés à des planètes. La Lune, féminine, représente la réflexion et l'imagination, tandis que le Soleil, masculin, figure la véritable réalité de l'être et du monde. La partie sombre du disque de la Lune, lorsqu'on ne distingue d'elle qu'un croissant brillant, symbolise l'inconscient. Maîtresse des marées, la Lune est fréquemment associée à la mer, et cette miniature italienne du XVe siècle la montre guidant des marins.

Les symboles planétaires

☉ Soleil

☽ Lune

☿ Mercure

♀ Vénus

♂ Mars

♃ Jupiter

♄ Saturne

♅ Uranus

♆ Neptune

♇ Pluton

appelées « aspects », déterminent l'interaction positive ou négative des énergies qu'elles représentent : les aspects majeurs sont la conjonction (0°), le sextile (60°), le carré (90°), le trigone (120°) et l'opposition (180°).

Pour l'établissement d'un thème astral, le ciel est divisé en douze secteurs, ou « maisons », à partir de la ligne d'horizon. Les maisons, qui ont aussi des aspects avec les planètes, sont désignées par des numéros plutôt que par des noms et, selon les signes et les planètes qui s'y trouvent, fournissent des indications sur la santé, le travail, la créativité et les relations personnelles des individus.

Les caractéristiques du signe de naissance, la présence des planètes dans les signes et dans les maisons, les aspects des planètes entre elles et avec les maisons font apparaître dans les horoscopes un réseau complexe d'interrelations, complémentaires ou antagoniques, qui est censé représenter et diriger le destin de chacun. La science a depuis longtemps nié que les astres puissent exercer une quelconque influence sur nos vies et montré que les constellations autrefois divinisées par les hommes ne sont en réalité que des groupes de corps célestes séparés les uns des autres par des distances défiant l'imagination, si éloignés de notre propre monde que l'idée qu'ils puissent agir sur lui paraît défier le bon sens. Dans l'optique scientifique rationaliste, l'astrologie est considérée comme une superstition, une pseudo-science, dans le meilleur des cas comme l'ancêtre primitif de l'astronomie moderne.

Malgré cela, la croyance selon laquelle notre destinée est liée d'une manière ou d'une autre aux étoiles continue de vivre en nous, et le système symbolique de l'astrologie exerce encore une attraction puissante sur nos esprits. Les courants les plus modernes de la science se rapprochent par ailleurs de certaines idées contenues dans l'astrologie. Ainsi la physique a-t-elle de plus en plus tendance à ne plus considérer l'Univers comme une collection d'objets disparates, sans rapport les uns avec

Les cartes du ciel
Les cartes de la voûte céleste remontent aux premières civilisations humaines. Les calendriers du monde antique étaient basés sur l'observation des groupes fixes d'étoiles, les constellations, dont les mouvements étaient prévisibles. Ces configurations stellaires étaient portées sur les cartes et ornées de dessins d'animaux ou d'êtres mythiques qui variaient selon les cultures. Au IIe siècle, Ptolémée répertoria dans l'*Almageste* plus de mille étoiles, regroupées en quarante-huit constellations. Au cours des siècles suivants, l'astronomie grecque fut répandue en Inde par des traités en sanscrit, qui comportaient des cartes du ciel semblables à celle-ci.

les autres, mais comme un réseau complexe de formes d'énergie interdépendantes – une conception qui rejoint celle qu'ont toujours défendue les astrologues. Et si l'attraction et la lumière des corps célestes autres que le Soleil et la Lune sont trop faibles pour agir sur les habitants de la Terre, il n'est nullement prouvé aujourd'hui que ce soit aussi le cas d'autres sources électromagnétiques de l'espace. Des champs magnétiques existent dans tout le système solaire, et l'atmosphère terrestre est constamment bombardée par le courant de particules du vent solaire, ce vent et ces champs semblant agir les uns sur les autres d'une manière que nous ne parvenons pas encore à comprendre. Par ailleurs, nous supposons aujourd'hui que le « bruit de fond » résonnant dans l'espace que nous croyions autrefois vide est l'écho du « Big Bang » qui donna naissance à l'Univers. Aussi l'argument selon lequel il n'existerait aucune réalité *scientifiquement observable* permettant d'affirmer que les cieux agissent sur nous est-il de moins en moins convaincant, d'autant que l'aptitude des oiseaux et des poissons à s'orienter en utilisant le champ magnétique de la Terre montre à l'évidence que les systèmes nerveux des êtres vivants peuvent être extrêmement sensibles aux influences électromagnétiques.

La déesse du Ciel
Dans la mythologie égyptienne, Nout, la déesse du Ciel, était souvent représentée sous la forme d'un corps allongé formant l'arc du firmament au-dessus de la Terre qu'elle touchait de la pointe de ses doigts et de ses orteils, et dont le ventre constellé symbolisait la Voie lactée. On croyait aussi que Nout avalait le Soleil chaque soir pour le restituer au monde le matin. Également protectrice des morts, elle était fréquemment dessinée à l'intérieur des sarcophages : dans ce cercueil de bois du début du IIe siècle avant J.-C., elle apparaît entourée des signes du zodiaque, les bras ouverts pour accueillir le corps momifié.

Les signes de feu

Bélier
Dates : 21 mars-19 avril
Figure : un bélier
Planète : Mars

Le Bélier (Aries) est la manifestation, sous sa forme primitive, du feu originel – éclatant, explosif, dynamique, initiatique et créateur, mais aussi incontrôlé et potentiellement destructeur. Son impulsion vitale a besoin d'une force extérieure qui l'aide à la canaliser, et c'est la tâche de Mars, la planète gouvernante du signe, qui symbolise la conscience que chaque homme a de lui-même, sa nature propre le distinguant du reste de l'humanité. Le symbole du Bélier (ci-dessous) évoque deux cornes, mais aussi un nez et des sourcils humains, figurant traditionnellement notre individualité.

Les caractéristiques du natif du Bélier sont bien connues : agressif et indomptable (hypermâle), il fonce aveuglément, tête baissée, sur tout ce qui attire son attention. Le signe étant le premier de l'année zodiacale, le bélier chargeant représente aussi l'explosion de la nature au sortir du printemps, le retour de l'énergie solaire après le long engourdissement de l'hiver. Dans ses *Flories Astrologiae*, le grand astrologue arabe Albumasar affirmait que le monde fut créé quand les sept planètes (le Soleil, la Lune, Mercure, Vénus, Mars, Jupiter et Saturne) étaient en conjonction dans le premier degré du Bélier.

Lion
Dates : 23 juillet-21 août
Figure : un lion
Planète : Soleil

Le Lion (Leo) est le feu contrôlé et maîtrisé, disponible, non plus l'étincelle ou l'éclair, mais la flamme irradiante, qui offre sa chaleur et sa lumière à tous ceux qui l'approchent. Le lion symbolise la vie, la vigueur, la dignité royale, la noblesse et l'élévation, la fierté et le courage. C'est, en Occident, le roi des animaux, gouverné par la plus puissante des planètes, le Soleil. Le natif du Lion incarne une autorité plus paisible, moins sauvage que celle du Bélier, mais qui peut dans certains cas, si elle est liée à l'ambition, se manifester sous une forme tyrannique. Le lion est l'un des symboles les plus universels du pouvoir masculin, de la fonction de chef, comme en témoigne sa représentation sur de nombreux blasons.

Cinquième signe du zodiaque, le Lion occupe le milieu de l'été, l'époque où les rayons brûlants du soleil dorent les moissons. Il est donc assimilé au Père tout-puissant, centre de l'Univers, source de toutes les énergies et origine de toute vie. Les deux cercles reliés de son symbole (ci-dessous) figurent le lien unissant la volonté divine et la volonté humaine. Dans l'Homme zodiacal, l'organe du Lion est le cœur.

Sagittaire
Dates : 22 novembre-21 décembre
Figure : un centaure-archer
Planète : Jupiter

Le Sagittaire (Sagittarius), le dernier des signes de feu, possède les qualités des deux autres sous une forme purifiée et plus altruiste. Le Sagittaire dispose bien du pouvoir créateur du Bélier, mais la façon dont il l'utilise est plus maîtrisée, moins instinctive, et s'il a aussi l'ambition du Lion, celle-ci est orientée vers des fins moins égoïstes, relevant davantage de la spiritualité. Le centaure immortel, bien campé sur ses quatre pattes, allie les pouvoirs psychiques supérieurs de l'être humain à la force physique du cheval. Le symbole du signe (ci-dessous) est une flèche dressée vers le ciel, qui figure l'aptitude de l'homme à se hausser au-dessus de sa condition mortelle.

L'archer représente une nature réfléchie, capable de définir et d'atteindre son but – la flèche est un symbole universel de puissance et de lucidité. Comme le Bélier et le Lion, le Sagittaire est un signe de commandement, mais avec une dimension supplémentaire de sensibilité, d'ouverture aux besoins et aux idées d'autrui. Il est gouverné par Jupiter, la planète de l'unification et de la cohésion, fondant en un tout harmonieux la matière et l'esprit, l'humain et le divin. Neuvième signe du zodiaque, il se situe juste avant le solstice d'hiver, saison de l'intériorisation et de la germination.

Les signes d'eau

Poissons
Dates : 20 février-20 mars
Figure : deux poissons
Planètes : Neptune et Jupiter

L'eau est profonde, mystérieuse ; elle peut être dormante ou agitée et n'a pas de forme propre : dans la psychologie moderne, elle symbolise l'inconscient. Tout comme le Bélier est le feu originel, les Poissons (Pisces) sont l'eau sous sa forme la plus mouvante. Les natifs des Poissons sont émotifs, sensibles, indécis et peu fiables, tout entiers livrés à leur monde intérieur et attirés par l'inconnu. Dans le même temps, à l'image de l'eau, ils sont d'une très grande plasticité, capables de s'adapter aux situations les plus exigeantes. Et de la même manière que l'eau coule sans résister, ils ont un caractère doux, compatissant, qui peut parfois les rendre très vulnérables.

Douzième et dernier signe du zodiaque, les Poissons se situent juste avant l'équinoxe de printemps : ils sont les dernières pluies de l'hiver avant l'explosion de vie printanière du Bélier.

A son niveau le plus simple, le symbole du signe (ci-dessous) représente deux poissons. Sur un plan plus ésotérique, un des deux arcs figure la conscience limitée de l'humanité, l'autre la conscience infinie de l'Univers, et la ligne qui les réunit est la Terre, le point de rencontre des mondes matériel et spirituel.

Cancer
Dates : 23 juin-23 juillet
Figure : un crabe
Planète : Lune

Cinquième signe du zodiaque, situé juste après le solstice d'été, le Cancer (Cancer) est l'eau calme et profonde, sous son aspect le plus paisible et rassurant. Les natifs du Cancer, comme ceux des Poissons, sont sensibles, affectueux, émotifs, mais moins vulnérables que ces derniers dans leurs rapports avec les autres, plus aptes à établir des relations sociales. Gouverné par la Lune, le Cancer a un aspect capricieux, tout en montrant la profondeur associée à tous les signes d'eau.

Les qualités des natifs du Cancer sont l'indépendance d'esprit, le calme, la clairvoyance et la sûreté de jugement. Leur tranquillité suggère un goût marqué pour la tradition, mais le signe, comme tous les signes d'eau, a également un côté imaginatif très développé.

Le Cancer est la Grande Mère, l'archétype maternel défini par Jung. Dans la mythologie grecque, le Crabe (l'équivalent du Cancer en Inde) était placé dans le ciel par Héra, la déesse mère. Pour les philosophes de l'Antiquité, le Cancer était « la porte des hommes », le point du zénith par où passaient les âmes lorsqu'elles venaient s'incarner sur terre. Son symbole (ci-dessous) représente le milieu de l'année, le moment où le Soleil inverse son mouvement et où les jours commencent à diminuer.

Scorpion
Dates : 23 octobre-21 novembre
Figure : un scorpion
Planètes : Mars et Pluton

Le plus profond, le plus émotif des signes du zodiaque, le Scorpion (Scorpio) incarne l'aspect paisible de tous les signes d'eau en même temps qu'une grande prédisposition à l'autodiscipline. Tourné vers son monde intérieur, le natif du Scorpion présente les fortes capacités intuitives des Poissons alliées au calme et à la lucidité du Cancer. Il a souvent une personnalité très riche, mais repliée sur elle-même, obstinée dans la poursuite de ses objectifs.

Le scorpion symbolise une certaine propension à piquer les autres soit en leur révélant leurs faiblesses, soit en les stimulant. Le signe est parfois représenté par un aigle, associant les pouvoirs de l'air à ceux de l'eau et figurant son aptitude à se transformer spirituellement, à atteindre aussi bien les sommets que les abîmes de la sagesse intérieure.

Mars confère au Scorpion une grande détermination, tandis que Pluton, planète ténébreuse, peut lui inspirer la jalousie et la possessivité. Huitième signe du zodiaque, le Scorpion occupe le milieu de l'automne, l'époque où la nature rentre en elle-même afin de préparer la renaissance du printemps. Son symbole (ci-dessous) représente l'organe sexuel mâle, et la queue du serpent dont celui de la Vierge (voir page 167) montre la tête.

Les signes d'air

Verseau
Dates : 21 janvier-19 février
Figure : un homme versant de l'eau
Planètes : Saturne et Uranus

Le Verseau (Aquarius) représente l'élément air sous sa forme la plus fluide, la plus libre, correspondant à l'idée de l'« océan » aérien dans lequel nous baignons tous. Cela donne à ce signe un caractère d'universalité, d'affinités électives et de fraternité. De fait, le natif du Verseau est profondément fraternel – compatissant, visionnaire, optimiste, doté d'un grand sens de la communauté et de la coopération. Toutefois, cette dimension sociale, ouverte aux autres, ne va pas toujours sans réticence, partiellement due à la présence de Saturne dans le signe.

L'eau répandue par le Verseau est celle de la connaissance, qu'il ne désire pas seulement acquérir pour lui mais également partager avec les autres. Les deux lignes ondulées de son symbole (ci-dessous) peuvent figurer les chemins de la communication, mais aussi les deux serpents de la sagesse que sont l'intuition et la pensée rationnelle. Onzième signe du zodiaque, situé au milieu de l'hiver, le Verseau marque le moment où la solidarité est le plus nécessaire. La présence d'Uranus dans le signe donne à ses natifs un esprit souvent original et inventif, pouvant faire d'eux des êtres d'avant-garde, d'émancipation et de progrès.

Gémeaux
Dates : 22 mai-23 juin
Figure : des jumeaux enfants ou adolescents
Planète : Mercure

Alors que le Verseau est l'air qui se répand naturellement, généreusement, les Gémeaux (Gemini), considérés parfois comme le signe le plus « enfantin » du zodiaque, représentent l'air sous sa forme changeante, capricieuse, fuyante – mercurielle. Le signe étant double, il manifeste par ailleurs la polarité, la tension des contraires : masculin-féminin, ténèbres-lumière, sujet-objet, etc. Les natifs des Gémeaux ont un grand besoin d'établir des relations avec les autres, mais leur souplesse de caractère leur permet en même temps d'accepter sans difficulté leur nature paradoxale. Comme tous les signes d'air, les Gémeaux ont un goût marqué pour la cérébralité aux dépens de l'affectivité.

Troisième signe du zodiaque, les Gémeaux affectent la période de l'année qui précède le solstice d'été. Leur symbole (ci-dessous) exprime une dualité, intérieure et extérieure, dans laquelle les deux pôles opposés sont toutefois reliés : il peut illustrer la communauté des esprits, ou la créativité naissant de l'union féconde de l'intuition et de la rationalité. Dans le zodiaque copte, le signe est figuré par deux amants.

Les signes de terre

Balance
Dates : 23 septembre-22 octobre
Figure : une balance
Planète : Vénus

Comme le suggère sa figure, la Balance (Libra), cinquième signe du zodiaque, est étroitement associée aux idées d'équilibre et de justice. Les natifs de la Balance allient l'altruisme du Verseau à la curiosité intellectuelle des Gémeaux, sans laisser l'une de ces qualités l'emporter sur l'autre. Comme les autres signes d'air, la Balance représente l'intelligence, modérée par la sensibilité, qui unit les affinités électives du Verseau et la curiosité d'esprit des Gémeaux pour aboutir à un véritable dialogue du cœur.

La présence de Vénus dans le signe se manifeste par la beauté, l'ordre, la grâce, un sentiment d'harmonie qui conduit à la paix intérieure et extérieure. L'aspect négatif de la Balance peut être une tendance à l'indécision.

Le symbole du signe (ci-dessous) représente le soleil disparaissant derrière l'horizon. Il rappelle que la Balance commence au milieu de l'année astronomique, au moment où les nuits deviennent plus longues que les jours, mais sa ligne supérieure illustre aussi les pouvoirs de l'esprit, et sa ligne inférieure l'existence matérielle.

Capricorne
Dates : 23 décembre-19 janvier
Figure : un bouc ou une chèvre
Planète : Saturne

Le Capricorne (Capricornus), dixième signe du zodiaque, débute au solstice d'hiver, la « porte des dieux », le moment de l'année où le jour, ayant atteint son point le plus bas, recommence lentement à grignoter la nuit. Il correspond à la terre hivernale, repliée sur elle-même mais dans les profondeurs de laquelle se prépare le printemps. Les natifs du Capricorne sont en conséquence prudents, pragmatiques, prévoyants. Négativement, le bouc peut signifier l'entêtement borné, mais sous son aspect positif il incarne aussi la résolution et l'autodiscipline.

La présence de Saturne donne aux natifs du Capricorne une grande maîtrise d'eux-mêmes, qui fait d'eux des êtres réfléchis, tournés vers l'étude plutôt que vers l'action. Cette planète leur confère aussi le goût de la solitude, qui peut se traduire par un renfermement excessif, un aspect sombre et dépressif. Le côté mystique du Capricorne les pousse à s'intéresser aux forces cachées de la nature. La figure du signe est tantôt une chèvre, animal terrestre grimpant vers les cimes, tantôt une créature mythique, mi-bouc, mi-dauphin – illustrant sa nature ambivalente, à la fois tournée vers les hauteurs et fascinée par l'abîme, simultanément occupée à finir un cycle et à préparer le suivant. Son symbole (ci-dessous) représente l'équilibre difficile entre ces deux tendances.

Taureau
Dates : 20 avril-19 mai
Figure : un taureau
Planète : Vénus

Le Taureau (Taurus), deuxième signe du zodiaque, se situe entre l'équinoxe de printemps et le solstice d'été. Il incarne la terre sous son aspect visible, jaillissant, extraverti. L'entêtement du Capricorne n'est plus ici un repli, mais une expansion vitale, marquée par la force et le courage. Les natifs du Taureau sont impétueux, déterminés, souvent d'un commerce difficile, mais aussi doués d'une grande puissance de travail et dignes de confiance.

Le Taureau est gouverné par Vénus, qui confère à ses natifs un attrait marqué pour la beauté naturelle se traduisant fréquemment par une forte impulsion sexuelle. Cet aspect, associé à la matérialité et à la fécondité du Taureau, produit une sensualité parfois débordante, heureusement tempérée par la prudence innée liée au signe. Le Taureau peut avoir un côté jaloux, accapareur, mais il se montre également généreux et attentionné avec les autres.

Son symbole (ci-dessous) représente une tête de taureau stylisée, mais aussi une lune surmontée d'un croissant. La lune est Vénus, la mère céleste, pleine et féconde, tandis que le croissant figure les appétits matériels du signe, parfois exagérément tourné vers le plaisir ou la possession.

Vierge
Dates : 22 août-22 septembre
Figure : une jeune femme tenant parfois une gerbe
Planète : Mercure

Sixième signe du zodiaque, la Vierge (Virgo) se situe au moment des moissons, lorsque le cycle végétal s'achève, la terre féconde redevenant vierge pour un nouveau cycle. A la différence du Capricorne et du Taureau, qui représentaient l'énergie indifférenciée, souterraine puis visible, de la Terre, la Vierge marque le temps du résultat, du calcul, de la pesée, de la différenciation et des limites.

Les natifs de la Vierge sont méthodiques, consciencieux, portés à l'analyse et à l'examen ; ils peuvent aisément devenir exagérément critiques. Leur figure, la Vierge, incarne une propension à se montrer trop difficile, à rejeter tous ceux qui s'approchent d'elle en arguant de leurs insuffisances, réelles ou bien imaginaires. En conséquence, ils sont souvent exigeants, intolérants avec les autres, d'autant que la présence de Mercure dans leur signe leur confère une tendance naturelle à s'inquiéter de tout ce qu'ils ne peuvent pas contrôler. Mais, sous leur aspect positif, ils sont aussi sincères, ordonnés, attachés aux principes et remarquablement efficaces.

Le symbole de la Vierge (ci-dessous) représente l'organe sexuel femelle, et la tête du serpent dont la queue figure dans celui du Verseau (voir page 164).

Le tarot

Les soixante-dix-huit lames du tarot sont réparties en deux groupes distincts : les vingt-deux arcanes majeurs, numérotés de I à XXI, avec une lame sans numéro d'ordre, et les cinquante-six arcanes mineurs, qui constituent quatre séries similaires à celles des jeux de cartes ordinaires – les deniers, les bâtons, les coupes et les épées –, mais de quatorze lames chacune : dix lames, numérotées de l'as au X, et quatre figures – un roi, une reine, un cavalier et un valet. Il est possible que ces deux groupes de cartes proviennent de sources différentes et qu'ils aient été réunis en un seul jeu parce que leur signification et leur usage étaient identiques.

Le jeu de tarots
Le tarot, qui se répandit en Europe à partir du XVe siècle, fut à l'origine de nombreux jeux de cartes, comme le piquet français, le lansquenet allemand ou le bridge anglais. Son équivalent italien était les *tarocchi*, dont on voit ici quelques arcanes majeurs et mineurs d'un jeu datant de la fin du XIXe siècle.

Les origines du tarot sont mystérieuses. Certains pensent que son nom pourrait venir de *rota* (la roue), de Tora (la Bible), ou de *tara*, qui signifie « déduction » en italien. De multiples recherches ont été faites pour en retrouver la trace dans les anciennes civilisations égyptienne, indienne et chinoise, et son introduction en Europe a été attribuée, alternativement, aux Arabes, aux Tziganes et aux Arméniens. Selon une autre hypothèse, les arcanes mineurs émaneraient, du moins en partie, de jeux de cartes indiens liés au dieu hindou Vishnu qui auraient été ramenés d'Orient aux environs du XIIIe siècle par des marchands vénitiens. Vishnu est en effet traditionnellement représenté tenant dans ses quatre mains un disque, une fleur de lotus, une massue et une conque (voir page 143) – qui symbolisent respectivement l'existence physique (*karma-yoga*), la dévotion (*bakhti-yoga*), la connaissance (*jnana-yoga*) et la réalisation intérieure (*raja-yoga*) –, qui pourraient avoir inspiré les quatre séries des arcanes mineurs. Cependant, ces arcanes n'étaient pas originellement des cartes à jouer, mais des symboles du voyage de l'âme, à travers les quatre éléments et les quatre aspects fondamentaux de la vie, jusqu'à l'illumination spirituelle. Dans chaque série, cette progression s'effectuait de l'as (le Principe) à la lame X, puis de figure en figure jusqu'au stade suprême de la royauté. Les arcanes majeurs, qui venaient probablement, eux aussi, de l'Orient, pourraient avoir représenté un cheminement spirituel plus profond, plus ésotérique, dans lequel les quatre voies des arcanes mineurs se seraient intégrées. On ne peut que se livrer à des hypothèses sur la manière dont les deux groupes de lames en vinrent à être réunis. Il est vraisemblable que les occultistes du nord de l'Italie, reconnaissant leurs fonctions similaires, les ont utilisés pendant de nombreuses années dans le même but, jusqu'à finir par les confondre et les mélanger. Durant cette période, les lames subirent de nombreuses modifications avant d'aboutir aux jeux qui sont utilisés de nos jours.

Le premier tarot connu ressemblant aux jeux actuels, dont dix-sept lames sont conservées au Cabinet des Estampes, à Paris, fut dessiné en 1392 pour le roi de France Charles VI. Le tarot commença ensuite à se répandre en France et en Italie, puis dans le reste de l'Europe, à partir du début du XVe siècle. Peu à peu, peut-être à cause de l'hostilité de l'Église, sa fonction initiatique fut estompée au profit de son emploi comme jeu de société, et les arcanes majeurs, trop complexes pour cet usage, furent éliminés des jeux de cartes courants.

Le Tarot de Waite
Inspiré des théories de l'occultiste français Eliphas Lévi, le jeu de Waite, apparu au XXe siècle, a révolutionné le symbolisme traditionnel du tarot. Conçu par Arthur Edward Waite, membre de l'Ordre hermétique de la Golden Dawn (voir page 144), et peint par Pamela Colman, le jeu de Waite a servi de modèle à de nombreux jeux. Les lames des arcanes mineurs montrent des scènes, plutôt que des séries de coupes, de bâtons, d'épées ou de deniers, ce qui permet à l'imagination de jouer un plus grand rôle dans leur interprétation. Cela explique sans doute le succès du jeu de Waite, qui est l'un des plus populaires parmi les tarots utilisés aujourd'hui, après le tarot de Marseille.

Une croyance bien établie veut que le tarot soit la mise en images des connaissances dispensées aux hermétistes de l'Antiquité par le dieu égyptien Thot (l'Hermès Trismégiste des Grecs). Au XIXe siècle, le Français Eliphas Lévi (voir page 145), utilisant le jeu divinatoire dessiné par le perruquier parisien Etteila, élabora un système complexe d'interprétation du tarot fondé sur le symbolisme égyptien et la kabbale. Bien que la vision de Lévi soit parfois très contestable, il est indéniable que le tarot a plus d'un lien avec la kabbale : les vingt-deux arcanes majeurs correspondent aux vingt-deux lettres de l'alphabet hébraïque, et les quatre séries des arcanes mineurs pourraient figurer les quatre « mondes » de l'Arbre sephirotique. Mais le jeu vraisemblablement le plus proche du tarot originel est actuellement l'Ancien Tarot de Marseille, édité en France en 1761 par des maîtres cartiers ayant conservé les bois et les coloris des graveurs médiévaux et modernisé depuis par B. P. Grimaud, dont nous présentons dans les pages suivantes les arcanes majeurs de plusieurs versions françaises et italiennes.

Exprimant une « sagesse primordiale » présente dans toutes les grandes traditions philosophiques et religieuses de l'humanité, les arcanes majeurs du tarot constituent l'un des systèmes symboliques les plus complexes et les plus fascinants qui soient. Étudier le tarot et s'identifier avec ses lames, c'est se lancer dans l'aventure de la découverte de soi, dont nul ne peut sortir sans en avoir été profondément modifié. Offrant une image complète de la nature de l'homme et du chemin que chacun de nous doit suivre pour faire éclore toutes ses potentialités, les vingt-deux lames majeures sont l'illustration symbolique d'un processus que la psychologie moderne, reprenant l'expression de C. G. Jung, appelle l'*individuation*, et qui est à la base de tout le développement humain.

Le travail sur soi avec le tarot

Afin d'utiliser les arcanes majeurs du tarot comme un moyen de se découvrir soi-même, il faut prendre le temps de réfléchir sur ce que représente chacune des vingt-deux lames. Lisez attentivement les pages qui suivent, puis étudiez les lames l'une après l'autre, dans l'ordre où le jeu les présente, en progressant du Mat (Fou) au Monde.

Consacrez plusieurs jours à chaque lame, en vous concentrant le plus souvent possible dessus. Placez-la de façon à l'avoir toujours sous les yeux, chez vous ou sur votre lieu de travail, et regardez-la chaque fois que vous le pouvez. Laissez son image vous imprégner, pour la conserver en vous et pour pouvoir l'évoquer le soir, juste avant de vous endormir. Demandez au(x) personnage(s) central(ux) ce qu'il(s) a (ont) à vous dire sur vous-même. Ne vous inquiétez pas de savoir si ce que vous percevez a une réalité objective ou n'est qu'une projection de votre inconscient. Dans tout travail avec des symboles, on ne peut obtenir un résultat que si l'on cesse de chercher à tout prix des explications logiques. L'image est simplement là, devant vos yeux, avec son existence propre. C'est elle qui agit sur vous.

En progressant de lame en lame, ne vous laissez pas influencer par celles qui vous attirent ou qui vous repoussent. Notez-les, puis oubliez-les. Ne considérez pas non plus qu'il existe des « bonnes » lames et des « mauvaises ». Chacune d'elles est ambivalente, et toutes ont leur rôle à jouer dans votre prise de conscience.

Certaines lames vous retiendront plus longtemps que d'autres, mais, avec le temps, chacune finira par éveiller des intuitions en vous. Certaines vous sembleront très claires, un peu comme si elles vous montraient un aspect de vous-même que vous connaissez déjà et avez accepté, tandis que d'autres seront plus ténébreuses. Notez à chaque fois tout ce que vous ressentez : vous ferez ainsi des découvertes riches d'enseignement. Étudiez chaque lame jusqu'à ce que vous ayez acquis la conviction qu'elle vous a livré complètement son message, qu'elle ne peut rien vous dire de plus. Observez-la, dessinez-la, peignez-la, de façon qu'elle atteigne votre inconscient et que vous puissiez la visualiser les yeux fermés. Lorsque vous en êtes bien imprégné, installez-vous confortablement, au calme, et méditez sur elle, en la maintenant au premier plan de votre conscience et en chassant toute autre pensée. Une fois que vous avez atteint le seuil maximal de concentration, imaginez que son cadre est une porte et que vous contemplez une scène qui se déroule de l'autre côté. Franchissez alors le seuil, et mêlez-vous à cette scène. Vous constaterez que les événements s'y déroulent en dehors de votre volonté, exactement comme dans un rêve. Laissez les images agir, et notez ce qui arrive.

Quand vous aurez achevé ce travail sur les vingt-deux lames, des aspects de votre personnalité se dévoileront. Analysez vos découvertes. Certains de ces aspects vous paraissent-ils nettement sous-développés ? D'autres font-ils naître en vous un sentiment de honte ? Y en a-t-il que vous ressentiez comme des potentialités inexploitées, des forces latentes que vous ne parvenez pas à exploiter ?

Si vous respectez bien l'ordre du jeu, vous constaterez certainement que la progression de vos nouvelles intuitions suit un ordre logique, chaque révélation s'enrichissant de lame en lame. D'ailleurs, vous ne pourrez élucider et intégrer aucune lame si celles qui la précèdent ne vivent pas déjà en vous.

Le tarot divinatoire

Pour de nombreuses personnes, les arcanes majeurs du tarot (et parfois aussi les arcanes mineurs) sont un instrument de divination. Les lames sont battues puis disposées sur une table dans un certain ordre, l'image cachée ; le « tireur » retourne ensuite chaque lame l'une après l'autre, de façon à déchiffrer les renseignements concernant la personnalité du consultant, ou ses difficultés, ou ce que lui réserve l'avenir. Dans cette pratique, chaque carte est interprétée par le « tireur », au lieu de se révéler elle-même au consultant par le biais de la réflexion personnelle et de la méditation. Dans les pages suivantes est expliqué le symbolisme des vingt-deux arcanes majeurs ; vous y trouverez également quelques-uns des sens divinatoires qui leur sont ordinairement attribués, mais, si vous avez l'intention d'utiliser le tarot de cette manière, vous devrez d'abord suivre le processus d'intégration précédemment décrit, afin que toutes les lames résonnent profondément en vous. Par ailleurs, il va sans dire que la divination sera plus probante si vous interprétez vous-même le tirage, et non une autre personne.

Lorsque vous préparez votre jeu pour la divination, battez-le en renversant une partie des lames chaque fois que vous coupez. Quand vous retournez vos lames, celles qui sont renversées représentent les aspects négatifs des qualités qu'elles figurent. Chaque lame est également influencée par celles qui l'entourent. Ainsi, le sens d'une lame positive peut être infirmé par des lames négatives (renversées), tout comme les effets d'une lame négative sont contrebalancés par ceux des lames positives voisines. De plus, deux lames positives ou négatives s'annuleront réciproquement si leurs messages sont clairement contradictoires.
En interprétant votre tirage, souvenez-vous que quand vous le questionnez sur l'avenir, le tarot indique des tendances, jamais des certitudes. Rien de ce qu'il annonce n'est inévitable, et les cartes négatives doivent être prises comme des avertissements ou des conseils plutôt que comme le présage de malheurs.

0. Le Fou (ou Mat)
Au Moyen Age, le fou n'était pas toujours considéré comme un simple d'esprit. Dans son rôle de bouffon du roi, on lui attribuait une sagesse supérieure, qui faisait parfois de lui un personnage plus écouté que les plus hauts dignitaires. Par ailleurs, il n'était pas tenu de respecter l'étiquette de la cour et il bénéficiait du privilège de pouvoir se moquer impunément de tout. Comme Socrate, il était assez sage pour savoir qu'il ne savait rien. Son esprit étant vierge de préjugés et de définitions, il voyait les choses telles qu'elles étaient réellement. Dans le tarot, le Fou symbolise la partie de nous-même qui est à la fois assez innocente pour s'émerveiller du mystère de la Création et assez audacieuse pour en entreprendre l'exploration. C'est la seule lame du jeu qui n'est pas numérotée, aussi certains auteurs lui attribuent-ils le 0, et d'autres le XXII, ces différentes conceptions, moins contradictoires que complémentaires, signifiant qu'il se situe aussi bien au début qu'à la fin de nos transformations, puisqu'il est l'esprit-témoin qui observe, inchangé, le théâtre d'ombres de nos existences. Quel que soit l'endroit où on le place, il tourne toujours le dos, de toute façon, au monde extérieur pour se lancer à la découverte de l'inconnu – la réalité intérieure de l'homme.

Sens divinatoire : incident imprévu, recommencement inattendu, positif ou négatif, selon les cartes qui l'entourent. *Renversée :* dangers d'une conduite irréfléchie.

I. Le Bateleur
La magie est essentiellement un processus de transformation. Sans une certaine magie intérieure, notre nature réelle serait condamnée à rester toujours cachée derrière le monde confus de nos émotions, de nos besoins physiques et de notre conditionnement social. Premier des arcanes majeurs, le Bateleur, parfois appelé Mage, est la partie de nous-même qui inaugure notre transformation.

Parmi les divers objets figurant sur la lame du Bateleur, on reconnaît un récipient (coupe), un couteau (épée), des pièces de monnaie (deniers), posés sur une table, et une baguette (bâton), qu'il tient à la main. Évoquant les quatre séries des arcanes mineurs, ces objets symbolisent les quatre éléments, ainsi que les fondements de notre existence (voir page 168). Disposant des instruments nécessaires à son évolution mais ne sachant comment s'en servir, le Bateleur représente le consultant.

Sens divinatoire : confiance en soi, volonté d'aboutir, acceptation des risques. *Renversée :* indécision, refus de saisir de nouvelles chances.

II. La Papesse
Tout système symbolique digne de ce nom nous rappelle que le masculin et le féminin sont des aspects égaux, complémentaires, de la totalité. Ce n'est qu'en reconnaissant et en intégrant ce phénomène que nous pouvons atteindre notre équilibre.

La Papesse, ou Grande-Prêtresse, parfois identifiée à l'Isis égyptienne ou à la Junon grecque, symbolise le principe féminin caché, mystérieux, qui attend et reçoit l'énergie active et perceptible du principe masculin. Nous ne pouvons entreprendre la découverte de nous-même à travers les arcanes majeurs qu'en reconnaissant ce que la Papesse représente dans notre esprit : énigmatique et belle, elle est la femme détenant tous les secrets du monde derrière les voiles « qu'aucun mortel n'a jamais soulevés », et le livre qui repose sur ses genoux est le Livre de la Sagesse, « dans lequel tout est contenu ».

Sens divinatoire : intuition profonde, créativité, perception de vérités cachées. *Renversée :* instabilité émotionnelle, soumission à une femme, manque d'intuition.

III. L'Impératrice
Alors que la Papesse représente le principe féminin dans son essence, l'Impératrice en est la manifestation toute-puissante dans le monde. Image de la fécondité universelle, elle incarne la Terre Mère, qui préside à la naissance et à la destinée de tous les êtres vivants. Sa couronne rappelle les dons que nous recevons en venant au monde, et sur son écu figure un aigle, symbole solaire et céleste associé au courage et à la clairvoyance.

L'Impératrice n'a rien de mystérieux : « force motrice par laquelle vit tout ce qui vit », elle est l'intelligence souveraine accessible à quiconque recherche très sincèrement la vérité. Son sceptre indique que par le cœur et l'esprit elle peut ordonner le Ciel et la Terre, mais elle demeure passive (assise) et incomplète si elle n'est pas associée à la lame suivante, l'Empereur, son complément masculin.

Sens divinatoire : fécondité, abondance, croissance, ressources apportées par la nature, confort et sécurité. *Renversée :* appauvrissement, stagnation, difficultés dans le foyer.

IIII. L'Empereur
Les arcanes IIII et V représentent les aspects masculins de notre nature. L'Empereur est l'archétype de la puissance masculine : il symbolise la maîtrise, la domination et la réussite, celui qui s'est rendu maître de lui et du monde. Son écu, souvent identique à celui de l'Impératrice, est posé sur le sol ; il brandit son sceptre, qu'il tient fermement au lieu de le plaquer contre lui, et il se tient debout, appuyé sur un coude, à la fois en parfait équilibre et prêt à l'action, alors que l'Impératrice est en position d'attente. Mais, s'il régit l'ordre temporel, il ne peut régner sur le monde spirituel qu'en assumant le mariage des contraires, le masculin actif et le féminin passif, figuré dans certains jeux par le fait que les personnages des lames IIII et V se font face, unissant la Sagesse et la Force pour gouverner la création.

Sens divinatoire : protection, travail constructif, maîtrise de soi, domination. *Renversée :* manque d'ambition, faiblesse, soumission, perte d'influence, ou encore tyrannie et obstination stérile.

V. Le Pape
Le Pape, parfois appelé le Maître des Arcanes ou le Hiérophante (celui qui fait apparaître les choses sacrées), est également une manifestation de l'énergie masculine – la présence du féminin dans l'homme qui se traduit par le pouvoir spirituel. Il siège sur un trône, tout comme l'Empereur, mais les personnages qui l'écoutent (deux ou quatre, selon les jeux) sont moins ses sujets que ses disciples. Le Pape concilie en lui les deux aspects complémentaires de la spiritualité : masculine, extérieure et exotérique (figurée par sa cape rouge), et féminine, intérieure et ésotérique (illustrée par sa robe bleue).

Sa tête est coiffée d'une tiare à trois couronnes, symbolisant sa domination sur les trois mondes – divin, psychique et physique –, et la croix dont il tient la hampe dans sa main gauche a trois traverses et sept terminaisons – le chiffre de l'harmonie.

Sens divinatoire : connaissance, sagesse, inspiration, conseils avisés. *Renversée :* mensonge, calomnie, mauvais conseils.

VI. L'Amoureux
L'arcane VI montre un jeune homme hésitant entre deux femmes qui semblent le solliciter. L'une est jeune et séduisante ; l'autre, plus âgée, a l'air sévère. Au-dessus du trio, Cupidon (l'Amour) pointe sa flèche sur le personnage central. Le symbolisme de cette composition est tout à fait clair : ayant reconnu la nécessité d'unir en lui le masculin et le féminin, l'homme doit choisir entre les deux aspects majeurs et souvent contradictoires de la femme : virginale et sacrée (la Papesse), représentant la sagesse, ou féconde et charnelle (l'Impératrice).

Dans le Tarot de Waite, on voit un homme et une femme nus, au-dessus desquels vole un être androgyne. Ils représentent la fusion du masculin et du féminin pleinement intégrés. La créature ailée est la partie de l'être humain qui se trouve au-delà de la division sexuelle, et qui tout à la fois permet l'union des contraires et en résulte.

Sens divinatoire : attirance, amour, association, choix à faire. *Renversée :* indécision, haine, problèmes relationnels.

VII. Le Chariot

Dans de nombreux jeux, le personnage du Chariot, parfois appelé le Vainqueur, est l'Amoureux mûri, portant une couronne d'or et les marques de l'unité qu'il a conquise en dépassant ses oppositions intérieures : une cuirasse, figurant son aspect masculin, et deux demi-visages lunaires sur ses épaules, représentant son aspect féminin. C'est parce qu'il a résolu ses conflits internes qu'il est sur le Chariot, c'est-à-dire qu'il avance, et certains jeux le montrent sous un dais étoilé, signifiant qu'il est désormais maître de sa destinée.

Dans le Tarot de Waite, on voit une ville fortifiée à l'arrière-plan, symbolisant le monde physique dont le personnage s'éloigne en lui tournant le dos. Le chariot est tiré par deux chevaux, l'un rouge, l'autre bleu, ou tous les deux marqués de rouge et de bleu, qui figurent l'union de la puissance spirituelle et de la puissance matérielle.

Sens divinatoire : succès mérité, ambition justifiée, réalisation. *Renversée :* égoïsme, insensibilité, brutalité, progrès réalisés aux dépens des autres.

VIII. La Justice

La Justice, appelée aussi Thémis, ou la Balance, porte des habits où le bleu (pouvoir spirituel) et le rouge (pouvoir temporel) s'équilibrent, et la plupart de ses attributs sont jaunes – la couleur du Soleil. Figurant l'harmonie intérieure et l'accord avec le monde, elle représente la conscience humaine la plus élevée.

Dans la plupart des jeux, sa balance est immobile, son glaive droit. La balance symbolise la juste répartition en chacun de nous des puissances du Pape et de la Force (voir page ci-contre), dont la lame VIII (nombre de la perfection) est à égale distance. Elle permet à l'âme de peser chaque chose, de maintenir l'équilibre entre l'intérieur et l'extérieur, l'ésotérique et l'exotérique. Le glaive, instrument de l'intellect, lui sert à trancher, à couper, pour en débarrasser l'homme, tout ce qui gêne sa réalisation spirituelle.

Sens divinatoire : arbitrage, négociation, accord, jugement équitable. *Renversée :* injustice, discorde, déséquilibre, préjudice.

VIIII. L'Hermite

L'Hermite, souvent écrit avec un H pour rappeler sa parenté avec Hermès, le maître des initiés, symbolise la quête spirituelle que chacun doit mener dans la solitude et le secret. Il a les traits d'un vieillard parce qu'il a renoncé à la jeunesse – ou plutôt aux illusions de la jeunesse – pour se consacrer à la recherche de la sagesse à travers l'expérience, le détachement du monde et l'ascétisme. Dépouillé, à l'inverse des figures précédentes, de tout ornement royal, il rappelle que chaque homme doit trouver seul, dans la persévérance et l'humilité, le chemin de son être authentique.

Son bâton de pèlerin le conduit sur la route de l'illumination, et la lampe qu'il tient dans sa main droite, n'éclairant que lui-même, souligne que le chercheur de vérité doit demeurer prudent, attentif à ne pas imposer sa sagesse à ceux auxquels elle n'est pas destinée.

Sens divinatoire : discrétion, silence, besoin de solitude, aptitude à résoudre seul ses problèmes. *Renversée :* rejet des autres, méfiance, isolement, obstination stérile.

X. La Roue de Fortune
La Roue de Fortune, l'une des figures les plus énigmatiques du tarot, relève du symbolisme de la roue. Sur la grande roue de la vie, celui qui avance revient aussi vers son point de départ, mais toujours avec un degré de conscience supérieur, après s'être enrichi de l'expérience d'une révolution. Après un certain nombre de tours, il pourra quitter la roue pour s'intégrer à une réalité plus vaste.

Dans de nombreux jeux, les personnages de la Roue de Fortune sont des créatures mythiques : à gauche, un être simiesque, gouverné par ses instincts, plonge vers la terre ; à droite, un lièvre (ou un chien), guidé par l'intelligence, monte vers le ciel ; au sommet, un animal couronné, évoquant souvent un sphinx, symbolise la connaissance spirituelle, qui seule permet à l'homme de se libérer du cycle des morts et des naissances.

Sens divinatoire : événement important, coup de chance, bouleversement positif des données de l'existence. *Renversée :* malchance, revers, passage d'une période heureuse à une période troublée.

XI. La Force
Selon les jeux, le personnage de la Force est soit une belle jeune femme blonde, soit un jeune homme à l'aspect androgyne, mais le geste qu'il accomplit est invariablement le même : il ouvre à deux mains, sans effort apparent, la gueule d'un lion.
Le sens de cette scène est très clair : la force brutale, matérielle, de notre animalité (de nos instincts) doit être domptée et utilisée par notre force morale et spirituelle. Celle-ci est une puissance féminine, plus irrésistible dans sa douceur que toute forme de violence, et le chapeau que le personnage porte sur la tête, identique à celui du Bateleur, est un 8 couché, symbole de l'infini. Une autre des principales significations de la lame est qu'il ne faut pas détruire ou nier notre inconscient ou nos instincts, mais les dominer et les sublimer pour les mettre au service de notre conscience la plus élevée.

Sens divinatoire : victoire sur les autres ou sur soi-même, réconciliation, opportunité à saisir. *Renversée :* défaite, chance perdue, soumission aux autres ou à ses instincts.

XII. Le Pendu
Appelée parfois le Sacrifice, ou la Victime, la lame XII montre un jeune homme pendu par un pied, la tête en bas, subissant apparemment un châtiment, mais dont le visage demeure souriant et dont le « gibet » est soutenu par deux arbres aux branches coupées (portant des feuilles dans certains jeux). Il a l'air impuissant, mais le symbolisme des nombres (3 éléments du gibet, 4 dessiné par ses jambes, 12 « plaies » des troncs) indique que, s'il s'est mis hors des lois humaines, il est relié, en revanche, aux lois de l'Univers, dont les énergies prennent le relais des siennes. Le Pendu représente cette étape de la progression spirituelle où l'homme, ayant découvert son chemin, doit le suivre coûte que coûte, en se moquant des apparences et des oppositions extérieures.

Sens divinatoire : désintéressement, oubli de soi, sacrifice pour une bonne cause, annihilation des aspects négatifs de l'ego, écoute de la voix intérieure. *Renversée :* soumission aux exigences de l'ego, refus de se fier à l'intuition, arrêt de l'évolution.

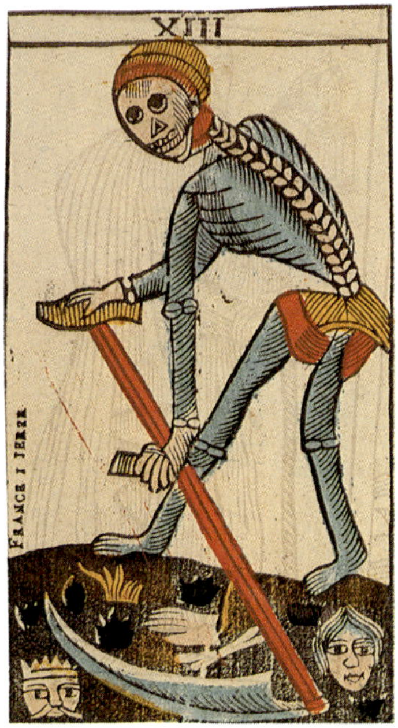

XIII. L'Arcane sans nom
Seul arcane majeur ne portant pas de nom, la lame XIII représente la mort non comme une fin, mais comme le passage à un autre cycle de l'existence. Aussi n'est-elle pas la dernière lame du jeu mais marque-t-elle le seuil entre les « petits mystères » et les « grands mystères », entre l'initiation active et l'initiation passive, où l'individu est désormais porté par les énergies célestes : après le sacrifice de l'ego, incarné par le Pendu, nous pouvons traverser la terre noire qui sépare le monde matériel du monde spirituel.

Le squelette armé d'une faux qui tranche des têtes et des mains symbolise la libération des liens charnels et l'accession au règne de l'esprit. Dans les religions à mystères et les rites chamaniques, les initiés devaient ainsi « mourir à leur corps » pour renaître dans une autre dimension : la lame XIII du Tarot illustre cette expérience de la mort régénératrice.

Sens divinatoire : bouleversement intérieur, fin d'une période néfaste, inversion positive des valeurs. *Renversée :* inertie, stagnation, léthargie.

XIIII. La Tempérance
Après le traumatisme de l'arcane XIII, la Tempérance offre une image de paix et de sérénité. Elle est figurée par un ange d'apparence féminine qui remplit avec l'eau de la nouvelle vie le vase laissé vide par la mort de l'ego. En renonçant à l'ego, nous nous libérons de nos vanités, de nos préjugés, des attachements et des haines qui faisaient auparavant l'ordinaire de notre vie quotidienne. Mais la nature ayant horreur du vide, la coquille désertée par l'ego doit être de nouveau remplie, afin que nous ne devenions pas des hommes creux, courant le danger d'être envahis par le nouvel ego plus puissant de l'orgueil spirituel. Après l'expérience de la renaissance, notre réalité intérieure n'est pas encore assez forte, aussi la Tempérance nous offre-t-elle une « transfusion spirituelle », par laquelle l'esprit descend dans la matière et rétablit notre équilibre.

Sens divinatoire : circonspection, modération, concours harmonieux de circonstances. *Renversée :* intérêts divergents, excès, dysharmonie dans la vie intérieure ou extérieure.

XV. Le Diable
Même après la mort de l'ego et avec l'apport de la Tempérance, la voie conduisant à la réalisation de soi continue de comporter des écueils. La traversée de la terre noire – le Styx – nous conduit dans un monde situé au-delà de l'ego, mais qui n'est pas pour autant divin. Une fois hors de la « sécurité » du monde matériel, illusoire mais solide, nous devons affronter le monde inférieur en même temps que s'ouvre à nous le monde supérieur.

En montrant le Prince des Ténèbres, la lame XV du Tarot représente moins le Mal qu'une mise à l'épreuve. Le Diable est plutôt là pour punir, et non pour avertir et sélectionner. Sa main dressée nous arrête, nous contraignant soit à renoncer, soit à descendre plus profondément à l'intérieur de nous-même. Si nous ne le faisons pas, nous courons le risque de demeurer esclaves de notre instinct de domination.

Sens divinatoire : défi, opposition, transformation de l'énergie physique en énergie mentale ou spirituelle. *Renversée :* répression du soi profond, recherche du pouvoir et de l'argent.

XVI. La Maison-Dieu
Si nous ne parvenons pas à franchir l'épreuve du Diable, nous sommes promis à la destruction : l'édifice que nous avons construit sera découronné par la foudre, symbole de la justice divine. Mais celle-ci, figurée, selon les jeux, par une plume, un panache ou un éclair jaillissant du soleil, est un châtiment bénéfique et purificateur. Seul le sommet de notre tour est abattu, et les deux personnages qui sont jetés à terre, représentant des aspects de nous-même encore trop tournés vers les réalisations matérielles, sortent indemnes de l'aventure.

Dans la plupart des jeux, la Maison-Dieu apparaît entourée de petites boules multicolores tombant du ciel : ce sont les énergies positives d'origine céleste, libérées par notre prise de conscience, qui permettront aux bâtisseurs éjectés par le coup de semonce divin de reprendre leur ouvrage en l'édifiant différemment.

Sens divinatoire : mutation inattendue, crise salutaire, libération de sentiments réprimés. *Renversée :* catastrophe évitable, répression des émotions, événement déstabilisateur.

XVII. L'Étoile
Avec l'Étoile, des astres apparaissent pour la première fois dans la suite des arcanes majeurs, et un paysage paisible succède aux scènes tourmentées du Diable et de la Maison-Dieu. Le personnage central est l'ange de la Tempérance, mais cette fois dépourvu d'ailes, car il ne descend plus d'un monde supérieur pour aider le voyageur : c'est ce dernier qui a maintenant atteint son royaume.

Comme la Tempérance, l'Étoile tient deux vases, mais elle les déverse désormais sur le sol (la conscience) et dans un petit lac (l'inconscient). Dans le ciel brillent sept étoiles, et un oiseau est posé sur un arbre : le symbolisme de la scène est à l'évidence celui d'une création. Purifiés, dans les deux lames précédentes, des dernières tentations de l'ego, nous renaissons dans un autre état de l'être, en harmonie avec les grands rythmes cosmiques.

Sens divinatoire : élargissement de l'horizon, nouvel élan de vie et d'énergie, retour aux sources. *Renversée :* manque de confiance et d'ouverture, refus de renoncer à un point de vue limité.

XVIII. La Lune
La Lune est par excellence le symbole du féminin, et la lame XVIII montre notre côté intuitif dans toute sa complexité. Elle indique aussi le moment où doivent être définitivement intégrés les couples de contraires qui nous définissent – le masculin et le féminin, le conscient et l'inconscient, l'intérieur et l'extérieur. Les deux chiens qui « aboient à la Lune » représentent nos aspects mâles ignorant notre véritable nature, qui dressent une barrière psychique sur le chemin de cette réconciliation, tandis que l'écrevisse figure notre inconscient féminin, également ignorant, cherchant à châtrer notre partie masculine. Mais la Lune (qui attire des gouttes à elle dans certains jeux) est là pour nous inspirer, éclairer notre chemin, alors que les deux tours que l'on voit à l'arrière-plan nous protègent des égarements dangereux de l'imagination.

Sens divinatoire : besoin d'écouter l'intuition et l'imagination plutôt que la raison, appel à compter sur soi. *Renversée :* peur de l'inconnu, crainte de dépasser des limites rassurantes, dépression.

XVIIII. Le Soleil

Tout comme la Lune est le symbole central du féminin, le Soleil représente fondamentalement le masculin. Dans la lame XVIIII, nous le voyons dans toute sa magnificence, dardant ses rayons et répandant son énergie sur deux enfants qui se tiennent par la taille (dans certains jeux, des jumeaux, ou encore un adolescent et une adolescente). L'union des contraires est totalement réalisée, les deux ne font désormais plus qu'un. Le sentiment d'aliénation, de division douloureuse que nous éprouvions au fond de nous s'est enfin dissipé.

Toutefois, le voyage de l'homme en quête de sa vérité n'a jamais de fin. Au-delà du niveau atteint avec le Soleil s'en trouvent d'autres, qui dépassent de très loin la compréhension humaine. Avant d'en approcher, le Soleil offre néanmoins un repos, qui nous permet de savourer le triomphe de l'esprit.

Un mur se dresse à mi-hauteur derrière les personnages, et ceux-ci tournent le dos à l'astre suprême, rappelant que, à ce stade, nous ne sommes pas encore capables de regarder en face la réalité ultime : la contemplation de sa splendeur nous détruirait.

Sens divinatoire : succès, concorde, fin d'un péril, récompense méritée, bonheur conjugal, clarté de jugement. *Renversée :* victoire sans lendemain, orgueil démesuré, sécheresse, attitude tyrannique.

XX. Le Jugement

Étant parvenus si loin, ne devons-nous nous attendre qu'à un jugement sans appel, susceptible de nous renvoyer à notre point de départ ? La lame XX montre une créature angélique sonnant de la trompette au-dessus d'une tombe apparemment en train de s'ouvrir pour libérer les morts. Représente-t-elle le Jugement Dernier, l'heure où l'humanité sera appelée à rendre compte de ses actes, ou bien symbolise-t-elle la résurrection des corps, grâce à laquelle chacun de nous peut être sauvé ? Si c'est le cas, comment se rattache-t-elle aux lames précédentes ? Suggère-t-elle que l'illumination d'un seul suffit à racheter l'espèce tout entière ?

C'est cette dernière explication qui offre le symbolisme le plus profond et semble le mieux correspondre aux enseignements des grandes traditions spirituelles. L'ange figurerait une étape ultérieure de l'initiation : ayant atteint la libération, notre tâche est désormais de nous tourner vers nos semblables et ainsi de les réveiller à leur tour. Dans le bouddhisme, c'est la mission que s'imposent les bodhisattvas, qui ont accès au nirvana mais refusent d'y entrer tant qu'une seule créature vivante continue de souffrir.

Sens divinatoire : guérison, fin d'une épreuve, renaissance. *Renversée :* sanction d'un échec, regret des opportunités perdues.

XXI. Le Monde
Achevant le cycle des arcanes majeurs numérotés, le Monde, ou la Couronne des Mages, est un puissant symbole de totalité : au centre d'une couronne de laurier (symbole de victoire) formant une mandorle (voir page 130), une jeune femme debout sur un pied, ou, dans certains jeux, croisant les jambes à la manière de l'Empereur et du Pendu, tient dans sa main gauche la baguette du Bateleur. Autour d'elle ne figurent plus le Ciel ou la Terre, dont elle s'est libérée, mais un ange, un aigle, un lion et un bœuf (ou, dans certains jeux, un cheval, figurant l'évangéliste Luc). Ce sont les quatre créatures de la vision d'Ézéchiel (voir page 154), qui représentent également les quatre éléments, les quatre directions, les quatre divisions du jour et les quatre saisons.

Avec le Monde, le voyage initiatique du tarot touche à son terme : qu'il choisisse de libérer les autres ou de poursuivre son ascension vers des royaumes situés au-delà de l'intelligence humaine, l'homme est désormais libre. Il ne retombera jamais plus dans la prison de l'ignorance.

Le personnage féminin du Monde, à l'inverse de celui de l'Étoile, n'est pas nu. Dans tous les jeux, un voile couvre ses parties génitales, rappelant que, même à ce stade, d'autres mystères, comme celui de la Création, restent encore à découvrir. Cette idée est soulignée, par ailleurs, par le nombre 21, qui symbolise l'ensemble du monde manifesté, et non l'unité absolue, l'infini, la totalité des potentialités. Celle-ci est figurée par le 0, le chiffre du Fou (voir page 171), l'arcane non numéroté qui accompagne tous les autres, les valorisant ou les neutralisant, selon les cas.

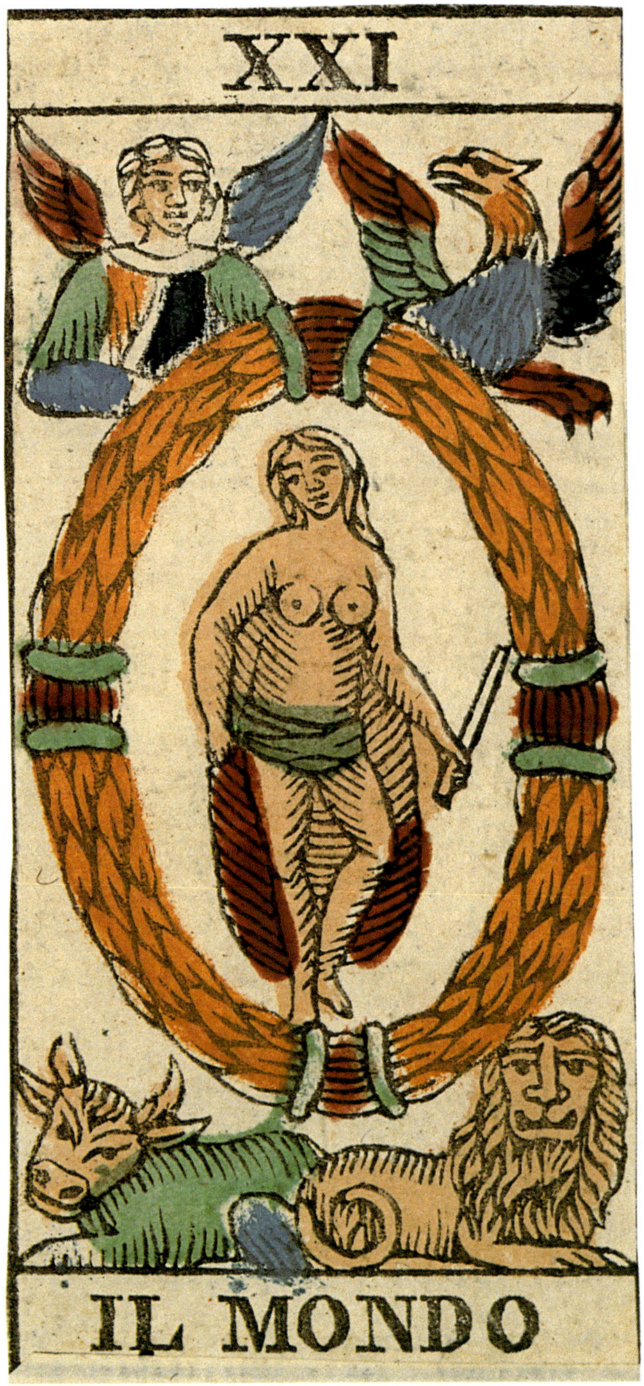

Le tantrisme

Le tantrisme n'est pas une religion, mais un ensemble de pratiques magiques et ésotériques, apparu en Orient aux premiers siècles de notre ère, qui a imprégné certains aspects de l'hindouisme, du bouddhisme et du jaïnisme. Ses adeptes, appelés *sadhakas*, explorent chacune des énergies de leur être, les transformant au cours de ce processus en énergies spirituelles. Le tantrisme, à l'inverse des disciplines plus traditionnelles basées sur leur négation, appelle à mettre toutes les forces de la vie au service de la réalisation de l'individu. Il affirme que, lorsqu'elles sont correctement invoquées, toutes les énergies de l'homme sont des énergies spirituelles potentielles. Selon les tantras, traités en sanscrit qui sont à l'origine du tantrisme, c'est seulement quand chacune d'entre elles a été maîtrisée et intégrée aux autres aspects de l'esprit que l'être humain peut dépasser sa condition et devenir un *jîvanmukta* – un « délivré vivant ».

L'énergie sexuelle
Dans le tantrisme, la respiration et le sexe sont considérés comme les deux voies de la libération de l'homme, et, à l'inverse des autres traditions, l'ascèse spirituelle n'exclut pas la jouissance du monde. Dans cette illustration d'un manuscrit sur feuille de palmier du XIXe siècle, l'accouplement de l'homme et de la femme symbolise l'union de l'impassible Siva et de l'agissante Sakti.

Le tantrisme est un système symbolique d'une très grande richesse. L'un de ses symboles les plus connus est le Sri Yantra (voir page 60), que les adeptes utilisent pour méditer sur le processus de création du monde et de la pensée. Le principe féminin, dynamique et générateur de l'Absolu, la Sakti, correspondant à la Mère universelle, y est adoré sous la forme des déesses Durga ou Kali, deux aspects de l'épouse de Siva, le principe masculin, immuable et lumineux, de l'Univers.

Un grand nombre des symboles tantriques sont directement liés à la sexualité. Ils sont souvent considérés, en Occident, comme des marques de dépravation morale, alors qu'ils illustrent en réalité le fait que, selon les tantras, l'énergie sexuelle peut être une source de croissance spirituelle. Dans le tantrisme, l'excitation sexuelle est utilisée pour introduire les adeptes à la plus haute forme de béatitude que le corps puisse expérimenter. Maintenue sur de longues périodes de temps, cette félicité ne débouche pas sur un orgasme, mais l'énergie qu'elle met en œuvre est retenue dans le corps, y prenant une forme très subtile qui permet aux pratiquants d'accroître leur conscience spirituelle.

Une des figures centrales de l'iconographie tantrique est la yoni (vulve), illustrant l'idée que le monde ne cesse de naître, dans une matrice fécondée par la semence masculine. L'organe sexuel mâle est symbolisé par le lingam, l'organe femelle par diverses formes creuses, dont la plus répandue est la fleur de lotus. La Création est exprimée en termes érotiques par l'union de Siva et de la Sakti, culminant dans une danse où le principe féminin actif tisse la texture du monde autour du principe masculin impassible.

Une autre des principales conceptions du tantrisme est l'idée du corps subtil. Par la méditation, l'adepte s'efforce de prendre conscience des courants d'énergie s'écoulant à travers les centres de force de son corps, les chakras, afin d'échapper au cycle des morts et des renaissances en unissant son élément femelle, la Kundalini, à la base de sa colonne vertébrale, et son élément mâle, l'Atman (l'âme), qui se trouve au sommet de son crâne.

L'iconographie tantrique
Sur cette peinture tibétaine du XVIIIe siècle apparaissent toute la richesse et la complexité du symbolisme des mandalas et des yantras tantriques. Des génies aux bodhisattvas et aux Bouddhas supérieurs, tout le panthéon des divinités est représenté. Lors de la méditation, le pratiquant peut être invité à partir de la complexité de l'Univers pour aboutir à son unicité ou à reconstruire mentalement le monde à partir de son centre.

Les chakras

Le mot sanscrit *chakra* signifie « roue », « cercle ». Également appelés *padmas* (« lotus »), les chakras sont au nombre de quatre dans le bouddhisme, tandis que le tantrisme et le yoga en reconnaissent sept. Selon ces traditions, ce sont des centres de force où se concentre le *prana* – l'énergie suprabiologique indispensable au maintien de la vie, au même titre que l'air ou que la nourriture. La médecine occidentale n'a trouvé aucune preuve de leur existence, ce qui n'est guère étonnant, puisqu'ils n'appartiennent pas au corps physique. En plus de son « corps grossier », l'être humain possède un corps éthérique (ou subtil) et un corps astral (ou causal), le premier enveloppant le corps matériel et permettant la circulation du prana, le second étant le siège de l'âme et de la conscience. Au moment de la mort, ces corps quittent le corps physique, le corps éthérique se désintégrant au bout de trois jours, le corps astral passant à l'étape suivante du voyage de la vie.

Les individus suffisamment éveillés seraient capables de voir le corps éthérique sous la forme d'une fine brume entourant le corps physique. Chez les hommes et les femmes ordinaires, les chakras apparaissent comme de petits disques pâles tournant lentement sur eux-mêmes, tandis que chez les êtres spirituellement développés ils sont plus gros, tournent plus vite et flamboient comme des soleils en miniature. Les personnes peu évoluées disposent de tout juste assez d'énergie pranique s'écoulant de la force vitale pour maintenir leur existence, alors que celles qui ont développé leur conscience reçoivent de puissants courants d'énergie, qui accroissent leurs facultés et leur confèrent des pouvoirs particuliers. Les révolutions des chakras créent par ailleurs des courants secondaires, qui circulent dans et à travers le corps physique le long des méridiens définis par l'acupuncture chinoise, dont la réalité matérielle a été récemment reconnue par la science occidentale.

Les symboles des chakras
Chaque chakra est traditionnellement représenté par une fleur de lotus, au centre de laquelle se trouvent un mantra (écrit en sanscrit) et l'image de l'animal symbolisant l'énergie du chakra. *Anahata*, le chakra du cœur, est rouge, avec douze pétales ; l'animal est une antilope, et son mantra est Yam.

En plus de l'énergie déversée dans les chakras par la force vitale supérieure, le yoga affirme qu'il existe une autre énergie fondamentale, qui pénètre uniquement dans le chakra du pubis (*muladhara*). Il s'agit de la partie de l'énergie supérieure qui est descendue directement dans la terre et qui, ayant atteint le point le plus bas de la Création, remonte tout naturellement en direction de sa source. En entrant dans le corps humain, cette énergie est habituellement arrêtée par le développement insuffisant du chakra inférieur, où elle demeure endormie, lovée comme un serpent. Chez les êtres évolués, cette force, appelée Kundalini (« l'enroulée »), peut être réveillée et remonter de chakra en chakra, en les faisant fleurir l'un après l'autre. Lorsqu'elle atteint le chakra de la fontanelle (*sahasrara*), elle fusionne avec l'énergie supérieure et ouvre le lotus de lumière aux mille pétales, qui permet à l'individu d'accéder directement à des états différents de l'être.

L'énergie de la Kundalini étant féminine et l'énergie supérieure masculine, leur union dans le yoga n'est pas sans rappeler les forces mâle et femelle présentes dans le tarot, ou les noces chimiques des alchimistes. De

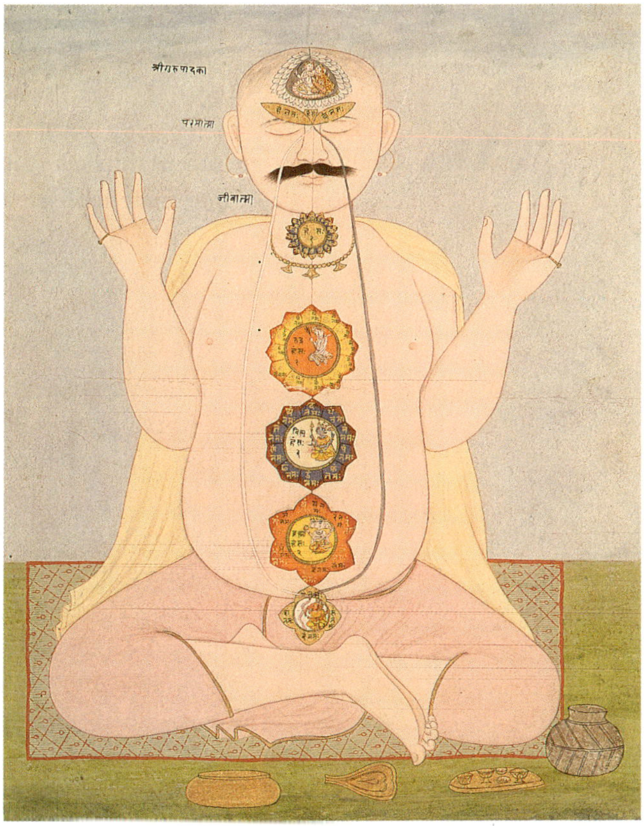

Le corps subtil
Cette planche indienne, du XIXe siècle, montre les sept chakras et les trois principales « rivières » d'énergie (*nadis*) qui irriguent le corps subtil : *Ida* (jaune) à droite, *Pingala* (rouge) à gauche, et *Susumna* (blanche) au centre. Chaque chakra du corps subtil, ou éthérique, correspond approximativement à un organe du corps grossier (ou visible) : la base de la colonne vertébrale (*muladhara*), sexe (*svadhisthana*), nombril (*manipura*), cœur (*anahata*), gorge (*visuddha*), front (*ajna*) et sommet du crâne (*sahasrara*). Les deux premiers sont les centres physiologiques inférieurs, siège des fonctions animales ; les trois suivants sont les centres moyens de la personnalité, source des émotions et des pensées qui constituent l'individu ; les deux derniers sont les centres spirituels supérieurs, qui ne sont réellement ouverts que chez les êtres d'exception. Chaque chakra a un nombre différent de pétales et une couleur particulière, du cramoisi de l'énergie primitive pour *muladhara* au bleu de la puissance spirituelle pour *ajna* et à l'or de l'illumination pour *sahasrara*.

sérieuses précautions doivent cependant être prises. L'éveil de la Kundalini peut être relativement rapide, mais s'il se produit avant que les chakras aient été ouverts par un progrès spirituel et moral, et par le contrôle de la volonté et des pensées, les conséquences risquent d'être dramatiques pour le pratiquant : cela peut aller de graves blessures physiques à la détérioration de ses corps éthérique et astral, voire à la mort. Mieux vaut vivre et mourir sans jamais découvrir « la puissance du serpent » que la libérer prématurément.

Chaque chakra représente une partie de nous-même, du désir sexuel dans le chakra inférieur à la réalisation spirituelle dans le chakra supérieur, et leur succession correspond à la hiérarchie des besoins du développement humain définie par les psychologues modernes. La meilleure définition de ceux-ci fut établie par le psychologue américain Abraham Maslow (1908-1970). Le premier chakra symbolise ce que Maslow appelait les besoins physiologiques de base, le deuxième le besoin de sécurité, les trois suivants les besoins sociaux, ceux de l'ego et le besoin d'autonomie, et les deux chakras supérieurs les besoins d'autoréalisation et de transcendance.

Les anciens yogi semblent ainsi avoir été des précurseurs de la psychologie moderne, qu'ils dépassaient toutefois en proposant un modèle de méditation permettant aux adeptes d'ouvrir successivement chacun de leurs chakras pour améliorer leur santé physique, psychologique et spirituelle. Dans une des formes du yoga, le yogi médite d'abord sur le chakra inférieur, en concentrant son attention sur la partie correspondante de son corps physique. Il le visualise se déployant dans un flux de lumière rouge, qui se répand dans son corps en le régénérant et en se purifiant au fur et à mesure qu'elle monte vers son crâne. Une fois cette image bien fixée, il passe ensuite au deuxième chakra et répète le processus. L'efficacité de la méditation est renforcée par la maîtrise de la volonté et la résistance aux tentations.

Le Yi King

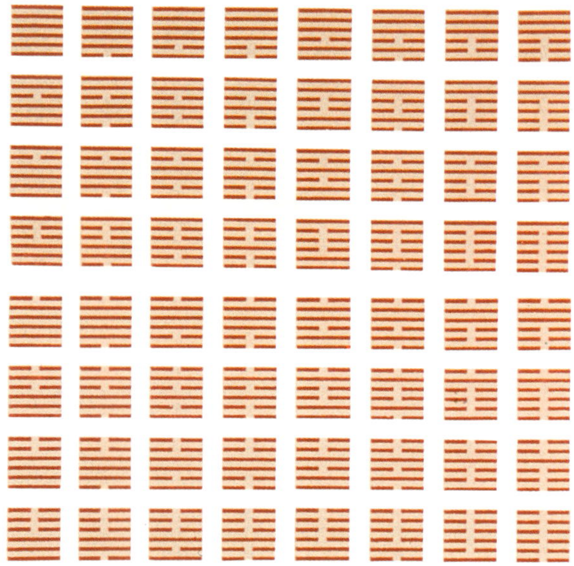

Les soixante-quatre hexagrammes
Les soixante-quatre hexagrammes du Yi King, généralement présentés sous forme d'un carré, sont censés représenter toutes les situations humaines possibles.

Vivons-nous dans un univers dans lequel les objets et les événements sont uniques et sans relations les uns avec les autres, ou au contraire tout ce qui se produit fait-il partie d'un seul grand tout, immense et cohérent, d'un flot ininterrompu de transformations s'étendant des causes premières au futur le plus éloigné ? Un esprit rationaliste penchera inévitablement pour la première hypothèse. Mais le mysticisme, les conceptions traditionnelles du monde et les théories les plus avancées de la physique moderne se réclament de la seconde. Si cette vision holistique est exacte, ce que nous appelons le hasard n'existe pas. Tout ce que nous faisons, même le geste apparemment le plus anodin, résulte d'un enchaînement de causes remontant aux origines de la vie – et peut avoir des conséquences jusqu'à la fin des temps.

Grand classique chinois de cette philosophie de l'interdépendance universelle, le *Yi King*, ou *Livre des Mutations*, est l'un des traités de divination les plus anciens de l'Histoire. Conçu par le légendaire empereur Fou-hi (2852 avant J.-C.), il fut amendé en 1150 par le roi Wen, puis agrémenté de commentaires par Confucius et d'autres philosophes entre le VIIe et le Ve siècle avant J.-C. Dans son essence, le Yi King est un ensemble de schémas très simples, appelés trigrammes et hexagrammes, ayant chacun une signification symbolique particulière et formés respectivement de trois ou de six lignes continues ou brisées : les premières représentent le *yang* (masculin, chaleur, clarté, force, etc.), les secondes le *yin* (féminin, froidure, obscurité, inertie, etc.). Par les images du yang et du yin, le Yi King exprime la présence universelle des contraires et rappelle que toute notre perception de la réalité est basée sur eux, mais aussi qu'ils sont soumis à des transformations et que rien n'est permanent. Ainsi les trigrammes (page ci-contre, en bas), partant de *k'ien* (le Ciel, yang), figuré par trois lignes continues, subissent-ils une série de mutations pour aboutir à *k'ouen* (la Terre, yin), représentée par trois lignes brisées, et un yang ou un yin forts se changent-ils automatiquement en leur contraire.

Les huit trigrammes combinés forment soixante-quatre hexagrammes, qui sont supposés représenter la totalité des situations humaines. Autrefois, la divination par le Yi King était pratiquée avec quarante-neuf tiges d'achillée. De nos jours, une méthode plus simple et plus rapide consiste à utiliser trois pièces de monnaie qu'on lance en l'air à six reprises. Chaque lancer permet de déterminer, en appliquant les règles définies et en commençant par le bas, une des lignes (continue ou brisée) de l'hexagramme. Une fois celui-ci achevé, s'il présente des lignes mutables (yang ou yin forts, c'est-à-dire obtenus par trois face ou trois pile), on les inverse, les lignes continues devenant brisées et vice versa, de manière à obtenir un second hexagramme. Muni des deux hexagrammes, le premier décrivant la situation présente et le second son évolution possible, on consulte alors les commentaires du Yi King, qui indiquent quelle attitude adopter.

Yi King : la théorie des nombres
Le futur naît du présent. Si nous acceptons l'idée que toutes les parties de l'Univers sont interdépendantes, il en découle que connaître le présent, c'est aussi connaître l'avenir. Mais notre connaissance du présent n'est que partielle, et la pratique de la divination ne nous permet pas de savoir quelles parties de celui-ci sont liées – et de quelle manière – à quelles parties du futur. Nous pouvons seulement symboliser les divers aspects de notre situation actuelle sous forme de nombres. Une fois ces nombres déterminés, les événements à venir peuvent être déduits au moyen d'une série de lois numériques. Dans le Yi King, on obtient les nombres symbolisant le présent en lançant des pièces (autrefois, c'était en manipulant des baguettes d'achillée), parce que, dans un univers interconnecté, tous nos actes, même ceux qui semblent relever du hasard, ont une signification.

Les trigrammes
Quiconque désire consulter le Yi King a besoin des soixante-quatre hexagrammes ainsi que des explications qui les accompagnent, mais travailler d'abord sur les huit trigrammes est souvent une bonne introduction à la pratique de la divination chinoise. L'étude des trigrammes peut préparer l'esprit à l'utilisation des hexagrammes issus de leurs différentes combinaisons. Pour obtenir les trigrammes (qui sont représentés ci-contre avec leur nom et leurs principales significations), il faut lancer trois fois les pièces et ne pas tenir compte des lignes mutables.

Comme tous les symboles, ceux du Yi King indiquent des tendances et des possibilités mais ne donnent pas d'ordre.

☰ *K'ien :* la créativité ; le Ciel ; le père ; le cheval ; activité.

☷ *K'ouen :* la réceptivité ; la Terre ; la mère ; le bœuf ; passivité.

☳ *Tchen :* le mouvement ; le Tonnerre ; le fils aîné ; le dragon ; la croissance.

☵ *K'an* : le danger ; l'Eau (la Lune) ; le fils cadet ; le porc ; le secret.

☶ *Ken :* le repos ; la Montagne ; le benjamin ; le chien ; l'immobilité.

☴ *Souen :* la pénétration ; le Vent (le bois) ; la fille aînée ; l'oiseau ; la diplomatie.

☲ *Li :* force et beauté ; le Feu (le Soleil, l'éclair) ; la fille cadette ; le faisan ; les honneurs.

☱ *Touei :* la sérénité ; le Lac (la Mer) ; la benjamine ; le mouton ; la joie.

Glossaire

Alchimie Science médiévale antérieure à la chimie, qui, sous le couvert de la recherche de la transmutation des métaux ordinaires en or, visait en réalité, au travers d'un processus hautement symbolique, à la transformation de l'individualité humaine et à l'obtention de l'immortalité conférée par la pierre philosophale.

Amulette Petit objet investi d'une puissance magique, que l'on porte sur soi afin de se préserver du Mal.

Anima Dans la théorie junguienne des *archétypes*, l'aspect féminin de la psyché masculine.

Animus Dans la théorie junguienne des *archétypes*, l'aspect masculin de la psyché féminine.

Ankh Croix surmontée d'une boucle au-dessus de sa barre horizontale, qui était un symbole de vie puissant et très répandu dans l'Égypte ancienne.

Arbre sephirotique (Arbre de Vie) Symbole le plus connu de la *kabbale*, comprenant les dix *sephiroth*, les vingt-deux canaux qui les relient entre elles, les colonnes de la Clémence et de la Rigueur, ainsi que l'Ein-Sof (l'Infini) et les représentations des quatre mondes.

Arcanes majeurs Les vingt-deux lames présentant des scènes ou des personnages symboliques du jeu de *tarot*, souvent utilisées pour la *divination*, ou comme un moyen de progresser de l'ignorance à la conscience supérieure.

Arcanes mineurs Les quatre séries (bâtons, deniers, coupes, épées) de quatorze lames chacune du jeu de *tarot*.

Archétypes Dans la théorie junguienne, des images et des symboles d'une signification universelle qui jaillissent de notre inconscient collectif. Les images archétypales transcendent le temps, la culture et l'hérédité, bien qu'elles puissent présenter des différences mineures d'un individu à l'autre.

Astrologie Science divinatoire fondée sur la connaissance et l'interprétation des configurations planétaires.

Bodhisattva Dans le bouddhisme, un homme ou une femme qui peut atteindre le *nirvana*, mais qui s'y refuse afin de pouvoir continuer à aider les autres.

Caducée Baguette surmontée de deux ailes autour de laquelle s'enroulent deux serpents, en sens inverse ; autrefois attribut du dieu grec Hermès, elle symbolisait l'équilibre des forces contraires autour de l'axe du monde, et donc la paix.

Chakras Les sept centres d'énergie psychique et spirituelle du *corps éthérique* (subtil), correspondant à certains organes du corps physique, dont l'ouverture successive, par l'ascèse morale et la méditation, conduit à l'illumination.

Chaman Dans les traditions amérindienne et sibérienne, un homme (ou une femme) capable de voyager spirituellement entre notre monde et les autres, et de communiquer avec les esprits.

Corps éthérique Le corps subtil, occupant approximativement le même espace que le corps physique, dans lequel circule l'énergie vitale. Les individus doués de clairvoyance le perçoivent sous la forme d'un réseau de courants énergétiques.

Divination Pratique *occulte* permettant de connaître le présent et l'avenir, afin de déterminer une ligne de conduite vis-à-vis d'une situation donnée.

Glyphe Signe ou symbole.

Guru Maître spirituel.

Kabbale Dans la tradition hébraïque, système ésotérique, à la fois spéculatif et pratique, offrant à ses adeptes les moyens de progresser mentalement et spirituellement, ainsi qu'une représentation symbolique de la Création. La kabbale est essentiellement fondée sur l'interprétation des révélations divines contenues dans l'Ancien Testament.

Karma Dans le bouddhisme et l'hindouisme, la loi morale des causes et des effets par laquelle les actions, bonnes ou mauvaises, d'un individu entraînent des récompenses ou des punitions dans ses réincarnations ultérieures.

Macrocosme L'Univers conçu comme un organisme analogue à l'homme, dont toutes les parties correspondraient à des parties du corps humain. Voir aussi *microcosme*.

Mandala Diagramme symbolique fondé sur des formes géométriques et incluant souvent un personnage humain ou divin, utilisé comme support de méditation par les mystiques orientaux. Inscrit dans un cercle, il représente le *macrocosme*, dont les lois et les principes élémentaires sont symbolisés par des carrés, des triangles ou d'autres figures abstraites.

Mantra Dans l'hindouisme et le bouddhisme, un son sacré, parfois d'une seule syllabe, invoquant une énergie divine particulière, qui est psalmodié ou répété intérieurement pendant la méditation.

Microcosme L'homme perçu en tant que résumé et synthèse de l'Univers, dont il présenterait toutes les parties en abrégé.

Nirvana Dans la philosophie bouddhiste, l'état suprême d'éveil initiatique auquel aspirent tous les adeptes. Il est atteint lorsque l'individu, ayant vaincu les trois vices (désir, haine, erreur), s'est libéré de son vivant du cycle des morts et des renaissances.

Occulte Se dit de tout système ou de toute pratique ésotériques tenus secrets par ceux qui en ont connaissance.

Pentagramme (pentacle) Étoile à cinq branches utilisée comme symbole magique ou sacré. Selon qu'il est droit ou renversé (la pointe en bas), le pentagramme est associé à des énergies positives ou négatives.

Sephirot Dans la tradition hébraïque, les dix aspects de Lui-même révélés par Dieu lors de la Création, dont l'ensemble constitue l'*Arbre sephirothique*, ou Arbre de Vie, de la *kabbale*.

Stupa Dans le bouddhisme, monument abritant les reliques d'un saint, ou érigé pour commémorer un événement religieux, souvent construit de manière à former un *mandala* en trois dimensions.

Système symbolique « Carte » symbolique de la réalité qui représente les aspects fondamentaux de notre expérience émotionnelle et intellectuelle du monde et peut être utilisée pour favoriser notre développement spirituel.

Talisman Objet, qui représente souvent une divinité, supposé être chargé des pouvoirs bénéfiques de celle-ci.

Tantrisme Culte de l'Inde et du Tibet, dans lequel les adeptes réveillent leur énergie féminine, la Kundalini, par des pratiques et des méditations, afin qu'elle s'unisse à leur énergie masculine.

Tarot Jeu de cartes médiéval employé pour la *divination*. Voir aussi *arcanes majeurs* et *arcanes mineurs*.

Yantra *Mandala* géométrique, souvent constitué de triangles imbriqués les uns dans les autres au centre d'une fleur de lotus, utilisé en Orient comme support de méditation ou de récitation d'un mantra.

Yi King Méthode chinoise de *divination*, fondée sur l'idée que tous les événements passés, présents et futurs sont reliés entre eux, et dans laquelle le pratiquant interprète des combinaisons de lignes continues ou brisées obtenues en lançant des baguettes d'achillée ou des pièces. Les soixante-quatre hexagrammes du Yi King sont censés représenter toutes les situations humaines.

Yin et yang Les deux principes opposés de la philosophie chinoise, dont l'alternance détermine la marche du monde. Le yang est masculin, actif et lumineux, le yin féminin, passif et sombre.

Zodiaque Zone de la sphère céleste dans laquelle circulent toutes les planètes du système solaire, excepté Pluton. En *astrologie*, le zodiaque est un cercle symbolique occupé par les douze constellations, ou signes, de l'année zodiacale.

Bibliographie

Abécassis, A., Nataf, G., *Encyclopédie de la mystique juive*, Berg international, Paris, 1977.

Amadou, R., *L'Occultisme*, Julliard, Paris, 1950.

Avalon, A., *La Puissance du serpent*, Dervy, 1990.

Brau, J.-L., *Dictionnaire de l'astrologie*, Larousse, Paris, 1977.

Chevalier, J., Gheerbrant A., *Dictionnaire des symboles*, Robert Laffont, Paris, 1982.

Durand, G., *L'Imagination symbolique*, PUF, Paris, 1993.

Eliade, M., *Images et Symboles*, Gallimard, Paris, 1980.
Techniques du Yoga, Gallimard, Paris, 1975.
Traité d'histoire des religions, Payot, Paris, 1949.
Le Chamanisme, Payot, Paris, 1967.

Evola, J., *Le Yoga tantrique*, Fayard, Paris, 1971.

Guénon, R., *Symboles de la science sacrée*, Gallimard, Paris, 1992.

Jung, C. G., *L'Homme et ses symboles*, Robert Laffont, Paris, 1987.
Ma vie, Gallimard, Paris, 1973.
Métamorphoses de l'âme et ses symboles, Georg, Genève, 1989.
Psychologie et Alchimie, Buchet-Chastel, Paris, 1975.
Synchronicité et Paracelsica, Albin Michel, Paris, 1988.
Psychologie du transfert, Albin Michel, Paris, 1980.

Lavier, J., *Les Secrets du Yi King*, Sand, 1984.

Riffard, P., *L'Occultisme, textes et recherches*, Larousse, Paris, 1981.
Dictionnaire de l'ésotérisme, Payot, Paris, 1993.

Sadoul, J., *L'Énigme du Zodiaque*, J'ai Lu, France, 1971.

Schwaller de Lubicz, R. A., *Du symbole et de la symbolique*, Dervy, 1978.
Propos sur ésotérisme et symbole, Dervy, 1977.
Le Miracle égyptien, Flammarion, Paris, 1977.

Schwarz-Winklhofer, I., Biedermann, H., *Le Livre des signes et des symboles*, Jacques Grancher, Paris, 1992.

Tansley, D. V., *Le Corps subtil*, Seuil, Paris, 1977.

Tondriau, J., *L'Occultisme*, Marabout, 1964.

Tucci, G., *Théorie et Pratique du Mandala*, Fayard, Paris.
Turba Philosophorum (« La Tourbe des Philosophes »), traité d'alchimie, Dervy, 1993.

Von Franz, M.-L., *Alchimie et Imagination active*, Jacqueline Renard, Paris, 1990.
Rêves d'hier et d'aujourd'hui, Albin Michel, Paris, 1992.

Wirth, O., *Le Tarot des imagiers du Moyen Age*, Tchou, Paris, 1966.
Yi King, traduction de P. Philastre, Maisonneuve, Paris, 1975, ou d'Étienne Perrot (d'après R. Wilhem), Librairie de Médicis, Paris, 1968.

Z'ev ben Shimon Halevi, *L'Arbre de Vie – Introduction à la Cabale*, Albin Michel, Paris, 1985.

Références des illustrations

Réalisation des dessins :
Hannah Firmin/Sharp Practice.

L'auteur et l'éditeur remercient les musées, les bibliothèques d'art et les photothèques dont les noms suivent de les avoir autorisés à reproduire leur matériel.

7 Dragon double, d'après Norton, Collection Charles Walker, Londres.
9 François Ier guidant la Nef France tirée par la Biche Blanche, 1515, *Codex Guelf* 86.4, Bibliothèque ducale, Archives Wolfenbuttel/ Weidenfeld & Nicolson, Londres.
10 Jouteurs, détail du livre de sir Thomas Holme, 1448, Harley 4205 f.37, British Library, Londres/ Archives Weidenfeld & Nicolson.
11 Cœur flamboyant, gravure, collection privée George Wither, Lamberhurst, Grande-Bretagne.
12 Le Roi et la Reine dans la fontaine mercurielle, illustration du *Rosarium Philosophorum*, 1550, Collection Charles Walker.
14 Le héros et sa dame, Collection Jan Croot, Londres.
15 Martorelli : *La décapitation de saint Jean-Baptiste*, vers 1450, Musée diocésain de Barcelone/Bibliothèque d'art Bridgeman, Londres.
16 Puvis de Chavannes : *L'Été*, milieu du XIXe s., musée des Beaux-Arts, Chartres/Bibliothèque d'art Fabbri-Bridgeman.
17 Zammurrad, miniature moghole, 1570, Photos Michael Holford, Londres.
19 Dragon, soie de Chine brodée du XIXe s., collection privée, Hong Kong/Collection Charles Walker.
20 La déesse Amaterasu, gravure sur bois japonaise, Japanese Gallery, Londres.
22 Bison des grottes de Lascaux, France, Colorphoto Hans Hinz, Allschwill-Basel.
23 Masque zombo, Congo, British Museum, Londres/Bibliothèque d'art Bridgeman.
24 **haut** Ibis, illustration du *Livre des Morts de Neferrenpet*, Thèbes, XIXe dynastie, Archives Werner Forman, Londres.
24 **bas** L'arche de Noé, illustration de la *Biblia Sacra Germanica* (Bible de Nuremberg), 1483, Victoria and Albert Museum, Londres/ Bibliothèque d'art Bridgeman.
25 Mât-totem, Alaska, Hans Schmied, Z.E.F.A.
26 Tezcatlipoca et Quetzalcóatl, *Codex Borbonicus* 3, Bibliothèque de l'Assemblée nationale, Paris.
27 Un avatar de Vishnu, extrait d'un manuscrit du Cachemire du XVIIe s., British Library, Londres/ Bibliothèque d'art Bridgeman.
29 Ma-ku faisant jaillir des mûriers de la mer, peinture de Hsiang Kun, IIe s. av. J.-C., British Library, Londres/Photos Michael Holford.
30 Le jugement d'Ani, détail d'un papyrus égyptien, vers 1250 ap. J.-C., British Museum, Londres/ Photos Michael Holford.
31 *L'Emblème de la Passion*, extrait d'un Livre d'heures français de la fin du XVIe s., Victoria and Albert Museum, Londres/Archives E.T.
32 Golem, extrait de *Anatomica Auri*, J. D. Mylius, 1628, Collection Charles Walker.
33 Krishna et Radha, miniature indienne, 1780, Victoria and Albert Museum, Londres/Photos Michael Holford.
34 Les symboles du système alchimique révélés, d'après l'*Opus Medicochymicum* de J. D. Mylius, 1618, Collection Charles Walker.
35 William Blake : *The Good and Evil Angels*, 1795, Tate Gallery, Londres.
36 Deux déesses égyptiennes et un crocodile sacré, fresque de la Villa des Mystères, Ier s. ap. J.-C., Pompéi. Archives Werner Forman, Londres.
37 Anonyme : La Madone et l'Enfant, avec la lune croissante, panneau flamand, Collection Huis Bergh/ Collection Charles Walker.
38 Point : *The Siren*, 1897, Barry Friedman, New York/ Bibliothèque d'art Bridgeman.
40 Domenico Veneziano : *L'Annonciation*, Fitzwilliam Museum, Cambridge.
41 Les symboles des Évangélistes, manuscrit du VIIIe s., cathédrale de Trèves, Allemagne/Archives E. T.
42 Utewael : Persée sauvant Andromède, musée du Louvre, Paris/Bibliothèque d'art Giraudon-Bridgeman.
43 Kali et Siva, miniature indienne, XVIIIe s., Victoria and Albert Museum, Londres/Archives E. T.
45 Bardomandala, Tibet, XIXe s., Victoria and Albert Museum, Londres/Archives E. T.
47 Magritte : *Le Jouer Secret*, 1927, copyright ADAGP, Paris et DACS, Londres 1993, collection privée/Bibliothèque d'art Bridgeman.
49 Fuseli : *The Nightmare*, 1790-1791, Gœthemuseum, Francfort/Colorphoto Hans Hinz.
50 L'aigle et le serpent, art tibétain, collection privée.
53 Carte de l'univers extraite de *La Fine Fleur des Histoires*, Logman 1583, Musée d'art turc et islamique, Istanbul/Archives E. T.
56 La Roue de l'Existence, art du Tibet oriental, vers 1930, Robert Bere, Oxford.
58 **haut** Léonard de Vinci : *La Section d'or*, Collection d'art ancien et d'architecture, Londres.
58 **bas** Œil, manuscrit-amulette arabe du XVIIIe s., Dar al Athar al Islammiyyah, Koweït/Collection Charles Walker.
60 Sri Yantra népalais, vers 1700, John Dugger et David Medalla, Londres/John Webb, Surrey.
61 Avalokitesvara, mandala népalais, Photos Michael Holford.
62 **haut** Labyrinthe du sol de la cathédrale de Chartres, France, XIIIe s., Collection Charles Walker.
62 **bas** Le plafond de la Salle du Labyrinthe, palais ducal de Mantoue, Italie, XVIe s., Collection d'art ancien et d'architecture, Londres.
64 Les Trois Mages, extrait du *Goelum Stellatum Christianum* de J. Schiller, 1627, Collection Charles Walker.
65 Diagramme astronomique, art kangra, Himachal Pradesh, XVIIIe s., Ajit Mookerjee, New Delhi/ Thames and Hudson, Londres.
69 La Table ronde et le Saint-Graal, extrait du Livre de Tristan III, f.1, musée Condé, Chantilly/ Bibliothèque d'art Bridgeman.
71 Armoiries de Robert Devereux, troisième comte de Sussex mort en 1646, manuscrit E16 f.18v, The College of Arms, Londres.
72 Mars sur son char de guerre, d'après *Mythologiae, sine explicationis Fabularum*, de Natalis Comites, 1616, Collection Charles Walker.
73 Dürer : *Mort, Famine, Guerre et Pestilence – l'Apocalypse*, 1497-1498, collection privée/Bibliothèque d'art Bridgeman.
74 Orphée et les bêtes, mosaïque de Tarse, IIIe s., musée Hatay, Antioche, Turquie/Photos Sonia Halliday, Buckinghamshire, Grande-Bretagne.
75 **haut** Ronde-bosse de la cathédrale de Southwark, Grande-Bretagne, Collection d'art ancien et d'architecture, Londres.
75 **bas** *Les Trois Parques*, gravure du XIXe s., Bibliothèque artistique Mary Evans, Londres.
76 Chevalier et dragon, extrait de *Discorides Tractatus de Herbis*, manuscrit français du XVe s., Biblioteca Estense, Modène, Italie/Archives E. T.
77 Le pont du Singe, estampe de Hokuju, fin du XVIIIe s., Victoria and Albert Museum, Londres/Bibliothèque d'art Bridgeman.
79 Lettrine A de l'*Historia Naturalis* de Pline l'Ancien, Sienne, vers 1460, Victoria and Albert Museum, Londres/Archives E. T.
80 Saint Georges et le Dragon, icône melkite (Syrie), vers 800, Icônes Richardson et Kailas, Londres/Bibliothèque d'art Bridgeman.
83 **haut** Armoiries de Lord Oliphant, détail du *Seton's Armorial Crests*, National Library of Scotland, Édimbourg/Bibliothèque d'art Bridgeman.
83 **bas** Marco Forzata Capodalista, extrait du *De Viris Illustribus*, XVe s., Bibliothèque municipale de Padoue, Italie/Archives E. T.
84 **haut** Bewick : Renard, gravure sur bois anglaise, vers 1785, collection privée, Londres.
84 **bas** Canis Major (le Grand Chien), illustration de l'*Atlas Coelestis*, de G. Doppelmayer, 1742, Bibliothèque artistique Ann Ronan, Londres.
85 Trois chats et un rat, Angleterre, XIIIe s., manuscrit 4751 f.30v., British Library, Londres.
86 Dürer : *Le Miroir de la Rhétorique* (Icare et Dédale), gravure, 1493, Bibliothèque artistique Mary Evans.
87 Melzi : *Léda et le Cygne*, milieu du XVIe s., Galleria degli Uffizi, Florence/Bibliothèque d'art Bridgeman.
88 Botticelli : *La Naissance de Vénus*, vers 1480, Galleria degli Uffizi, Florence/Bibliothèque d'art Bridgeman.
89 Pieuvre, gravure du XIXe s., Bibliothèque artistique Mary Evans, Londres.
90 **gauche** Rama et Hanuman, détail d'une peinture indienne, Victoria and Albert Museum, Londres/Bibliothèque d'art Bridgeman.
90 **droite** Ganesa, détail d'une estampe votive du XXe s., Bombay, Collection Charles Walker.
92 **haut** de Vos : *L'Enlèvement d'Europe*, fin du XVIe s., Museo de Bellas Artes, Bilbao/ Bibliothèque d'art Index-Bridgeman.

92 bas Bewick : Cerf, gravure sur bois anglaise, vers 1785, collection privée.
93 Bewick : Truie, gravure sur bois anglaise, vers 1785, collection privée.
94 Bewick : Lièvre, gravure sur bois anglaise, vers 1785, collection privée.
96-97 La Sirène d'Amboine, 1717, British Library, Londres/Bibliothèque d'art Bridgeman.
99 Palmer : *In a Shoreham Garden*, avec l'aimable autorisation du Conseil d'administration du Victoria and Albert Museum, Londres.
103 Adam et Ève, Real Biblioteca de El Escorial, Madrid/Oronoz, Madrid.
104 Mandragore mâle et femelle, manuscrit du XVe s., Collection Charles Walker.
105 Herbier, manuscrit du XIIe s., doc. 1462 f. 17 et 18, Bodleian Library, Oxford/Bibliothèque d'art Bridgeman.
106 Abeilles et ruches, extrait d'un bestiaire anglais du XIIe s., Bibliothèque de l'université d'Aberdeen, Grande-Bretagne/Bibliothèque d'art Bridgeman.
107 La Cène, 1105-1106, fresque de l'Église Notre-Dame-des-Pâturages, Asinov, Sibérie, Photos Sonia Halliday.
109 Embarcation, gravure de George Wither, collection privée, Lamberhurst, Grande-Bretagne.
111 Cossier : Prométhée dérobant le feu, milieu du XVIIe s., musée du Prado, Madrid/Bibliothèque d'art Index-Bridgeman.
113 Bewick : Neptune, gravure sur bois anglaise, collection privée, Londres.
114 Volcan, gravure de George Wither, collection privée, Lamberhurst, Grande-Bretagne.
118 gauche Boucle de ceinture chinoise sculptée en lapis-lazuli, art du Badakhstan, Natural History Museum, Londres.
118 droite/119 haut gauche Agate et Perles, Collection de Curiosités Judy Garlick, Londres.
119 haut centre Pièce d'or, Spinks and Son, Londres.
119 haut droite Jade, collection privée.
119 centre Dollar d'argent, Spinks and Son, Londres.
123 La Création, tirée de la Bible luthérienne, Bible Society, Londres/Bibliothèque d'art Bridgeman.
125 L'érection du mât de cocagne, gravure d'Alfred Crowquill pour le Chambers' Book of Days, Bibliothèque artistique Mary Evans, Londres.
126 Bewick : Femme élégante, bois gravé anglais, vers 1790, collection privée, Londres.
127 Rubens : *Le Jugement de Pâris*, vers 1634, Musée du Prado, Madrid/Bibliothèque d'art Bridgeman, Londres.
128 gauche La Mort, manuscrit anglais, fin du XVe s., Bodleian Library, Oxford/Archives E. T.
128 droite Bewick : *Le Sinistre Faucheur*, bois gravé anglais, collection privée, Londres.
129 gauche Détail de *La Création*, de Josephe et Fouquet, manuscrit français, Bibliothèque nationale, Paris/Bibliothèque d'art Giraudon/Bridgeman.
129 haut droite Lucifer en enfer dévorant Judas Iscariote, bois gravé de l'édition de 1512 des *Opere del divino Dante*, Venise, Collection Charles Walker.
129 bas droite Moine, gravure de George Wither, collection privée, Lamberhurst, Grande-Bretagne.
130 haut La bénédiction du Christ, école de Nonantola, IXe s., Biblioteca Capitolare, Vercelli, Italie/Archives E.T.
130 bas Le Christ trônant, bible romane du XIIe s., Librairie municipale de Mantoue/ Archives E. T.
131 Masque en or, côte du Pérou, vers 400, Photos d'Amérique latine Tony Morrison.
133 L'entrée de François Ier dans Lyon, manuscrit de 1515, détail, *Codex Guelf* 86 f.4, Bibliothèque ducale, Wolfenbuttel/Archives Weidenfeld & Nicolson.
134 Quetzalcóatl, d'après le *Codex Magliabechiano*, collection privée, Londres.
135 Saturne, extrait de *Phaenomena et Prognostica*, de Solensis Acatus, 1569, Cologne/ Bibliothèque artistique Ann Ronan.
136 Sorcière sur un balai, d'après un opuscule sur la sorcellerie de 1621, Collection Charles Walker.
137 Van Kessel : Le Jardin d'Éden, 1659, Galerie Johnny van Haeften, Londres/Bibliothèque d'art Bridgeman.
138 gauche Le rêve de Jacob, d'après un manuscrit allemand du XIIe s., Bibliothèque artistique Mary Evans.
138 droite *L'Enfer*, peinture japonaise du XIXe s., musée Horniman, Londres/Archives E. T.
139 Patenier : *Charon traversant le Styx*, début du XVIe s., musée du Prado, Madrid/ Bibliothèque d'art Bridgeman.
140 Cellarius : Les orbites planétaires, 1668, avec l'autorisation de la British Library (cartes C.6.c.2).
141 L'homme zodiacal, collection privée, Londres.
143 Vishnu Visvarupa, peinture indienne, Jaipur, début du XIXe s., Victoria and Albert Museum, Londres/Archives E. T.
144 L'homme cosmique, extrait de *De Occulta Philosophia*, de Corneille Agrippa, 1532, Collection Charles Walker.
145 haut L'alphabet d'Énoch, John Dee, détail extrait de *A True and Faithful relation...*, Meric Casaubon, 1657, Collection Charles Walker.
145 bas gauche Symbole de l'Ordre secret de la Rose-Croix, Collection d'art ancien et d'architecture, Londres.
145 bas droite Instruments de magie, gravure d'Eliphas Lévi parue dans *La Magie transcendantale*, 1896, collection privée, Londres.
146 haut La pierre philosophale, illustration de *Die Hebren der Rosenkreuzer*, 1785, Altona, Collection Charles Walker.
146 bas Alchimiste, détail du « Ripley Scroll », Collection Charles Walker.
147 Le feu froid, extrait de *Tripus Aureus*, Michael Maier, 1618, Collection Charles Walker.
148 La pierre philosophale, extrait du *Mutus Liber*, 1677, Collection Charles Walker.
150 L'androgyne et le démon lunaire, manuscrit du XVe s., Collection Charles Walker.
151 gauche Le lion vert, d'après une gravure sur bois du XVIe s., Collection Charles Walker.
151 centre L'oiseau-Hermès, détail du « Ripley Scroll », Collection Charles Walker.
151 droite L'union du Roi et de la Reine, bois gravé du *Rosarium Philosophorum*, 1550, Collection Charles Walker.
152 Macrocosme et microcosme, bois gravé de la kabbale chrétienne, Collection Charles Walker.
153 L'Arbre sephirothique, d'après un carnet de notes de l'ordre de la Golden Cross, vers 1903, Collection Charles Walker.
154 L'Adam Kadmon, illustration de Caroline Church/Garden Studio.
155 Le corps et la demeure de l'homme, extrait du *Ma'aseh Tobiyyah*, Tobias Cohn, 1721, Venise, Collection Charles Walker.
156 Les signes du zodiaque, extrait de l'*Astrorum Scienta*, 1489, Collection Charles Walker.
157 L'homme zodiacal, manuscrit français du XVe s., Victoria and Albert Museum, Londres/Archives E. T.
158 Mercure, illustration du *Shepheard's Kalendar*, Angleterre, XVIe s., Bibliothèque artistique Ann Ronan.
159 La Lune et les marins, manuscrit italien *De Sphaera*, XVe s., Biblioteca Estense, Modène/ Archives E. T.
160 Carte des étoiles, extraite d'un manuscrit en sanscrit, British Library, Londres/Archives E. T.
161 La déesse Nout entourée des signes du zodiaque, cercueil en bois égyptien, début du IIe s., British Museum, Londres/Photos Michael Holford.
168 Douze arcanes majeurs d'un jeu de *tarocchi* italien de la fin du XIXe s., Collection Charles Walker.
169 Deux arcanes majeurs du Tarot de Waite, fin du XIXe s., Collection Charles Walker.
171 Le Fou (Mat), tarot français du XVIIIe s., British Museum, Londres.
172-178 Arcanes majeurs de tarots français et italien du XVIIIe et du XIXe s., British Museum, Londres.
179 Le Monde, tarot italien du début du XIXe s., British Museum, Londres.
180 Congrès sexuel, extrait d'un manuscrit tantrique sur feuille de palmier, Khajuraho, début du XIXe s., Collection Charles Walker.
181 Tapis mural, art tantrique tibétain, XVIIIe s., Gulbenkia Museum, Durham/John Webb.
182 *Anahata-chakra*, planche 5 de *La Puissance du Serpent*, de Sir John Woodroffe (Arthur Avalon), édition de 1928, Collection Charles Walker.
183 Le corps subtil, art kangra, Himachal Pradesh, vers 1820, Swen Gahlin, Londres/John Webb.
184 Les soixante-quatre hexagrammes du Yi King formant un carré, d'après une estampe du XIXe s., Collection Charles Walker.
185 Fou-hi, le premier des Cinq Empereurs légendaires de la Chine, composant les huit trigrammes du Yi King, Collection Charles Walker.

Index

Les nombres en **gras** renvoient aux illustrations, ceux en *italique* aux légendes et au texte.

Achéron *139*
Achillée 184, *185*
Acupuncture *109*, 122
Adam et Ève, 32, *139*
Adam Kadmon *154*
Agate **118**
Agneau sacrificiel **91**
Agni *19*, 91, **110**
Ahriman *17, 114, 117*
Ahura-Mazda **117**
Aigle **83**, *110, 164*
Ail **105**
Air *24, 55, 58*, 108, 109
Alchimie 11, **12**, 31, *32, 86*, 108, 118, *119, 128*, 146-151, **151**
Aliments 106-107
Alphabet d'Énoch **145**
Amalthée *124*
Amandier 100
Amoureux (tarot) **173**
Amulette(s) *18*, 68, 118
Ancien Tarot de Marseille **169**
Androgyne 32, *150*
Andromède **42**
Anima/animus (archétypes) 13-14, **14, 15**, 32, *42, 97*
 Voir aussi Mâle et femelle
Animaux 22-25, 26, 78-97, **79**
 héraldiques 83
 petits 94
Ankh *57*
Anneaux *75*
Antilope *182*
Anu *51*
Anubis *30*, **84**
Aphrodite 36, 91, *107, 127*
Apocalypse **73**
Apollon 36, *64, 74*, 100
Araignée **94**
Arbre(s) 32, 100-101
 à feuilles caduques 100
 à feuilles persistantes 100
 de la Connaissance **103**
 de Noël *37*, 100
 de Vie *87, 92*, **102**, *112*, 153-154
 du Monde 86
 sacrés **103**
 sephirotique 122, 153, *153, 154*
Arc *73*
Arc-en-ciel **52**, 66, 115, *115*, 149
Archanges **129**
Archer *163*
Architecture 76
Argent (métal) 71, 118, **119**
Armes 68, **73**, 82
Armoiries **71**
Artémis 36, *37, 92*, **124**
Artisans 68
Asclépios (Esculape) 97
Asphodèles 104
 Plaine d' 137
Astrologie 53, 156-167
Athéna *127*
Atman 180
Aum (Om) **65**
Auréole(s) 130, **130**
Aurore **28**, 121
Avalokitesvara **61**, *133*

Ba **87**
Baal 28, 82
Bacchus 36, *74*
Baguette 145, 172, 179
Balance *73, 174*
Balance (astrologie) **166**
Baleine **89**
Barques **112**
Basilic **96**
Bastet **85**
Bateleur (tarot) **172**
Bâton de pèlerin *129*
Baubo 124
Bélier *110*
Bélier (astrologie) **162**
Bellérophon *109*
Belzébuth 94
Bhagavad-Gita 122
Bien et Mal **35**, 72, *76, 80, 83*, 94, *95*, 129, *136*
Bijoux **127**
Blanc 52, 66, **67**, 149
Blake, William *35*
Blé 104, *106, 124*
Bleu **66**, *183*
Bodhidharma *112*
Bodhisattva(s) 19, 60, 61, *133, 138, 178*
Bœuf **92**
Boissons 106-107
Bon Pasteur **91**
Botticelli, Sandro *88*
Bouc(s) **91**, *95*
Boucle de cheveux **127**
Bouclier *71, 82*
Bouddha 34, 44, *56, 59, 90, 119, 120*, 126, *128, 138*
Brahma 26, *43*, 75, 117
Brigantia 98
Brouillard **113**
Bûche de Noël *37*
Buffle *92*

Caducée *82*, 91
Calendrier aztèque **26**
Calice *31*
Cancer (astrologie) *89*, **164**
Canes (Chiens de chasse) *84*
Canis Major (Grand Chien) **84**
Canis Minor (Petit Chien) *84*
Cape *126*
Capricorne **166**
Carré **54**, *55, 59*, 60, *65*
 magique **145**
Carrefours **63**
Cathédrale 54, *77*
Cavernes 23, **114**
Cène **107**
Centaure **97**, *163*
Cercle(s) 34, 52, **53, 54**, *55, 59*, 60, *65*, 68, *82, 104*
 de pierres **77**
Cérès 93
Cerf **92**
Chakras *120*, 122, 182-183, **182**, *183*
Chaman 25, 32, 78, 92, **116**, 126
Champignons **106**
Champs Élysées 137
Chant 74
Chapelet 68
Char *28, 72*, 154
Chariot (Grande Ourse) **120**
Chariot (tarot) **174**
Charon 36, **139**
Château fort **76**
Chats *67, 85*, **85**, *136*
Chaudron ardent **117**
Chauve-souris **94**
Chêne 100
Cheval *73*, **83**, *174*
Cheveux **127**
Chiens 84, *177*
Chimère 95, **96**
Chiron *97, 111*
Chouettes 136
Christ 13, 30, *31*, 54, *64, 66, 69, 89, 107, 119*, 124, 126, *128*, 152
Christianisme **151**
Chrysanthème **98**
Ciel 137-138
 cartes du **160**
 déesse du **161**
 Voir aussi Paradis
Cinq (tarot) *173*
Cochon *93*, 124
 Voir aussi Porc et Truie
Cœur *30*, **128**, *182, 183*
Colombe **72**
Comète **121**
Conque **89**
Conquête *73*
Consécration 70
Contraires 28, 34, 184
Coq *56*, **83**
Coquillages 88-89
Coquille **122**
 Saint-Jacques 88
Corbeau *87*
Corde(s) *75*
 d'argent **75**
Corne d'abondance **124**
Corps *58*, 76, **108**, 126-127
 grossier 182-183, *183*
 subtil (éthérique) **183**
Corpus Hermeticum 144
Cosmos 53, 54, *59*, 100
Couleurs *52*, 66-67, 149
Coupe 34, *59, 172*
Couronne **71**, *150, 173, 174*
Cours d'eau **112**
Couteau *73*
Crabe *89, 164*
Crapauds **94**, 136
Création **123**
Créatures
 d'Ézéchiel *41, 179*
 hybrides 83, 95-96
Crocodile 26, *36*
Croissant **56**
Croix 51, 52, 54, *71, 128, 145, 173*
 ansée **57**
 celtique **57**
 de Saint-Pierre **57**
Cromlechs *77*
Cronos 14, *128, 135*
Cupidon *173*
Cybèle 98
Cycle de la vie 126
Cygne **87**
Cyprès 100

Dague *73, 145*
Dalaï-lama *61*
Dana 98
Danses 74, **74**, 128
Dédale *86*
Dédales 62-63
Dee, John *145*
Déesses 36, *77*, 98, 132-135
 babyloniennes 64
 chinoises 116, **133**
 égyptiennes 26, 32, *36, 37*, 62, **85**, 93, 98, 100, **109**, *121, 161*
 grecques **28**, 91, 92, *100, 107*, 115, 117, *121*, **124**, *127, 164*
 hindoues *67*, 74, 93, **134**, 180
 Voir aussi Dieux
Déluge *24, 27, 113*
Déméter 93, *106*
Démon **129**
Deniers *172*
Deuil *67*
Deux (tarot) *172*
Diable *17, 55*, 85, 91
 Voir aussi Satan
Diable (tarot) **176**, *177*
Diamant **119**
Diane 36, *37, 92*
Dieu 26, 28, 54, *55*, 116, 122, 126, **132**, *133*, 152, **152**, 154, *154*
 -soleil *57*
 Voir aussi Rê
Dieux 18, 26, 68, 98, 132-135, 137
 aztèques 26, *134*
 chinois *107*
 égyptiens *24*, 26, *30, 57*, 62, *66*, 104, *109, 120*, 126, *139*, 144, 169
 grecs 14, 32, 36, *64, 74, 82*, 91, *92*, 93, *95, 96, 97*, 100, **107**, *113*, 116, *121*, 124, *124, 128, 135*
 hindous 18, 26, **27, 33**, 75, 88, *89, 90*, 93, **95**, 117, *125*, **135**, 168, 180
 nordiques 16, 91, 115, **116**
 romains *66*, **72**, 74, *100, 135*
 Voir aussi Déesses
Dionysos 36, 91, *96, 100*, **107**
Disque solaire **120**
Divination 144, 170, 184-185
Dix (tarot) *175*
 -huit *177*
 -neuf *178*
 -sept *177*
Dordje **116**
Douze (tarot) *175*
Dragon **19**, 80, **81, 82**, 118
Dürer, Albrecht *73*
Durga *43*, **134**, 180

Eau *24*, 54, *55, 58, 59, 66*, 106, 108, 112-113
Échelle de Jacob **138**
Écho *67*
Éclair **116**
Écrevisse *177*
Écu 173
 Voir aussi Bouclier
Écussons
 Voir Armoiries
Édifices 76
Église 76, 122
Éléments **24**, *58*, 108-115, 146
Éléphant(s) 90
 blanc **90**
Élixir de vie 146
Emblèmes **10**
Émeraude **119**
Emma-o 138
Empereur (tarot) **173**
Encens **110**
Enchanteur **136**
Enfer *55, 89*, 137-138
 japonais **138**
Enki **91**
Éole 109
Éos **28**, *121*
Épée *73, 129, 145, 172, 174*
 de feu **139**

Éris 117, *127*
Esprit et matière 122
Étoile(s) *55, 59, 84,*
120-121, *174, 177*
de David *58*
Étoile (tarot) **177**
Eucharistie 30, **31**
Europe **92**
Eurydice 32
Évangélistes **41**
Ève *voir* Adam
Ézéchiel *41,* 154

Fabre, Pierre-Jean *148*
Faisan *110*
Famine 73
Faucon 26, *83, 87*
Faust *17*
Faux *176*
Fécondité 124-125
Fées 118
Fenêtre **77**
Fertilité 25, 31, 68, 104, 124
Feu *24, 54, 58,* 98, 108, 110-111, *138, 147*
d'artifice **111**
signes de 162-163
Fil
d'Ariane *63*
de la vie **75**
Filet *89*
Flamme 44, *59, 135*
Flèche *73, 128, 163*
Fleur(s) 104-105
de lis **71**
Fleuves **112**
Voir aussi Cours d'eau
Flûte *33*
Fonts baptismaux **70**
Force (tarot) **175**
Forêt **101**
Forme(s) 52-53
géométriques 54-59
humaine **58**
Fou (tarot) **171**
Fou-hi 184
Foudre 116
Franc-maçonnerie *104*
Freud, Sigmund *11,* 12, 28-29, 46
Fumée **110**
Funérailles des Vikings **110**
Fuseli, Henry *49*

Ganesa 18, **90**
Gange **112**
Garuda **95**
Géant ityphallique **125**
Geb 32
Gémeaux **165**
Gemmes, 118-119
Géométrie sacrée 54-59
Gerbe **106**
Glace **113,** 138
Glaive *voir* Épée
Gnome **108**
Golden Dawn 144
Gorge **183**
Graal **69**
Grenade **106**
Grenouille 124
Griffon **83**
Guerre 66, 68, 72-73, *73*
dieu de la **72**
Gui *37,* **104**
Guirlande **104**
Gurdjieff, Georges Ivanovitch 141

Hadès 137
Hanuman **90**
Harpe **74**
Harpie **97**
Hathor *16,* 26
Hélène de Troie *127*
Hélios *121*
Héphaïstos *114*
Héra *127, 164*
Héraldique 83
Voir aussi Armoiries
Herbes 104, **105**
Hercule (Héraclès) 36, *97,* 126
Hermaphrodite *32*
Voir aussi Androgyne
Hermès **36,** *82, 119, 151*
Hermite (tarot) **174**
Héros 29, **31**
Hespérides *107*
Hexagrammes 184, **184**
Hiéroglyphes **10**
Homme *55,* 122, **155**
zodiacal **157**
Horoscopes 158
Horus **26**
Huit (tarot) *174*
Hydre **82**

Ibis *24*
Icare **86**
Impératrice (tarot) **172**
Inari *84*
Inconscient collectif 11, *11, 12,* 26, 30, 44, 46
Insectes 94
Instruments de musique 74
Ishtar *64*
Isis 32, 36, *37, 57,* 62, **109,** *121, 172*

Jacob *138*
Jade **119**
Jaguar **85**
Jardin **105,** 137, *137*
des délices *99*
Jason et les Argonautes 66
Jaune 18, **67**
Jéhovah *55*
Jeunesse 104, 126-127, *174*
Jîvanmukta 180
Jonas **89**
Jour 117
Joyaux *voir* Bijoux
Jugement (tarot) **178**
Jung, Carl Gustav 8-12, *11,* **12,** 13, 18, 19, 26, 46, 51, 60, 132
Voir aussi Archétypes
Junon *172*
Juok 28
Jupiter (astrologie) *119, 163*
Jupiter (dieu) 36, *66*
Justice (tarot) **174**

Kabbale 31, 152-155, 169
Kali *43, 67,* 180
Karma 129
Kouan Yin **133**
Krishna **33,** 126, *143*
Kundalini 180, 182-183

Labyrinthes 62-63, **62,** *62, 63*
Lait *16,* 106, *106*
Laksmi 74
Lampe *145, 174*
Lanterne **111**
Lao Tseu *92*
Lapis-lazuli **118**
Lascaux **22,** 23
Laurier 100, *179*
Léda **87**
Lei Kung 116
Lévi, Eliphas **145,** 169
Lévi-Strauss, Claude 28
Libellule **78**
Licorne **83**
Lièvre **94,** 124, *175*
Lilith *16*
Lingam 124, **125,** 180
Lion 78, **83,** *95,* *134, 147, 175*
vert **151**
Lion (astrologie) **162**
Lis **71,** *129*
Livre *129, 172*
Livre des morts 28
Loki 16
Lotus *60,* **105,** 180, *182*
Loup-garou **84,** 117
Loups 16, 84
Louve *voir* Loups
Luc (évangéliste) *89*
Lucifer 118
Lune *37, 56,* 120-121, *147*
croissante **121**
nouvelle **121**
pleine **121**
Lune (astrologie) **159,** *164*
Lune (tarot) **177**
Lyre **74**

M (lettre) **65**
Ma-ku **29**
Maât *30*
Magie 30-31, *145*
Magicien(ne)s 31, 136
Magritte, René *47*
Maier, Michael *147*
Main **128**
Maison-Dieu (tarot) **177**
Mal *voir* Bien
Maladie(s) *67,* 117
Mâle et femelle 32-33
Mandala(s) 34, **45,** 60-61, *60, 65, 181*
Mandorle **130**
Mandragore **104**
Mantra 31, **65,** 68, *182*
Manu *27*
Mariage 30-31, *125*
Mars (astrologie) *119, 162, 164*
Mars (dieu) 66, *72*
Maslow, Abraham 183
Masque(s) *23,* 130, **131**
Mât
de cocagne **125**
totémique **25**
Mat (tarot) **171,** *179*
Matière et esprit 122
Mauvais œil *58*
Médecine *82*
Méditation 44, *44, 45*
Méduse *58,* **82,** *109*
Mer *27, 97, 113, 159*
Mercure (alchimie) *147*
Mercure (astrologie) *158, 165, 167*
Mercure (dieu) 36, 82, *148,* 151
Mère, archétype de la 14, *16*
Mère-arbre **103**
Meru, mont *67*
Métaux précieux 118-119
Miel **106**
Minos *92*
Minotaure **63**
Moine **129**
Monde (tarot) **179**
Monuments 76
Montagne **114**
ascension de la **147**
Mort 25, 28, *30,* 34, *67, 73, 74, 83,* 104, 117, *117,* 120, *121, 175,* 183
Mort (tarot) **176**
Mot 28
Mouches 94
Moulin à prières 68
Moutons 91
Mudras *128*
Musique 74
Mystères d'Éleusis *106*
Mythes 26-29
de la création 28, *123*

Naïade **108**
Naissance de Vénus **88**
Narcisse *67*
Nature *67,* 98-99
Navires *15*
Neige **113**
Neith 98
Némésis 117
Nephthys *36*
Neptune (astrologie) *163*
Neptune (dieu) *113*
Neuf **65,** *174*
Nigredo *128,* 149
Nimbes **130**
Nirvana *56, 61, 121,* **139**
Noces *voir* Mariage, Alchimie et Union
Noces chimiques **32**
Noé *24, 72,* *115*
Nœud(s) *75*
sans fin **75**
Noir 66, **67,** 149
Noirsetier (coudrier) 100
Nombres 64-65, 152, 185
Nombril *183*
Nourrice des dieux **117**
Nourriture 68, 106, 107
Nout 32, 93, *161*
Nuages **113**
Nudité *126, 179*
Nuit 117
de l'esprit **149**
Nyx (Nuit) 117

Occultisme 144-145
Océan *voir* Mer
Œdipe, mythe d' 28-29
Œil **58**
d'Horus *57*
de la Grande Déesse *77*
du jaguar **85**
Oiseau(x) 86-87, **87,** *151, 177*
-tonnerre 116
Olivier **72**
Om Mani Padme Hum **60**
Ombre(s) 130
archétype de l'- 14, 16, **17**
Onze (tarot) *175*
Opposition 34-35
Or (couleur) **66,** *183*
Or (métal) 118, **119,** 146
Orbe **71**
Orphée 32, *74, 97*
Osiris *30,* 32, *57,* 62, 93, 104, *109*
Ouranos 88
Ouroboros **82**
Ours(e) *16,* **92**
Ovale **57,** *58*

Pagode **114**
Pain *31,* 106
Paix 72
Palmer, Samuel *99*
Palmier **100**
Pan 91, 100
Paon **87**
Pape (tarot) **173**
Papesse (tarot) **172**
Papillon **78**
Paradis 104, 137-138, **137**
Parasol *48*
Pâris *107,* **127**
Pas **128**
Pêche **107**
miraculeuse **89**
Pégase **109**
Peintures rupestres *22,* 23
Pélican **86**

Pendu (tarot) **175**
Pentagramme **59**
Père
-arbre 98, **103**
archétype du 14
Perle **119**
Persée **42,** *109*
Perséphone *106*
Phallus *73,* 124
Phénix *82,* **110**
Pic de La Mirandole 152
Pièce montée **125**
Pieds **128**
Pierre 149
philosophale **148**
Pierres précieuses
118-119
Pieuvre **89**
Planètes (astrologie)
158-160, **158**
Plantes 104-105
Pluie 25, *85,* **113**
Plume(s) *30,* **86,** *177*
Pluton *164*
Points et traits
rangées de 52
Poisson(s) *10,* 78, **88-89,**
163
Poissons (astrologie) **163**
Pomme
d'or **107,** *127*
de pin **100**
Pont **77**
Porc(s) *56,* 93
Porte **77**
Poséidon *42,* **113**
Potence *175*
Poupée de paille **124**
Prana **109,** 182
Préhistoire 23-25
Prêtres 136
Priape 124
Prières 30-31
Prométhée **111**
Psychanalyse junguienne
voir Jung
Psychothérapie *voir* Jung
Ptolémée 156
Puits **112**
Pyramide **59**

Quadrilatères 52
Quatorze (tarot) *176*
Quatre **64,** 173, *175*
Quatre Cavaliers
de l'Apocalypse *73*
Quetzalcóatl 51, **134**
Quinze (tarot) *176*

Radeaux **112**
Radha **33**
Rat 117
Rê (Râ) 66, 93, *120*
Rebis 32, 149, **150**
Reine *32,* 149, **151**
Renaissance 104, 137
Renard 84, **84**
Rêves 8, 11, 46-49, *46-49,*
63
Rigveda 132
« Ripley Scroll » *151*
Rites 30-31, *128*
d'initiation 30
de fertilité 25, 30, 31
de purification 30, *112*
funéraires *30*
Rivière *voir* Cours d'eau
Roi(s) 31, *32, 92,* 136,
149, **151**
mages *64*
Romarin *105*
Romulus et Rémus **84**
Rose (couleur) *52*
Rose (fleur) **104,** *147*
Rose-croix *44,* **57, 145**
Rosicrucisme **145,** *147*
Roue
de Fortune **175**
de l'existence **56,** *68*
Rouge 52, **66,** *119, 147,*
149, *174, 182, 183*
Royaume
céleste *34*
terrestre *34*
Royauté 70
Rubis 118, **119**
Rue (plante) *105*

Sablier **68**
Sacerdoce 70
Sacrifices **31**
Sagittaire (astrologie) **163**
Saint Chrême **71**
Saint Christophe **36,** *109*
Saint Georges **80, 126**
Saint Patrick *112*
Saint Pierre *89*
Saint-Esprit *52, 72, 83*
Saint-Graal *69*
Saint-Jacques-
de-Compostelle 88
Sainte Catherine
d'Alexandrie 36
Sakti 124, 180
Salamandre **108**
Salomé *15*
Sambogha-kaya **115**
Sang *52*
du Christ *31*
Sanglier **93**
Saphir **119**
Satan *19,* 94, *117, 129*
Voir aussi Diable
Saturne (astrologie) *165,*
166
Saturne (dieu) *128,* **135**
Satyre **96**
Saumon **88**
Sauterelle 124
Scarabée **18**
Sceau de Salomon **58**
Sceptre *71, 172, 173*
Science et astrologie
160-161
Scorpion *164*
Scorpion (astrologie) **164**
Sefer Yesira 152
Seigneur Vieillard jaune
126
Seize (tarot) *177*
Séléné *121*
Sémélé 116
Sephirah/sephiroth 122,
153-154, *155*
Voir aussi Arbre
sephirotique
Sept 25, *57, 58,* **64,** 66,
174, 177
Serpent *56,* 80, **82,** 86,
95, 98, 118, *147,* 152,
167
à Plumes *134*
céleste **115**
Grand- *153*
Sexe/sexualité 12, 68, *122,*
124-125, 180, ***180***
Voir aussi anima/animus
Signes astrologiques 158,
162-167
Singes 90
de la sagesse **90**
Sirène
grecque **97**
nordique **97**
Sirius (Petite Chienne) *84*
Siva 26, *43,* 124, *125,*
134, **135,** 180
Six (tarot) *173*
Siwang mou **107**
Sobek **26,** *30*
Soleil 120-121, *147,* **151**
Soleil (astrologie) 158,
159, *162*
Soleil (tarot) **178**
Sommeil *117*
Sons 64, *65*
Sorcière(s) 94, 136, **136**
Souris **78**
Sphinx **95,** *175*
Spirale **75**
Squelette *48,* **128,** *176*
Sri Yantra **60,** 180
Srong-bcan sgam-po 19
Stupa **59**
Styx 36, **139,** *176*
Sureau 100
Svastika *57,* 91
Sylphe **108**
Systèmes occultes 144-145

Table ronde **69**
Taiji 32, 34, **129**
Tamaris 100
Tambour **74**
Tantrisme 124, 180-181,
181
Tarot 168-179
jeu de **168**
de Waite **169**
divinatoire **170**
travail sur soi avec
le **170**
Tartare 137
Taureau(x) 92, **92**
Taureau (astrologie) **167**
Tempérance (tarot) **176**
Temps **128**
Temple 76, 77
Terre *24,* 32, *34, 55, 58,*
59, 108, 114
signes de 166-167
Tétragramme **133,** *145*
Thanatos 117
Thésée **63,** 126
Thétis *127*
Thor 91, **116**
Thot *24, 30,* 144, **169**
Thym *105*
T'ien Mou **116**
Tigre **85**
Tlaloc **51**
Toison d'or 66
Tombe **76**
Tonnerre 116
Tortue 124
Treize (tarot) *176*
Tremble 100
Tresse **75**
Triangle 52, **54,** *55, 59,*
60, *65*
Trickster, archétype
du **14, 16**
Trident **73**
Trigrammes **184, 185**
Trinité *54, 88*
Triple enceinte celtique **59**
Tristan et Iseut 32
Trois *54,* **64,** *113, 172,*
175
poissons (symbole des)
10, **88**
royaumes **55**
singes de la sagesse **90**
Trompe **74**
Trompette *178*
Trône **70,** *152, 173*
Truie 93, **93**
Tsitigarbharaja **138**

Un (tarot) *172*
Upanisad 120
Uranus (astrologie) *165*
Uranus (dieu) *voir*
Ouranos
Utewael, Joachim *42*

Vache *16,* 26
Vajravarari 93
Vallée **114**
Vampires 117
Vapeur **112**
Veneziano, Domenico *40*
Vents **109**
Vénus (astrologie) *166,*
167
Vénus (déesse) 36, *66,* **88,**
92, *100*
Vénus callipyges 25, 68
Verseau **165**
Vert **67,** 119
Verte, île *67*
Vestales **136**
Vêtements **126**
Vieillesse **126-127**
Vierge (astrologie) **167**
Vierge Marie *37, 66, 71,*
83, 98, *104, 121*
Vin *31,* 106, *107*
Vingt (tarot) *178*
Violet **67**
Vishnu 26, **27,** *33,* 74, 88,
89, 93, *95,* **143,** 168
Voie sèche **147**
Vol 86-87
Volcans **114**
Vulcain *114*

Waite (tarot de) *169, 173*
Walhalla 137
Wen 184

Yama *56*
Yang *voir* Yin
Yantra(s) 34, 60-61, *181*
Yggdrasil *102*
Yi King 184-185, **185**
Yin et yang *114,* 115,
129, 184-185
Yoga 122, 182
Yoni 180

Zammurrad *17*
Zéro *171, 179*
Zeus 32, 36, *87,* 91, *92,*
93, 100, *106, 107, 111,*
113, 116, *124, 127*
Voir aussi Jupiter (dieu)
Zodiaque 156-167, **156**
Zohar 152